本书是中国交通建设股份有限公司重大研发项目"海绵城市关键技术研究与应用"（项目号：2016-ZJKJ-11）子课题六"海绵城市PPP投融资模式及财务绩效评价研究"的研究成果之一。

光明社科文库
GUANGMING DAILY PRESS:
A SOCIAL SCIENCE SERIES

·经济与管理书系·

海绵城市PPP投融资模式及绩效评价研究

高云峰　吴东平　卢建新 | 著

光明日报出版社

图书在版编目（CIP）数据

海绵城市 PPP 投融资模式及绩效评价研究 ／ 高云峰，
吴东平，卢建新著. －－北京：光明日报出版社，2021. 4

ISBN 978 - 7 - 5194 - 5876 - 8

Ⅰ. ①海… Ⅱ. ①高… ②吴… ③卢… Ⅲ. ①政府投
资—合作—社会资本—应用—城市建设—研究—中国
Ⅳ. ①F832. 48②F299. 2

中国版本图书馆 CIP 数据核字（2021）第 057708 号

海绵城市 PPP 投融资模式及绩效评价研究
HAIMIAN CHENGSHI PPP TOURONGZI MOSHI JI JIXIAO PINGJIA YANJIU

著　　者：高云峰　吴东平　卢建新

责任编辑：曹美娜　　　　　　　　责任校对：张　幽
封面设计：中联华文　　　　　　　责任印制：曹　净

出版发行：光明日报出版社

地　　址：北京市西城区永安路 106 号，100050

电　　话：010 - 63169890（咨询），63131930（邮购）

传　　真：010 - 63131930

网　　址：http：//book. gmw. cn

E - mail：caomeina@ gmw. cn

法律顾问：北京德恒律师事务所龚柳方律师

印　　刷：三河市华东印刷有限公司

装　　订：三河市华东印刷有限公司

本书如有破损、缺页、装订错误，请与本社联系调换，电话：010 - 63131930

开　　本：170mm×240mm

字　　数：221 千字　　　　　　　印　　张：16. 5

版　　次：2021 年 4 月第 1 版　　　印　　次：2021 年 4 月第 1 次印刷

书　　号：ISBN 978 - 7 - 5194 - 5876 - 8

定　　价：95. 00 元

目　录
CONTENTS

第一章　绪　论

第一节　研究意义及必要性

近些年来，城市雨洪问题引起了社会各界的广泛关注，中国几乎所有的大中型城市在夏季都饱受雨洪灾害的困扰。洪涝灾害引发了严重的城市问题，除了直接和间接造成经济损失外，还对社会公众的生命安全带来了威胁。同时，我国大多数城市都面临水资源短缺问题，国家不得不投入巨资调配水资源。城市一方面缺水，另一方面雨水又泛滥成灾，如何合理解决城市雨洪问题成为研究的焦点。实践表明，单方面考虑水资源问题，即通过远距离调水或开采地下水以补充城市水资源短缺，或增加管网的排水能力以求尽快排出雨水是不可持续的。被普遍接受的做法是节用节流：通过改变用水观念、推广节水设备降低水资源消耗；实现水资源的就地循环利用，尽可能地把城市的雨水留住并蓄积在城市中以补充水资源的消耗。正是由于利用雨水具有经济性的特点，越来越多的研究开始关注城市雨水资源的合理化利用问题[①]。

2000 年，水利部编制了《全国雨水集蓄利用"十五"计划及 2010 年发展规划》，主要侧重于农业灌溉和畜牧养殖用水，起到了较好的效

[①]　刘毅川，王汪萍. 国外雨水资源利用研究对我国"海绵城"研究的启示［J］. 资源开发与市场，2015（10）：1220 – 1223.

果。2012 年 4 月，"海绵城市"概念首次出现在"2012 低碳城市与区域发展科技论坛"中。2013 年 12 月 12 日，习近平总书记在中央城镇化工作会议的讲话中强调："建设自然存积、自然渗透、自然净化的海绵城市。"① 为了贯彻落实习总书记讲话及中央城镇化工作会议精神，2014 年 2 月，住建部城市建设司在 2014 年工作要点中明确："督促各地加快雨污分流改造，提高城市排水防涝水平，大力推行低影响开发建设模式，加快研究建设海绵型城市的政策措施。"② 2014 年 11 月，住建部专门印发了《海绵城市建设技术指南》用以指导"海绵城市"建设；2014 年年底至 2015 年年初，海绵城市建设试点工作全面铺开。根据财政部、住建部、水利部《关于开展中央财政支持"海绵城市"建设试点工作的通知》（财办建〔2014〕838 号）和《关于组织申报 2015 年"海绵城市"建设试点城市的通知》（财办建〔2015〕4 号）的要求，共有 16 个城市成为中央财政支持"海绵城市"建设试点城市。2016 年 4 月，财政部、住建部、水利部公布，北京市等 14 个城市进入第二批中央财政支持"海绵城市"建设试点范围。随后，河南省也公布了"海绵城市"建设 8 个试点城市名单。"海绵城市"也随之成为热点词汇。这标志着我国"海绵城市"正式进入实施阶段。

"海绵城市"建设是一个庞大的系统工程，需要政策、行政、财政、开发商、企业、科研院所等各方面的积极配合。根据住建部的统计数据，海绵城市建设投资约为每平方公里 1.0 亿～1.5 亿元。按当前国家海绵城市的建设规划，据专家估计，至 2020 年，全国 658 个城市建成区的 20% 以上面积需要达到设计标准（见图 1－1），全国每年投资总额预计将超过 4000 亿元。到 2030 年，城市建成区 80% 以上的面积达到

---

① 新型智慧城市建设部际协调工作组. 新型智慧城市发展报告（2017）[M]. 北京：中国计划出版社，2017：114.

② 中华人民共和国住房和城乡建设部城市建设司. 关于印发《住房和城乡建设部城市建设司 2014 年工作要点》的通知（建城综函〔2014〕23 号）. 2014 年 2 月 11 日.

目标要求，需要资金约 4 万亿~6 万亿元①。可见，"海绵城市"建设的资金需求庞大，面临巨大缺口。

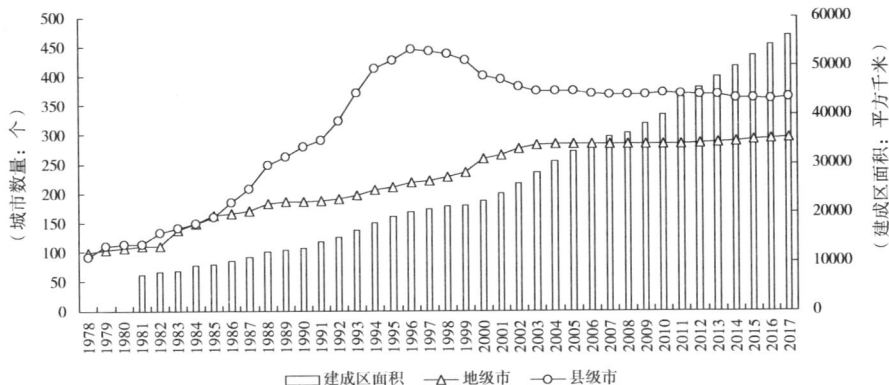

图 1-1 1978—2017 年我国城市数量及城市建成区面积

资料来源：中华人民共和国住房和城乡建设部. 2017 年城乡建设统计年鉴 [M]. 北京：中国统计出版社，2018.

为了缓解资金需求矛盾，国务院在《关于推进海绵城市建设的指导意见》中提出，积极推广政府和社会资本合作（PPP）、特许经营等模式，吸引社会资本广泛参与海绵城市建设。在 PPP 相关法律法规逐步完善的背景下，PPP 模式成为海绵城市建设运营的首选。根据 Wind 数据库的统计，截至 2019 年 7 月底，财政部 PPP 综合信息平台项目库入库项目 12543 个，全国约有 370 多个城市提出海绵城市建设专项规划，总投资额为 13.2 万亿元②。在海绵城市建设总投资规模和数量屡创新高的同时，其投资绩效评价却不尽如人意。劳瑟（Lawther）和马丁（Martin）（2014）指出，公共部门应重视项目质量，要通过设置绩

---

① 王红茹. 全国 30 个海绵城市试点，19 城今年出现内涝 [N]. 中国经济周刊，2016-09-05.
② 吴东平，周志鹏，卢建新. 基于 BP 神经网络的 PPP 项目绩效评价 [J]. 建筑经济，2019（12）：51-54.

效标准以确保私人部门维持公共产品质量，并可用关键绩效指标来判断项目是否达到可付费要求。① 然而，实践中部分项目绩效意识模糊，时常发现有把海绵城市建设 PPP 项目绩效与工程绩效混为一谈、不建立或表面上建立与绩效挂钩付费机制的情况。在绩效评价过程中，评价方法也往往比较机械化和单一化，不知道如何根据项目特征选择合适的绩效评价方法。党的十九大报告提出"要实现全方位绩效管理"，《中共中央国务院关于全面实施预算绩效管理的意见》明确要求涉及财政资金的政府与社会资本合作必须开展绩效管理。因此，有必要对海绵城市 PPP 项目的建设过程表现和效果、效率做出客观、公正和准确的评判。

第二节　国内外相关文献综述②

为了掌握国内外海绵城市相关研究的发展趋势和最新研究动态，我们使用 CiteSpace 对 20 世纪 20 年代以来国内外相关研究进行系统总结。

一、研究方法与数据来源

（一）研究方法

科学知识图谱概念源于 2003 年美国国家科学院组织的一次研讨会。随着信息可视化的发展，绘制科学知识图谱的各种工具纷纷涌现，其中，CiteSpace 科学知识可视化软件成为当今最为流行的知识图谱绘制工具之一（陈悦等，2015），它既可处理英文数据也可处理中文数据，

---

① LAWTHER W C, MARTIN L. Availability Payments and Key Performance Indicators: Challenges for Effective Implementation of Performance Management Systems in Transportation Public – Private Partnerships [J]. Public Works Management & Policy, 2014, 19 (3): 219 – 234.

② 文献综述部分由中南财经政法大学卢建新和黄荷晨完成。

操作简便且功能强大。该软件主要基于共引分析（co-citation analysis）理论和寻径网络算法（pathfinder network scaling）等对特定领域文献进行计量，以探寻出学科领域演化的关键路径及知识转折点，并通过可视化图谱的绘制来形成对学科演化潜在动力机制的分析和学科发展前沿的探测（陈悦，2014）。

（二）数据来源

根据 CiteSpace 对数据的要求，本书选择 WOS 的核心合集数据库作为英文文献基础数据来源，选择 CNKI 作为中文文献的基础数据来源。由于各国关于海绵城市的表述不同，本书在 WOS 中选取海绵城市（sponge city）、雨洪管理（stormwater management）、低影响开发（low impact development）、水敏性城市设计（water sustainable urban design）、可持续排水系统（sustainable drainage systems）、最佳管理措施（best management practice）、低影响城市设计与开发（low impact urban design and development）七个并列的主题词，并加引号进行精确检索，设置时间为跨所有年份，得到 4798 条检索结果。在文献类型中剔除诉讼文件、编辑材料、修正等非学术性内容，在类别中剔除与海绵城市无关的主题，最终得到 4672 篇文献。

在知网中选取海绵城市、雨洪管理、低影响开发、水敏性城市设计、可持续排水系统、最佳管理措施六个并列的主题词进行检索，将期刊来源设置为 SCI 来源期刊、EI 来源期刊、核心期刊以及 CSSCI，再加上硕博论文与会议论文，共检索得到 2658 篇文献，筛选掉与主题无关的内容后得到 2465 篇文献。

本节余下部分的结构安排如下：首先，论述中外海绵城市的研究概况，包括绘制中外海绵城市研究文献发表数量的时间分布图，并运用合作图谱及共被引图谱分析，得出海绵城市领域学术成果较为突出的学者和机构，为评价各学者和地区的学术影响力提供一个新视角；其次，对中外文献分别进行关键词共现分析，并配合中心度分析，以得出海绵城市领域的研究热点及热点的演进趋势；最后，对外文文献进行共引分析，并根据文献共被引关键节点来分析国外海绵城市领域的知识基础与研究前沿。由于 CNKI 中下载的数据不包含引文数据，不能做共引图谱分析，因此利用知网中的被引数据得出高被引的文献，来分析国内海绵城市领域的知识基础与研究前沿。

二、海绵城市中外研究时间趋势与研究主体分析

（一）中外海绵城市研究时间趋势

国外对海绵城市的研究起步于 1991 年，但在 2000 年以前相关文献发表数量并不多。从 2000 年开始，发文数量逐年攀升，并在 2011 年至 2018 年间迅速增长，2018 年到达顶峰，有 793 篇之多（见图 1 - 2）。

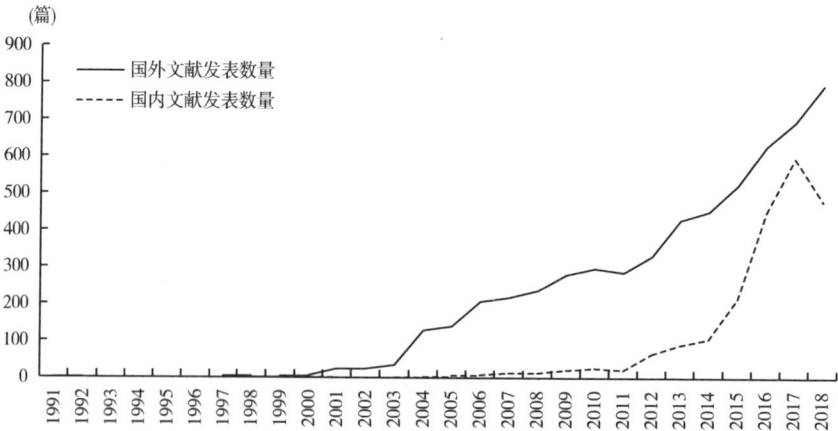

图 1 - 2 中外海绵城市领域文献发表数量的时间分布

国内海绵城市领域的第一篇论文发表于 1997 年，但在 1997 年至 2004 年间相关文献寥寥无几。21 世纪初我国提出了建设具有中国特色的海绵城市的思路（吴丹洁等，2016），但国内对海绵城市的研究在 2009 年才渐有起色，2009 年至 2013 年研究成果稳步增长。2014 年，住

房和城乡建设部城市建设司在 2014 年工作要点中明确指出要加快研究建设海绵型城市的政策措施，随后国内学术界爆发了一阵海绵城市研究热潮。在 2014 年到 2017 年间，海绵城市研究领域的文献呈现爆发式增长，并在 2017 年达到顶峰，2018 年略有下降。

整体而言，国外对海绵城市的研究要领先于国内，在国内处于起步阶段时，国外对海绵城市就已经有了较高的关注度；国外该领域的发文数量远远大于国内。但总体上国内外海绵城市研究的发展趋势大致相同。

(二) 中外海绵城市研究的代表学者

把网络节点设置为作者（author），节点类型选择名词（noun），获得国外海绵城市领域的领军者及合作关系，共得到 978 个节点和 1571 条连线，各点线群揭示各时段合作作者群，对应时间由远到近；各节点的半径对应该节点作者的共现频次，半径越大，共现频次越高。如图 1 - 3 所示，关于海绵城市研究学者的合作关系较为紧密，主要形成了 5 个合作关系较为密切的研究团队，其中以亨特（Hunt）为首的团队最为庞大，研究成果也最为丰富；其次，以弗莱彻（Fletcher）和迪拉特奇（Deletic）为首的团队也比较庞大。

表 1 - 1 列出了发文量排名前十的学者，同时列出了由作者共被引分析得到的每位学者的文献总被引频次及突现值，其中突现值高意味着该作者文献的被引频次在时间维度出现突增，该作者在相应的时间区间里受到了格外的关注。从表 1 - 1 可以看出，亨特（Hunt）、弗莱纳（Fletcher）、迪拉特奇及戴维斯（Davis）四位学者不仅发文量高且被引频次也位居前列，说明他们在该领域研究成果丰富且质量高，但也有一些学者发文量多，被引频次却很低，如恩格尔（Engel）与博尔丁（Bolding）。因此，综合分析发文量和被引频次得出海绵城市研究领域中最值得关注的学者有亨特、弗莱彻、迪拉特奇和戴维斯，他们奠定了学科基础，同时引领着学科前沿。其中亨特主要致力于透水路面、雨水

图 1-3　国外海绵城市研究作者合作关系图谱

花园、生物滞留设施等低影响开发措施的研究；弗莱纳研究的主要内容
为城市化对河流污染的影响、水敏性城市设计以修复城市河流以及其他
的一些雨洪管理措施的研究；迪拉特奇主要致力于雨水生物过滤以及污
染物去除的研究；戴维斯侧重于研究城市径流中的污染物以及通过生物
滞留介质改善水质的方法。另外，迪茨（Dietz）、美国环保局（USE-
PA）、阿诺德（Arnold）、沃尔什（Walsh）、罗斯曼（Rossman）等学者
发文量在 10 篇以下，被引频次却在 200 以上，说明这些学者的文献非
常具有学术价值，值得仔细研读。

表 1-1　国内外海绵城市研究领域代表作者

国外发文量 前十的作者	在该领域 的发文量	总被引频次	国内发文量 前十的作者	在该领域的 发文量	总被引频次
Hunt WF	54	274	车伍	56	2482
Fletcher TD	35	229	李俊奇	44	1604
Aust WM	31	29	任心欣	29	442
Kim LH	30	44	王浩	20	56
Engel BA	24		赵杨	18	453

国外发文量前十的作者	在该领域的发文量	总被引频次	国内发文量前十的作者	在该领域的发文量	总被引频次
Deletic A	23	106	王文亮	18	509
Chaubey I	22	15	王思思	16	945
Davis AP	21	429	王建龙	15	1283
Chang NB	21	36	宫永伟	13	286
Bolding MC	21		胡爱兵	13	259

类似地，将网络节点设置为作者（author），节点类型选择名词（noun），获得国内海绵城市领域的领军者及合作关系，共得到 398 个节点和 587 条连线。由图 1 - 4 所示，国内海绵城市研究人员和合作关系非常紧密，尤其是在该领域发文数量最多的学者车伍、李俊奇、任心欣、王浩、赵杨、王文亮、王思思、王建龙之间互相存在着非常密切的合作关系。表 1 - 1 列出了发文量排名前十的学者及其在海绵城市领域发表文献的总被引频次。由于知网中下载的数据不包括引文数据，不能做作者共被引分析，因此，以这些文献在知网中的总被引频次作为参考值。由于知网的被引频次中包括了被海绵城市领域之外的文献引用的频率，因此数据会偏高。

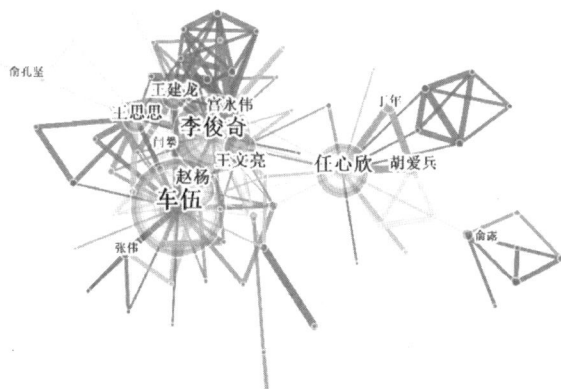

图 1 - 4　国内海绵城市研究作者合作关系图谱

　　由表 1 - 1 可知，发文量高同时被引量也高的国内作者一共有 4 个，他们分别是车伍、李俊奇、王建龙、王思思，且他们都任职于北京建筑大学。可见，北京建筑大学在海绵城市领域取得了丰硕的科研成果，具有一定的权威性。此外，俞孔坚虽发文数量不多，但其发表的著作《"海绵城市"理论与实践》被引 679 次，位居首位，具有很高的参考价值，其在海绵城市的科研地位也不容小觑。

　　（三）中外海绵城市研究的代表机构

　　根据 WOS 中的文献统计结果可知，全球范围内研究海绵城市的机构有 3984 家，利用 CiteSpace 做机构合作分析得到 275 个节点，876 条连接关系，可以看出世界范围内研究海绵城市的机构互相之间合作非常密切。在研究成果数量排名前 11 的机构中，有 9 家是美国高校或社会机构，说明美国在海绵城市领域具有绝对的优势，走在该学科发展的前沿。另外两家机构分别是中国科学院，排名第 6 位，和加拿大的圭尔夫大学，排名第 10 位。中国科学院与很多国际机构都有合作关系，如佛罗里达大学、美国农业部农业研究局、普渡大学等。表 1 - 2 列出了发文量排名前 11 的国际机构，其中排名第一的机构是佛罗里达大学，该机构不仅发文量有 172 篇之多，中心度也位列第一，可见佛罗里达大学在该研究网络中占据着非常关键的地位；排名第二的机构是美国农业部农业研究局，代表学者有斯里尼瓦桑（Srinivasan）、诺尔斯沃南（Norsworthy）等；排名第三的机构是普渡大学，代表学者有林（Lim）、普罗科皮（Prokopy）等。分析表 1 - 2 发现，国际海绵城市领域研究的中坚力量是美国高校和美国农业部农业研究局及美国环境保护署。此外，中国科学院具有很高的突现值，说明其研究成果在相应时间段内突增，在该领域的研究实力也不容小觑。

表1-2 国内外海绵城市研究领域代表机构

外文机构	发文数量	国内机构	发文数量
Univ Florida	172	北京建筑大学城市雨水系统与水环境省部共建教育部重点实验室	41
USDA ARS	144	深圳市城市规划设计研究院有限公司	40
Purdue Univ	104	江苏省城市规划设计研究院	32
US EPA	96	中国城市规划设计研究院	25
Univ Maryland	92	上海市政工程设计研究总院（集团）有限公司	21
Chinese Acad Sci	85	北京林业大学园林学院	20
Texas A&M Univ	83	北京雨人润科生态技术有限责任公司	19
Virginia Tech	82	厦门市城市规划设计研究院	18
N Carolina State Univ	82	同济大学环境科学与工程学院	16
Univ Guelph	76	重庆大学建筑城规学院	15
Univ Calif Davis	71	南京林业大学风景园林学院	14

在国内，高校和各省市的城市规划设计研究院是海绵城市研究的主要推动力，北京建筑大学城市雨水系统与水环境省部共建教育部重点实验室的文献发表数量为41篇，位居首位，这个机构的代表学者有车伍、李俊奇等；发文数量排在第二的是深圳市城市规划设计研究院有限公司，共40篇，该机构的代表学者有任心欣、胡爱兵。这两个机构科研成果丰硕且发文质量高，在一定程度上奠定了国内海绵城市研究的基础，同时也是国内海绵城市研究的前沿机构。另外，中国城市规划设计研究院的中心度高达0.11，显示了它在机构合作网络中所起的连接作用，也显示了它在该网络中的重要地位。由机构分析结果可看出各机构间的合作关系较弱，但北京建筑大学、中国城市规划设计研究院以及深

圳市城市规划设计研究院这三个机构彼此之间的合作比较紧密。表 1 - 2 列出了国内文献发表数量排名前 11 的机构。分析发现国内高校以具有建筑和林业背景的大学为研究主力，社会机构以沿海发达城市的城市规划设计研究院为主要推动力。

三、国内外海绵城市研究热点分析

（一）国外海绵城市热点分析

使用 CiteSpace 对 WOS 中所选取的文献进行关键词共现分析，以反映该学科的研究热点和发展趋势，以每一年作为一个时间切片，遴选每个切片中排名前 40 的关键词形成知识网络，结果得到 133 个节点，彼此之间有 911 条联系。节点半径表示关键词共现频次，深色外圈代表该关键词具有较高的中介中心性，中心度是网络中节点在整体网络中所起的连接作用大小的度量，中心度大的节点一般被看作是网络中的关键节点，中心度较高的关键词有径流量（runoff）、系统（system）、雨洪管理（stormwater management）、水质（water quality）、模型（model）。

绘制关键词共现的时区视图（time-zone view）来分析不同时间段国外海绵城市研究热点的演变情况（见图 1 - 5）。总体来看，大多数海绵城市的研究热点都于 2004 年至 2006 年被提出，如径流量（runoff）、雨洪管理（stormwater management）、水质（water quality）、模型（model）、最佳管理措施（best management practice）、磷（phosphorus）、城市化（urbanization）、非点源污染（nonpoint source pollution）、SWAT 模型等。由图可以看出，早些年海绵城市的研究热点在城市化上，从设计（design）、公路径流（highway runoff）、排水（drainage）等关键词可以得出这个结论；从 2008 年至今，低影响开发都是研究热点，相关研究包括雨水花园（rain garden）、绿色屋顶（green roof）、透水路面（porous pavement）等。此外，2017 年中国成为研究热点，与"中国"有共现关系的关键词有城市化（urbanization）、系统（system）、模型（model）、海绵城市（sponge city）。

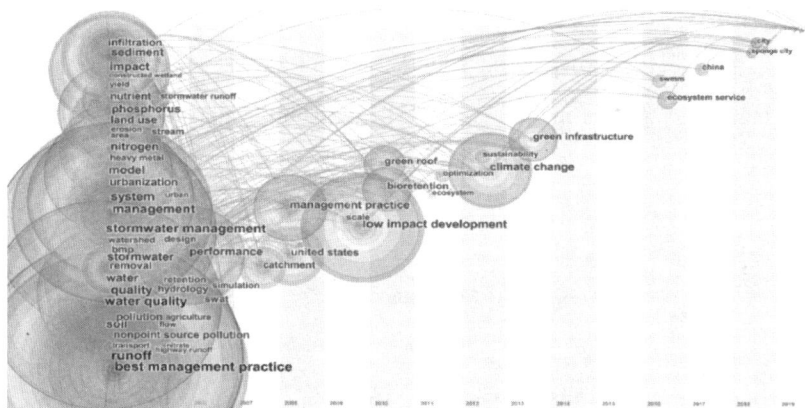

图 1 - 5 国外海绵城市关键词共现的时区视图

将关键词进行聚类得到图 1 - 6，将聚类 3 雨水花园（rain garden）、聚类 5 绿色屋顶（green roof）和聚类 7 透水混凝土（pervious concrete）归类到聚类 0 低影响开发（low impact development）中；将聚类 10 输沙（sediment transport）归类到聚类 1 城市化（urbanization）中去；将聚类 2 SWAT 模型、聚类 4 固体（solid）、聚类 6 悬浮固体（suspended solid）、聚类 8 第一次冲刷负荷（first flush load）以及聚类 9 路面径流（surface runoff）归为最佳管理措施聚类，最后得到国外海绵城市研究热点主要集中在以下三个方面：（1）低影响开发，它以分散式暴雨源头控制为理念，以各种小规模、低成本的措施模拟自然界的水文过程，这一聚类的高频热点包括雨水花园（rain garden）、绿色屋顶（green roof）、透水路面（porous pavement）、绿色基础设施（green infrastructure）、气候变化（climate change）等；（2）城市化所引起的水文过程的变化或影响的研究，这一聚类的热点有土地利用（land use）、雨洪管理（stormwater management）、输沙（sediment transport）、绩效（per-

13

formance）、砾石河床（gravel bed rive）、雨水排水连接（stormwater drainage connection）等；（3）最佳管理措施，它的核心理念为非点源污染控制以及雨洪径流管理，这一部分的研究热点有地表径流（surface runoff）、悬浮固体（suspended solid）、SWAT 模型、水文模型（hydrological model）、金属（metal）、可溶性磷（soluble phosphorus）等。

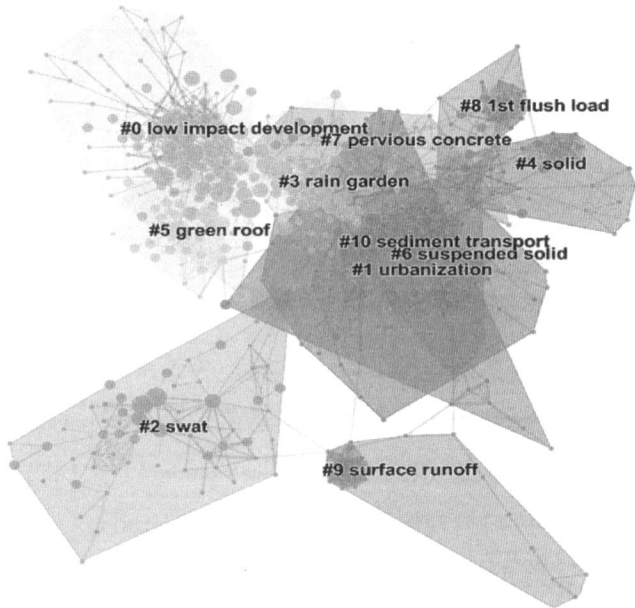

图 1-6　国外海绵城市关键词聚类图

（二）国内海绵城市热点分析

使用 CiteSpace 对中文海绵城市文献进行关键词共现分析，得到 169 个节点，582 条联系。分析结果得到中心度较高的关键词有海绵城市（0.36）、低影响开发（0.66）、SWMM（0.17）、雨洪管理（0.16）、城市内涝（0.13）、景观设计（0.10）。

绘制国内海绵城市研究的关键词共现的时区视图（time-zone view）得到图 1-7。由图 1-7 可看出关键词之间的关系较为紧密，1997 年是中国海绵城市研究工作的起始年，"海绵城市""低影响开发""SWMM""气候变化"等研究热点概念都在这一年引入中国。2004 年，最佳管理措施第一次在中文文献中出现，紧接着，其分支——非点源污染的研究也展开来。2008 年，雨洪控制与利用的理念出现后，国内的研究热点开始转向低影响开发与雨洪管理。2010 年，雨水花园、面源污染、城市内涝、雨水利用等话题相继出现，国内的海绵城市研究掀起一股热潮。2012 年到 2013 年，国内海绵城市的研究热点集中到海绵城市的规划设计上来，这一段时间突现的关键词有景观设计、下凹式绿地、绿色街道、绿色屋顶、城市设计、排水系统、城市雨洪管理、SWAT 模型等。2014 年至今出现的研究热点有绿色建筑小区、数值模拟、生物滞留、PPP 模式、绩效指标以及绩效研究中用到的模糊层次分析法等。

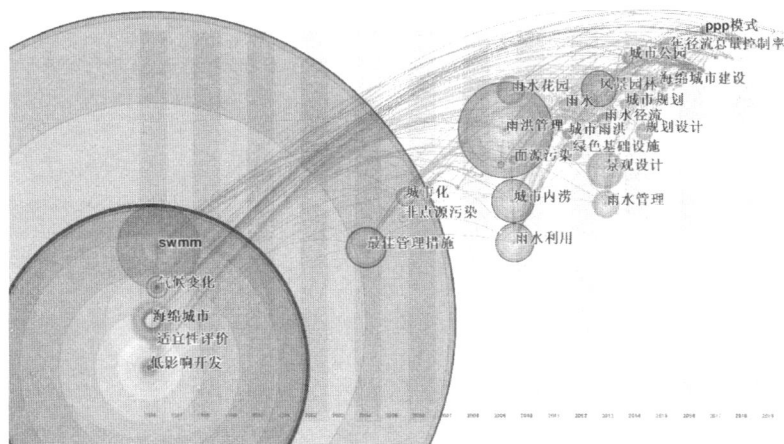

图 1-7　国内海绵城市关键词共现的时区视图

图 1-8 为关键词聚类视图，由图可知，国内海绵城市领域研究的话题较为集中，将聚类 2 水文循环与聚类 3 雨水利用归类到低影响开发聚类中去，最后得出中国海绵城市的研究热点主要集中在以下四个方

面。(1) 海绵城市规划设计,相关研究包括海绵城市规划分区、排水防涝、校园内涝的解决、径流总量的控制以及污染负荷削减等。在2016 年,海绵城市规划设计的研究中,关键词"PPP 模式""绩效评价""指标体系"突现,表明各学者在国务院提出以 PPP 方式建设海绵城市后开始关注海绵城市的建设绩效问题。(2) 低影响开发,研究主要包括雨洪管理与利用、水文循环、规划设计、绿色建筑、低影响开发设施,如绿色屋顶、雨水花园、透水路面、生物滞留池等。(3) 可持续发展,相关研究包括生态景观与修复、景观基础设施、城市双修、新型城镇化、水敏性城市设计等。(4) 最佳管理措施,相关研究包括非点源污染控制、农业面源污染控制、压力状态响应模型、SWAP 模型、费用效益分析等。由上述分析可知,有关海绵城市的研究热点涵盖了该学科的理论、方法和应用三个方面。

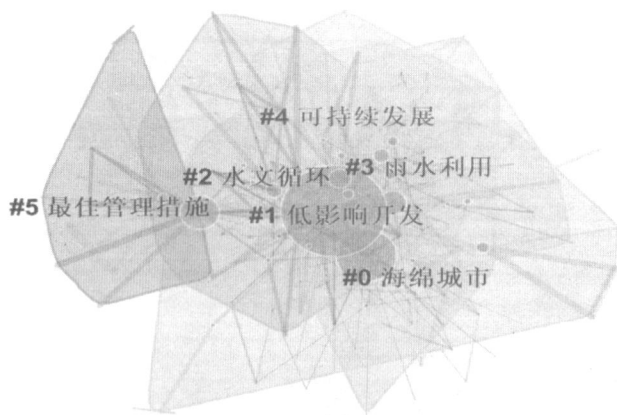

图 1-8　关键词聚类图

(三) 国内外海绵城市热点对比分析

通过比较国内外海绵城市的研究热点,可以发现:(1) 国外海绵城市的热点大多都在 2004 年及以前涌现,2004 年以后出现的新研究热点相对较少，而国内 2009 年以后涌现的研究热点占大多数。（2）从热点内容来看，低影响开发、最佳管理措施在国内外都是非常热门的研究方向，但国内更加重视海绵城市的规划设计。这一点在前文研究机构的分析中也可以看出，国外海绵城市领域的研究机构多是高校，而在国内，规划设计研究院占了很大的比重。（3）大多数研究热点由国外学者展开再蔓延到国内，但也有一些研究话题先在国内诞生。例如 1996 年国内学者就对"气候变化"热点展开了研究，但这一课题到 2012 年才被国外学者重视。

四、国内外海绵城市的知识基础与研究前沿

（一）英文文献中的知识基础与研究前沿

利用 CiteSpace 绘制文献的共被引网络图谱，找到网络中出现频次高的文献即为海绵城市研究的知识基础。被引文献，即为该领域内所有文献引用的文献，参考文献共被引是指两篇参考文献被同一篇文献引用的现象，被引频次高低可在一定程度上反映文献的学术影响力和经典程度，通过分析共被引网络中的聚类及关键节点，可以揭示出某个研究领域的知识结构。发表时间较早、被引频次较高的论文集合可被看作是领域奠基性的论文。发表时间较近、高突现强度的论文集合可被看作领域的研究前沿。表 1-3 列出 2010 年以前被引频次最高的 8 篇论文，表 1-4 列出 2013 年至今突现值最高的 12 篇论文。

表 1-3　国外海绵城市领域早年高被引文献

被引频率	突现值	文献	作者	时间
113	20.8	Simulation of the Performance of a Storm – Water BMP	Davis AP	2009

被引频率	突现值	文献	作者	时间
97	31.37	Low impact development practices: A review of current research and recommendations for future directions	Dietz ME	2007
83	14.53	Green roof performance towards management of runoff water quantity and quality: A review	Berndtsson JC	2010
83	26.93	Model evaluation guidelines for systematic quantification of accuracy in watershed simulations	Moriasi DN	2007
79	23.9	Impediments and solutions to sustainable, watershed – scale urban stormwater management: Lessons from Australia and the United States	Roy AH	2008
74	16.91	Pollutant removal and peak flow mitigation by a bioretention cell in urban Charlotte, NC	Hunt WF	2008
72	16.44	Field performance of bioretention: Hydrology impacts	Davis AP	2008
68	24.77	Evaluating bioretention hydrology and nutrient removal at three field sites in North Carolina	Hunt WF	2006

表 1 - 3 中的文献可看作是海绵城市领域的知识基础，从内容上来看，戴维斯（Davis，2009）建立了理想化的 BMP 数学模型，定量分析了不同水文和污染物浓度输入对 BMP 性能的影响；迪茨（Dietz，2007）对目前低影响开发措施的研究进行了综述；伯恩特松（Berndtsson，2010）从水量和水质两个方面论述了绿色屋顶在城市排水中的作用，并对不同作者提出的设计参数进行了评述，综述了影响绿色屋顶对径流水质影响的因素；莫里亚西（Moriasi，2007）建立了流域模型的评估指

南；罗伊（Roy，2008）确定了可持续城市雨水管理的七个主要障碍，并提供了几个成功实施区域性水污染防治的例子，最后，确定了七种障碍的解决方案；亨特（2006）通过实验证明，在城市环境中，生物滞留系统可以降低大多数目标污染物的浓度，包括病原菌指示物种，还可有效减少中小型风暴事件的洪峰径流；戴维斯（2008）的实验结果表明，生物滞留对于减少开发对周围水资源的水文影响是有效的。亨特（2006）在北卡罗来纳州的三个生物保留地进行了污染物去除能力和水文性能测试。这些文献阐明了海绵城市领域的基本概念、原理、模型的应用，是该领域的奠基性研究成果。

表1-4 国外海绵城市领域近年高突现值文献

被引频率	突现值	文献	作者	时间
116	34.7	SUDS, LID, BMPs, WSUD and more – The evolution and application of terminology surrounding urban drainage	Fletcher TD	2015
88	23.39	The effects of low impact development on urban flooding under different rainfall characteristics	Qin HP	2013
41	18.5	Hydrologic modeling of Low Impact Development systems at the urban catchment scale	Palla A	2015
31	13.96	Calibration and Verification of SWMM for Low Impact Development	Rosa DJ	2015
59	13.45	Understanding, management and modelling of urban hydrology and its consequences for receiving waters: A state of the art	Fletcher TD	2013
28	12.6	Advances in LID BMPs research and practice for urban runoff control in China	Jia HF	2013

被引频率	突现值	文献	作者	时间
54	12.3	Effectiveness of low impact development practices in two urbanized watersheds：Retrofitting with rain barrel/cistern and porous pavement	Ahiablame LM	2013
29	12.26	Effects of distributed and centralized stormwater best management practices and land cover on urban stream hydrology at the catchment scale	Loperfido JV	2014
38	12.11	Enhancing a rainfall – runoff model to assess the impacts of BMPs and LID practices on storm runoff	Liu YZ	2015
30	11.88	Assessing cost – effectiveness of specific LID practice designs in response to large storm events	Chui TFM	2016
30	11.88	Modeling flood reduction effects of low impact development at a watershed scale	Ahiablame L	2016
29	11.48	LID – BMPs planning for urban runoff control and the case study in China	Jia HF	2015

表 1 – 4 列出了近八年来高突现值的论文，突现性高的节点意味着这些文献在相应的时间区间里受到了格外的关注，一定程度上代表着该学科在相应时间区间的研究前沿和热点问题。突现值最高的文献同时也是整个时间区间被引频次第二高的文献。弗莱彻（Fletcher，2015）记录了城市排水术语的历史、范围、应用和基本原则，并提出了明确传达这些原则的建议，明确术语的使用对促进专业发展具有重要的作用；秦（Qin，2013）分析了三种 LID 技术（洼地、透水路面和绿色屋顶）对城市洪水的影响，与传统排水系统设计进行了比较。这篇文章还对不同

降雨特性下 LID 的性能进行了深入的分析，这对于有效的城市防洪管理至关重要。帕拉（Palla，2015）分析了低影响开发系统（LIDS）作为源头控制解决方案的实施情况，在不同的土地利用转换方案下，研究了小城市集水区的水文响应，包括安装绿色屋顶和透水路面。前 12 篇论文基本都来自低影响开发聚类，可见低影响开发是整个海绵城市领域的研究前沿。

（二）中文文献中的知识基础与研究前沿

由于下载的中文文献不包含引用文献记录，因此无法对中文文献进行共被引分析。尽管无法绘制中文文献的共被引网络图谱，但是基于"被引次数可以客观地反映学术论文总体被认同程度和在学术交流中的地位和作用"这一假设，中文数据库中高被引且发表时间较早的文献可以从一定程度上反映出国内海绵城市领域的知识基础（刘诗童等，2018）。表 1 - 5 列出了 2010 年以前，国内海绵城市领域被引频次排名前 8 的文献，这些文献可被看作国内海绵城市的奠基性论文。

表 1 - 5　国内海绵城市领域早年高被引文献

被引频次	文献	作者	时间
448	农田氮素淋失研究进展	张国梁	1998
322	发达国家典型雨洪管理体系及启示	车伍	2009
252	基于低影响开发的城市雨洪控制与利用方法	王建龙	2009
241	基于景观安全格局分析的生态用地研究——以北京市东三乡为例	俞孔坚	2009
121	构建城市雨洪管理系统的景观规划途径——以威海市为例	宋云	2007
120	低影响开发与绿色建筑的雨水控制利用	王建龙	2009
114	最佳管理措施在非点源污染防治中的应用	韩秀娣	2000
112	城市风景园林设计中的新型雨洪控制利用	车伍	2008

　　从内容上看，张国梁（1998）指出了氮素淋失的农学和环境学意义，介绍了主要的模拟模型，并从"农业最佳管理措施"的高度提出了防止氮素淋失的对策；韩秀娣（2000）综述了最佳管理措施（BMPs）在非点源污染控制中的应用现状；针对中国城市面临的洪涝灾害严重和水资源紧缺的状况，宋云和俞孔坚（2007）提出应整体和多目标地解决这个问题，而非单一目标或工程的方式来解决，此意见的提出非常具有前瞻性；次年，车伍、周晓兵（2008）介绍了国内外风景园林设计中的雨洪控制利用实践和启示，为中国城市风景园林设计中应用新型雨洪控制的理念和技术提供了借鉴；王建龙等（2009）论述了低影响开发的理念和关键技术，探讨了在绿色建筑体系应用低影响开发技术的可行性和必要性；同年，他们再次发表论文，系统地介绍了低影响开发的内涵、特点以及与传统雨洪控制利用方法的区别，并对 LID 的技术体系和具体实施方法进行了简要分析；俞孔坚等（2009）界定了生态用地的概念，基于关键生态过程的景观安全格局分析对生态用地进行定量研究，该方法对城市规划和土地规划等具有重要参考价值。

　　表 1–6 列出了 2014 年以后，被引频次较高的 12 篇论文，以此来表征国内海绵城市的研究前沿。吴丹洁等（2016）以及车生泉等（2015）探索了中国特色的 LID 试点经验模式与案例归集成效；孙芳（2015）研究了海绵城市理念下的城市道路系统设计；刘昌明等（2016）构建了具有自主知识产权的城市雨洪模型，并以首批海绵城市试点常德市为例进行了应用研究，为中国海绵城市规划设计提供了重要技术支撑和理论依据。总的来看，中国近年来在海绵城市研究领域被引较多的多为综述型文章。此外，被关注最多的问题为中国海绵城市的规划设计问题，即探索符合中国特色的城市雨洪管理模式。

表1-6 国内海绵城市领域近年高被引文献

被引频次	文献	作者	时间
682	"海绵城市"理论与实践	俞孔坚	2015
330	中国特色海绵城市的新兴趋势与实践研究	吴丹洁	2016
286	海绵城市理论与技术发展沿革及构建途径	车生泉	2015
258	海绵城市（LID）的内涵、途径与展望	仇保兴	2015
192	海绵城市建设指南解读之基本概念与综合目标	车伍	2015
156	国际现代雨洪管理体系的发展及剖析	车伍	2014
149	因水而变——从城市绿地系统视角谈对海绵城市体系的理性认知	胡楠	2015
120	基于海绵城市的城市道路系统化设计研究	孙芳	2015
98	海绵城市建设有关问题讨论	张建云	2016
98	海绵城市建设概论	章林伟	2015
92	维护良性水循环的城镇化 LID 模式：海绵城市规划方法与技术初步探讨	刘昌明	2016
89	海绵城市建设指南解读之降雨径流总量控制目标区域划分	李俊奇	2015

五、文献简评

本节利用 CiteSpace 软件对海绵城市领域进行了科学知识图谱可视化分析，分析发现，中外海绵城市的研究在发展趋势、研究热点、知识基础以及研究前沿上存在一定的共性和差异，主要结论如下。

（1）国外对海绵城市的研究要明显领先于国内，且发文数量远远大于国内。国内外海绵城市研究的发展趋势大致相同，都经历了萌芽阶段、平稳增长阶段和迅速增长阶段。近几年中国在该领域的研究实力不断增强，在国际上的发文数量也在不断增多，中国科学院的发文数量在国际上排名第六。

（2）国内外海绵城市的研究主体有差异。国外海绵城市的主要研究机构基本为高校、农业部和环保署，国内海绵城市研究的主要推动力为高校与各省市的城市规划设计研究院，且高校以具有建筑和林业背景的大学为主，社会机构以沿海发达城市的城市规划设计研究院为主。这一差异也间接导致了国内外海绵城市研究热点方向的不同。

（3）国内外海绵城市的研究热点与发展趋势存在差异。就热点内容而言，低影响开发、最佳管理措施在国内外都是非常热门的研究方向，但国内更重视海绵城市的规划设计。大多数研究热点，如最佳管理措施、雨洪管理等都是由国外学者展开再蔓延到国内，但也有少数研究话题由国内蔓延到国外，如气候变化等。

（4）国内外海绵城市的研究前沿不同。近几年国外海绵城市领域较有影响力的论文大多为低影响开发主题，而国内被引频次较高的论文多为海绵城市规划设计领域的论文，国内关于海绵城市建设方面的研究还基本上停留在内涵阐释、经验介绍、技术借鉴和应用方面。

（5）国外很注重海绵城市绩效评价，而我国对海绵城市建设的绩效评价等方面还缺乏系统研究。关于海绵城市财务绩效评价方面，美国已经走在了前列。美国通过发行一般责任债、联邦和州给予补贴与贷款等方式来支持海绵城市建设（见表 1-7）。一般责任债属于美国市政债券的一种，其发行获得政府信贷及"征税权力"担保，而不是项目收入担保（约克西莫维奇等，2014）。

表 1-7　国外海绵城市融资模式选择

资金来源	定义	案例
税收/普通基金	通过税收筹集的资金，例如向普通基金支付的不动产税、收入税、营业税	CIB 基金为 Maplewood Mall 降雨径流改造工程提供资金

续表

资金来源	定义	案例
费用	通过检查和许可等服务的收费筹集的资金；开发商新项目的影响费一次性征收	-
雨水公用事业	雨水公用事业收益来自用户付费，收益进入只供提供雨水服务的独立基金	马萨诸塞州雷丁镇每户40美元/年、牛顿市6.5美元/季度，缅因州刘易斯顿市50美元/年
政府补助	州和联邦政府补助为水质改善提供额外资金	纽约环境设施公司发起绿色创新项目（GIGP），EPA的国家河口项目
债券	"绿色"债券为环保项目（水处理工程）提供新资金来源	2014年6月，纽约环境设施公司发行绿色债券，金额2.13亿美元，为128个引水和废水项目融资；2014年9月加州第一次发行绿色债券
贷款	担保低息贷款，但通常用于规划	华盛顿斯波坎市街边雨水花园示范项目贷款59.9万美元
PPP	公共部门和私营企业实体间的合约协议，允许私营企业参与雨水设施的融资、规划、设计、施工和维护	2013年，马里兰州乔治王子郡采用PPP模式，改造8000英亩不透水地面（停车场、道路、屋顶），投资约12亿美元，2025年完成

数据来源：美国环境保护署网站。

综合上述分析，本书试图对海绵城市PPP项目投融资模式及绩效评价方面进行系统研究，以期为我国海绵城市建设贡献绵薄之力。

第三节　研究思路与内容

一、研究思路

本书研究的技术路线见图 1 - 9，具体研究思路如下。

（1）在分析海绵城市建设的战略目标的基础上，对国家层面和省市层面的相关政策进行梳理，通过实地调查等方式对第一、二批海绵城市建设试点城市的实施进展情况进行梳理，重点调查其主要营运方式（重点关注资金投入和回收方式）。总结目前海绵城市建设中出现的各种 PPP 投融资模式，找出各种模式的优缺点及其适用性。

（2）对 PPP 项目绩效管理的相关理论进行梳理，主要从利益相关者理论、物有所值理论、激励机制相关理论以及委托代理理论的角度梳理绩效管理方法。重点从物有所值的角度分析 PPP 项目绩效管理。

（3）讨论海绵城市 PPP 项目的绩效目标，建立绩效目标权重计算模型和水准设定模型，通过问卷调查和专家咨询等方式来分析不同的利益相关者基于不同的立场会对具体的 PPP 项目的不同期望。

（4）通过对绩效目标层层分解的方法，构建海绵城市 PPP 项目的绩效指标体系，并采用质量功能展开（Quality Function Deployment，简称 QFD）① 方法识别 PPP 项目的关键绩效指标。

（5）通过引入标杆管理的思想，提出 PPP 项目虚拟标杆概念对海绵城市 PPP 项目的绩效评价，并进行量化计算，在此基础上进一步提

---

① QFD 法是一种系统性的决策技术，在设计阶段，它可保证将顾客的要求准确无误地转换成产品定义；在生产准备阶段，它可以保证将反映顾客要求的产品定义准确无误地转换为产品制造工艺过程；在生产加工阶段，它可以保证制造出的产品完全满足顾客的需求。

海绵城市 PPP 项目投融资的主要模式及其特点	内容	●现有海绵城市 PPP 投融资模式 ●不同模式的优缺点及其适用性
海绵城市 PPP 项目绩效管理的相关理论	内容	●VFM的概念及内涵 ●PPP 项目利益者理论 ●结合 VFM 的 PPP 项目绩效管理
海绵城市 PPP 项目绩效目标	内容	●绩效目标识别 ●绩效目标的问卷调查 ●绩效目标的水准设定与选择
海绵城市 PPP 项目的关键指标	内容	●PPP 项目绩效指标的识别 ●PPP 项目绩效指标的问卷调查 ●基于 QFD 的 PPP 项目关键绩效指标的识别
海绵城市 PPP 项目的绩效评价	内容	● 海绵城市建设期绩效评价 ● 海绵城市全生命周期绩效评价
海绵城市 PPP 项目的绩效激励机制设计	内容	●针对利益分配和风险承担的设计 ●针对项目回报问题的设计 ●针对绩效评价指标测量的设计 ● 实现项目各类资源的集约化管理 ● 针对建设复杂性的设计

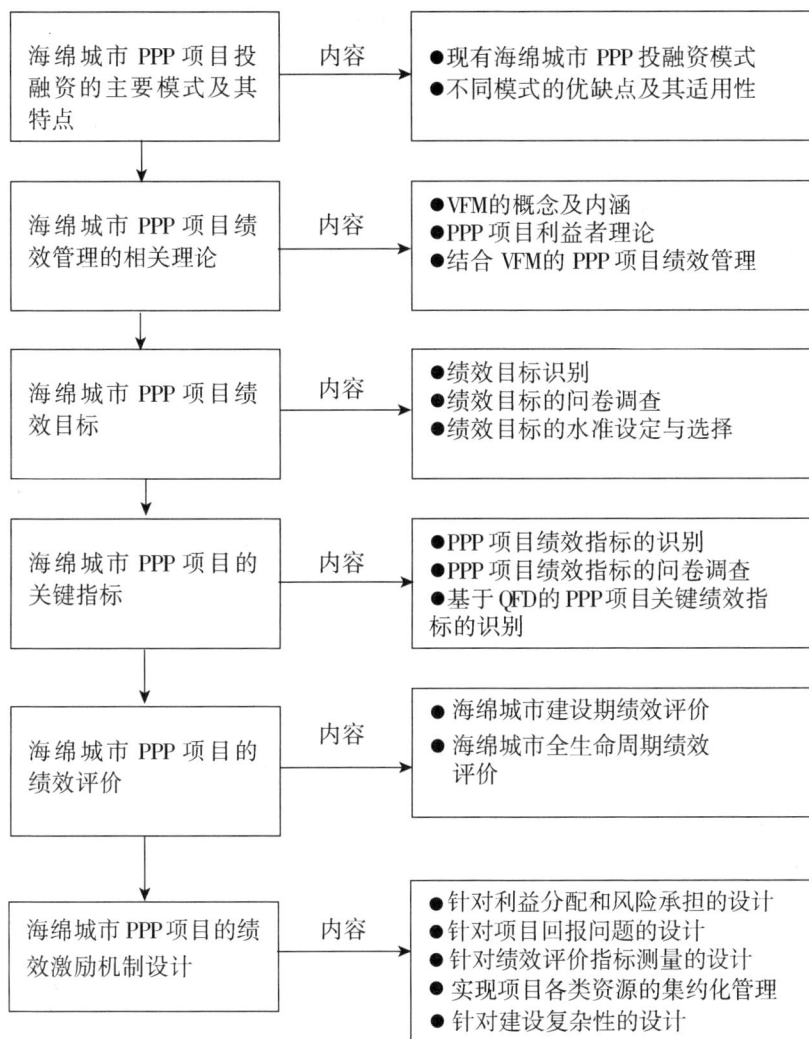

图 1-9 研究技术路线图

出含有标杆的 PPP 项目绩效评价方法和模型；基于海绵城市 PPP 项目建设运营全过程对海绵城市 PPP 项目建设绩效进行评价。

（6）本书旨在建立激励导向的绩效管理体系，通过科学有效的绩效激励机制模式能有效激发海绵城市 PPP 项目利益相关方的满意度提升，从而减少项目的监管成本，实现各类资源的集约化管理。

二、研究内容

本书拟解决的关键问题是，归纳海绵城市 PPP 项目投融资的主要模式、资金投入回收方式，探索海绵城市 PPP 项目绩效评价目标设定及关键绩效指标构建、绩效评价方法和模型。在内容上主要包括两部分：海绵城市 PPP 项目投融资模式研究和海绵城市 PPP 项目绩效评价体系研究。

（一）海绵城市 PPP 项目投融资模式研究

1. 海绵城市建设目标与实施进展

分析海绵城市建设的战略目标，对国家层面和省市层面的相关政策进行梳理，通过实地调查等方式对第一、二批海绵城市建设试点城市的实施进展情况进行梳理，重点调查其主要营运方式（重点关注资金投入和回收方式）。

2. 海绵城市 PPP 项目投融资的主要模式及其特点

对目前海绵城市建设中出现的各种 PPP 投融资模式进行比较分析，找出各种模式的优缺点及其适用性。

（二）海绵城市 PPP 项目绩效评价体系研究

本书针对海绵城市建设期和全生命周期构造了不同的评价模型和绩效考核指标体系，具体内容如下。

1. 海绵城市 PPP 项目绩效评价的理论基础

PPP 项目绩效管理的相关理论梳理，主要从利益相关者理论、物有所值理论、激励机制相关理论以及委托代理理论的角度进行梳理绩效管理方法。

2. 海绵城市 PPP 项目的绩效目标设定及其选择方法

重点讨论海绵城市 PPP 项目的绩效目标，建立绩效目标权重计算模型和水准设定模型，通过问卷调查和专家咨询等方式来分析不同的利益相关者基于不同的立场对具体的 PPP 项目的不同期望。

3. 海绵城市 PPP 项目的关键绩效指标及其识别方法

通过对绩效目标层层分解的方法，构建海绵城市 PPP 项目的绩效指标体系，并采用 QFD 的方法识别 PPP 项目的关键绩效指标。

4. 海绵城市 PPP 项目的绩效评价模型与方法

通过引入标杆管理的思想，提出 PPP 项目虚拟标杆概念对海绵城市 PPP 项目的绩效评价，并进行量化计算，在此基础上进一步提出含有标杆的 PPP 项目绩效评价方法和模型；基于海绵城市 PPP 项目建设运营全过程对海绵城市 PPP 项目建设绩效进行评价。

5. 海绵城市 PPP 项目的绩效激励机制设计

建立激励导向的绩效管理体系，通过科学有效的绩效激励机制能促进海绵城市 PPP 项目利益相关方的满意度提升，从而减少项目的监管成本，实现项目各类资源的集约化管理。

第二章 两批海绵城市建设试点城市投融资模式调查

第一节 第一批海绵城市建设情况

一、第一批海绵城市建设试点城市名单和具体项目规划

2015 年 4 月，财政部、住建部和水利部联合制定并公布了第一批 16 个海绵城市建设试点名单，名单中包括迁安、白城、镇江、嘉兴、池州、厦门和萍乡等城市或国家级新区。之后，各个试点城市便根据国家的指导意见制定了各自的建设规划，包括一揽子项目和投资额度规划。我们在查阅了各试点城市的主要政府网站和新闻媒体后，将各试点城市具体建设规划整理如表 2 − 1。

表 2 − 1　第一批试点城市名单及具体建设项目规划汇总

试点城市	所在省份	行政级别	具体项目建设规划
迁安	河北	县级市	包括建筑与小区、绿地与广场、道路与管网、区外相关工程和能力建设工程等 5 大类 214 项工程

续表

试点城市	所在省份	行政级别	具体项目建设规划
白城	吉林	地级市	涉及公园、广场改造和建设、建筑与小区改建和新建、道路改造和建设、河道建设、湖泊及调蓄区建设、污水系统建设、监测平台建设和其他推广示范9大类项目178项工程
镇江	江苏	地级市	建设项目总数达到了396项，总投资80亿元。划定试点区域为22平方千米，区域内建设项目302个，并且所有项目必须按照城市总体规划及各相关专业规划要求推进实施
嘉兴	浙江	地级市	以南湖为中心和附近的老城区、已建区和未建区为示范区，总共达到住宅小区、公共建筑、市政道路等10大类488个项目
池州	安徽	地级市	包括道路交通海绵城市系统、园林绿地系统、建筑小区系统、水生态、水安全系统和能力保障系统5大类117项工程
厦门	福建	副省级市、单列市	以马銮湾片区为试点区域，59个项目涵盖了新建、改造小区绿色屋顶、可渗透路面及自然地面、下凹式绿地和植草沟、污水处理设施和管网、污水再生利用设施等6大类
萍乡	江西	地级市	3年内将在32.98平方千米的示范区内建设147个项目，总投资46亿元
济南	山东	地级市	以大明湖兴隆片区为试点区域，以玉符河和济西湿地片区为推广区域，实施63个项目，涵盖城市水系、园林绿化系统、道路交通系统、建筑小区系统和能力建设系统5大类
鹤壁	河南	地级市	包括河道治理、雨污分流、道路建设、绿地建设等6大类317个项目
武汉	湖北	副省级市	以四新和青山为海绵城市示范区，面积合计约为38.5平方千米。项目包括青山滨江区域综合改造，青山港湿地雨、污水整治及水环境修复等工程

续表

试点城市	所在省份	行政级别	具体项目建设规划
常德	湖南	地级市	包含新河水系综合开发治理及常德备用水源引水、穿紫河沿岸综合开发治理、柳叶湖片区综合开发治理
南宁	广西	地级市	涉及河流水系、公园绿地、公共建筑、居住小区、道路广场等8大类192个示范项目
重庆	重庆	直辖市	以面积约18.67平方千米的两江新区悦来新城为示范区，以建筑、道路、绿地等基础设施为载体
遂宁	四川	地级市	包括建筑与小区改造、城市道路改造、城市绿地与广场改造、城市水系整治4大类315个规划项目
贵安新区	贵州	国家级新区	涵盖综合治理、污水处理、管网建设、绿地公园、道路铺装、公共建筑、房产开发和信息化平台8大类67个项目
西咸新区	陕西	国家级新区	以沣西新城核心区域为示范区域，涉及市政道路、公园绿地、防洪治理、污水处理、生态修复和大数据监测平台等58个项目

数据来源：各地日报、新闻网。

二、试点城市项目总投资计划和实施进展状况

2016 年以来，各试点城市纷纷推进已制定的项目建设规划，完成了一大批重点工程项目。我们查阅整理了各地的主要新闻媒体和政府文件，现将各试点城市的项目投资计划与实施进展整理如表 2-2。

表 2－2　第一批试点城市项目投资计划和实施进展状况汇总

试点城市	项目投资计划	项目实施进展状况
迁安	2015 年、2016 年、2017 年计划分别完成投资 11.29 亿元、22.56 亿元和 6.21 亿元。其中 27.35 亿元（164 个项目）将依靠 PPP 模式来筹集，具体模式将采用 DBFO、ROT 和 BOT 的模式	截至 2016 年 1 月已开工 83 项，在 2016 年 6 月底前全面展开
白城	总投资为 42.5 亿元，其中中央投资专项补助为 12 亿～14.4 亿元，省市配套资金支持为 7 亿元、市场化 PPP 引资为 22.5 亿元，计划在 2015 年、2016 年、2017 年三年分别投入 13.9 亿元、18.8 亿元和 9.8 亿元	截至 2015 年 11 月，已完成工程项目建设招投标 101 项，开工建设 101 项，完成工程项目建设 39 项，累计完成投资 10 亿元。2016—2017 年，将重点实施道路雨水综合利用改造工程、内涝调蓄池建设工程和河道治理建设改造工程等项目
镇江	总投资达到了 80 亿元，其中中央投资专项补助为 12 亿元。2015 年投入了 6.22 亿元，其中 PPP 公司完成项目投资 4.67 亿元，各城建主体完成项目投资 1.55 亿元。2016 年计划完成海绵城市投资 26.4 亿元。并且镇江市拟定采用海绵城市建设试点工作奖补办法，对年度考核结果为优秀的单位或积极开展海绵城市建设的社会主体，给予一定比例的奖补	2015 年年底，将完成 98 个低影响开发项目，开工 30 个项目，2015 年采用 PPP 模式完成和开工的项目共有 45 个。2016 年计划完成海绵城市投资 26.4 亿元，计划开工 260 个项目，计划完工 214 个项目；其中 PPP 模式计划开工 75 个项目，计划完工 59 个；委托设计项目 20 个。计划于今年 4 月底前，基本完成 PPP 公司的组建
嘉兴	总投资为 51.7 亿元，其中包括 12 亿元的中央财政专项资金，并且 2016 年计划完成投资 48 亿元	截至 2016 年 2 月，8 个项目已经开工建设，累计完成海绵城市建设总投资 6.14 亿元，已开工面积 2.54 平方千米。2016 年嘉兴将加快海绵城市试点建设，将实施 85 个工程建设项目，总投资约 48 亿元

续表

试点城市	项目投资计划	项目实施进展状况
池州	总投资为 211.62 亿元，除中央和地方财政专项资金外，计划引导社会资本投入资金 24.65 亿元。2015 年已完成投资 6.5 亿元（不含房地产项目），其中中央财政资金 0.8 亿元，地方财政资金 5.2 亿元，社会资本投入 0.5 亿元	2015 年，政府直接投资工程项目 55 个，总投资 14.32 亿元。已完工项目 11 个，正在实施项目 29 个，正在进行招标的项目 9 项，正在开展前期工作的项目 6 个。2015 年已完成投资 6.5 亿元，确定池州一中、三台山公园等工程作为海绵城市首批示范项目，目前均已开工建设。2016 年计划安排海绵城市政府性投资建设项目 43 个，投资约 15.1 亿元
厦门	总投资为 99.72 亿元，2015 年完成投资 6.19 亿元，2016 年计划完成投资 47 亿元	截至 2016 年 1 月底，开工建设项目总数为 40 个，面积约为 4.61 平方千米。其中 17 个项目已经完工，完成面积 3.18 平方千米，完成投资 6.19 亿元。2016 年，计划投入约 47 亿元，实施 150 个海绵改造项目
萍乡	总投资为 46 亿元，其中政府投入资金 17 亿元，拟吸引社会资本 29 亿元。2015 年完成投资 7.8 亿元。除此之外，萍乡市与国家开发银行、农业发展银行等金融机构达成了 50 亿元的贷款意向	根据调整后计划，2015 年计划完成海绵城市试点建设面积 2.7 平方公里，完成 20 个年度项目建设。截止到 2016 年 2 月，萍乡海绵城市在建项目 17 个（含 2016 年度 1 项），2015 年 12 个在建小区和公园改造项目已全部完工，完成海绵体改造和建设投资约 7.8 亿元
济南	总投资为 149 亿元，其中中央专项补助资金为 15 亿元，2015 年完成投资 30 亿元。兴济河、十六里河等 3 个试点片区将采用 PPP 模式运作，总投资约为 38.5 亿元	按照计划，济南市海绵城市建设试点共实施工程项目 44 个。工程建设项目 40 个，总投资为 73.5 亿元，截止到 2016 年 4 月，试点建设项目已开工 34 个，完成投资 32.05 亿元，占总投资的 40.1%

续表

试点城市	项目投资计划	项目实施进展状况
鹤壁	总投资为32.87亿元，其中PPP模式5.63亿元，政府投资27.42亿元（含中央专项支持资金12亿元）。2015年完成投资4.6亿元，2016年计划投资23亿元	2015年，鹤壁市实际开工项目22个、总投资为10.39亿元，已完成投资4.6亿元，目前有31个项目完成设计和前期手续。2016年试点项目争取开工206个，计划完成投资23亿元，包括河道治理类9个项目、道路类6个项目、雨污分流类4个项目、绿地类14个项目、防洪及水源涵养类4个项目、建筑类169个项目
武汉	总投资为169.2亿元，包括中央财政专项支持资金15亿元、武汉市财政资金每年至少4亿元，示范区所在地人民政府资金，每年不少于1亿元。除此之外，要采用向银行争取长期贷款和PPP等方式来筹措海绵城市设施建设资金	截止到2015年11月，共启动18个项目，其中青山示范区已启动6个项目，分别为：青山滨江区域综合改造工程，青山港湿地雨、污水整治及水环境修复工程等。四新示范区启动12个项目，分别为：墨水湖南岸公园，太子水榭、江城明珠两个社区，连通港、总港等
常德	项目总投资约为126.5亿元。2015年至2017年，市委、市政府将加大财政资金投入，采用政府和社会资本合作的机制，逐年计划投资80亿元、57亿元、37亿元	2015年计划开工10平方千米，已完成9平方千米，项目开工60个，完成项目46个，其中包括船码头机埠—市污水净化中心污水主干管网的修复、护城河葫芦口段的黑臭水体治理等项目，并聘请德国汉诺威水协、中规院等国内外顶尖规划设计单位，来完成79个海绵城市建设项目设计工作
南宁	总投资为90.3亿元，2015年、2016年、2017年三年分别投入45.1亿元、44.3亿元、0.9亿元	2015年实现项目开工92项，完工40项，其中，南湖环湖路、石门森林公园海绵化改造等重点项目顺利竣工。2016年计划完成海绵城市建设项目73项，其中包括续建、新建项目51项，前期项目22项，并力争至年末项目累计开工70%以上、累计竣工50%以上

续表

试点城市	项目投资计划	项目实施进展状况
重庆	总投资达到 70 亿元。并大力采用"PPP 融资模式"和 BOT 模式	目前已启动了多个海绵城市改造项目，其中悦来小学开发项目已经完成。2016 年悦来海绵城市建设计划将投资建设 49 个项目，目前正在重点推进项目包括国博中心海绵城市改造、悦来海绵生态展示中心、会展公园和"一江两河"环境整治等
遂宁	总投资为 58.28 亿元。其中财政资金投入 29.06 亿元，采用 PPP 模式筹集 29.22 亿元。2015 年、2016 年和 2017 年分别计划投入 7.83 亿元、27.17 亿元、23.28 亿元	2015 年实际启动 44 个项目，其中，计划 2015 年内完成的项目 26 个，2016 年完成的项目 18 个。莲里公园、武警支队等 31 个试点项目已竣工，投资额度达到了 4.5 亿元。2016 年，将重点通过 PPP 模式来筹集资金以完成海绵城市监控系统建设
贵安新区	总投资约为 46.7 亿元，其中中央财政专项补助资金 12 亿元，贵安新区管理委员会出资 5 亿元（视项目进度情况分三年出资），剩余 29.7 亿元拟通过 PPP 筹措及通过财政奖补方式撬动，占比高达 63.6%	2015 年 9 月底前，新区将实质性加快推进北师大附校、北路新区主次干路网一期工程等建设，10 月底前开工建设寅贡路、湖潮街等一批路网以及湖潮河综合整治等工程，11 月底前正式启动贵安高铁站站前路及轨道交道 S1 及 S2 线等工程
西咸新区	总投资约 27.06 亿元。计划采用 PPP 模式来融资，并通过建立西咸新区绿色城市管网基金和农业银行 8 亿元"西咸新区沣西新城海绵城市建设引导基金"方式来筹集部分资金	沣西新城总长 6.8 公里的中心绿廊，一期景观工程已竣工验收，湖泊、湿地、森林等功能板块也已建成，实际完成水泡面积 2.8 万平方米，绿化面积约 19.8 万平方米。同时还建成了 520 米的雨水廊道，包括雨水边沟、溢流管、人工湿地等项目

数据来源：各地日报、新闻网。

三、第一批试点城市资金来源特点：政府投入资金严重不足

目前海绵城市的建设资金来源主要是政府的财政资金和社会资本。我们在政府网站搜集了相关信息之后，现将试点城市的政府投资状况整理如表2-3。

表2-3 第一批试点城市政府投资汇总

试点城市	试点面积（平方千米）	计划投资金额（亿元）	政府出资额度（亿元）	政府出资占比	单位面积计划投资额（亿元/平方千米）
迁安	21.50	38.42	12.00	31.23%	1.79
白城	19.00	42.50	19.00	44.71%	2.24
镇江	22.00	80.00	12.00	15.00%	3.64
嘉兴	18.44	51.70	15.00	29.01%	2.80
池州	18.50	211.62	13.73	6.49%	11.44
厦门	7.84	72.10	12.00	16.64%	9.20
萍乡	32.98	63.00	17.00	26.98%	1.91
济南	39.00	79.26	40.90	51.60%	2.03
鹤壁	29.80	32.87	27.42	83.42%	1.10
武汉	38.50	155.16	30.00	19.33%	4.03
常德	36.10	174.00	20.60	11.84%	4.82
南宁	54.60	95.19	12.00	12.61%	1.74
重庆	18.67	42.20	18.00	42.65%	2.26
遂宁	25.80	52.28	29.06	49.86%	2.26
贵安新区	19.10	46.70	17.00	36.40%	2.45
西咸新区	22.50	27.06	12.00	44.35%	1.20
总计	424.33	1270.06	307.71	—	—

数据来源：各地日报、新闻网及财政部门官网。

从数据上来看，虽然中央政府和地方政府对海绵城市建设给予了大

力支持，但对于海绵城市巨大的资金需求来说仍是不够。总的来说，政府出资额仅占计划投资额的 23.23%。巨大的资金缺口需要社会资本的加入，因而 PPP 模式的应用被寄予厚望。以迁安、白城、萍乡、鹤壁、遂宁和贵安新区 6 个城市为例，PPP 融资的平均占比为 52.4%，中央及地方的财政支持平均仅占比 47.6%。

政府的财政支持主要分为两块：一是中央财政对海绵城市建设试点给予的专项资金补助；二是地方财政的财政补贴。其中，中央政府的专项资金补助一定三年，具体补助数额按城市规模分档确定，直辖市每年 6 亿元，省会城市每年 5 亿元，其他城市每年 4 亿元，对采用 PPP 模式达到一定比例的，将按上述补助基数奖励 10%。而地方财政的补贴标准则各有不同，如武汉市财政每年至少安排资金 4 亿元，各示范区所在地人民政府各自安排资金每年不少于 1 亿元，专门用于海绵城市建设试点工作。又如陕西省对海绵城市建设省级试点，省级财政连续三年每年给予 6000 万元的资金补助。①

截至 2017 年年底，在第一批试点 16 个城市中，已有 10 个城市明确将海绵城市建设列入地方政府财政支出中，分别是白城、嘉兴、池州、萍乡、济南、鹤壁、武汉、常德、遂宁及贵安新区。我们现将各试点城市的政府财政资金支持状况整理如表 2 - 4。

表 2 - 4　第一批试点城市政府财政资金分类及说明汇总

试点城市	中央财政（2015—2017 年）	地方财政（2015—2017 年）	试点政府年初财务预算中的说明
迁安	12 亿元		2016 年统筹海绵城市建设资金 20 亿元（结转上级专项资金 4 亿元，接收省提前下达专款 4 亿元，吸收社会融资 12 亿元），全部实行基金化管理，最大限度地发挥资金保障的支持作用

---

①　国信证券. PPP + 海绵城市深度研究分析［EB/OL］. 水泥网，2016 - 06 - 03.

续表

试点城市	中央财政（2015—2017年）	地方财政（2015—2017年）	试点政府年初财务预算中的说明
白城	12亿元	7亿元	2015年新增海绵城市项目投资6亿元。根据白城新闻网报道白城市海绵城市建设项目总投资42.5亿元，中央投资补助12亿~14.4亿元，省市配套支持7亿元，市场化PPP引资22.5亿元。
镇江	12亿元		并未直接提及海绵城市建设，但2016年"节能环保支出80867万元，其中本级财力支出21309万元。主要安排污染防治支出3070万元，能源节约利用支出975万元，污染减排支出4050万元，环境保护管理事务支出2909万元。总支出中含省级生态文明城市建设综合改革试点财力补助59000万元，集中市区生态补偿专项资金6000万元和其他省级专项资金"。市级安排"生态文明类"专项资金7.8亿元，全力支持"生态云"建设、环境整治、污染防治以及生态补偿实施等
嘉兴	12亿元	2016年预计投入3亿元	2016年拟动用市级偿债准备金7.62亿元，主要用于扩大杭嘉湖南排工程4亿元，海绵城市建设试点资金3亿元，嘉兴科技城化债补助0.5亿元以及杭嘉湖南排平湖塘延伸拓浚工程0.12亿元
池州	12亿元	2016年预计投入1.73亿元	2016年预计城乡社区支出1.73亿元，主要包括江南产业集中区基础设施建设、部分政府性投资项目、PPP项目奖补及海绵城市建设配套资金等项目
厦门	15亿元		2016年推进生态建设。安排20.8亿元。建立保护生态功能区奖补机制，推进区域绿地和生态廊道建设，筑牢生态屏障。加快海绵城市、地下综合管廊等项目建设，实施"四边"绿化改造和景观提升，并完善市政配套设施

试点城市	中央财政 (2015—2017 年)	地方财政 (2015—2017 年)	试点政府年初财务预算中的说明
萍乡	12 亿元	5 亿元	未提及海绵城市。但根据萍乡日报报道，"三年建设项目估算总投资 46 亿元。其中政府投入资金 17 亿元（含中央海绵城市专项支持资金 12 亿元），社会资本投入资金 29 亿元"
济南	15 亿元	2015 年投入 10.8 亿元，2016 年计划投入 15.1 亿元	2015 年投入 108455 万元，创建全国水生态文明城市，支持海绵城市建设试点，进行小清河水质保障和河道综合整治，增强城市蓄水排水功能，2016 年安排 151162 万元用于南部山区生态功能保护补偿、海绵城市建设、小清河流域综合治理等项目建设
鹤壁	12 亿元	2015 年投入 5 亿元，2016 年计划投入 1.9 亿元	2015 年成功申报为全国"海绵城市"建设试点城市，获得中央财政 3 年共 12 亿补助资金。各级投入财政资金 9 亿元，带动社会资本投入 27 亿元，为推进节能减排示范市和海绵城市建设，除中央和省补助资金外市本级需安排配套资金，2016 年安排 19000 万元
武汉	15 亿元	不少于 5 亿元	根据新闻报道可知，武汉市除了积极争取国家海绵城市建设奖补资金外，还将整合市、区财政资金，武汉市财政每年至少安排资金 4 亿元，示范区所在地人民政府各自安排资金每年不少于 1 亿元，专用于海绵城市建设试点工作
常德	12 亿元	2016 年计划投入 8.6 亿元	2016 年安排城市维护建设资金 18.5 亿元，其中海绵城市建设资金 8.6 亿元，加快城市扩容提质
南宁	15 亿元		
重庆	12 亿元		支持开展海绵城市、智慧城市、建筑构件产业化试点。促进公共建筑节能改造，发展绿色建筑。支持中心镇、小城镇和农民新村完善功能

续表

试点城市	中央财政（2015—2017 年）	地方财政（2015—2017 年）	试点政府年初财务预算中的说明
遂宁	12 亿元	2015 年投入 4.07 亿元，预计 2016—2017 年投入 12.99 亿元	2015 年海绵城市建设投入 4.07 亿元，除此之外，根据四川新闻网报道，"遂宁海绵城市建设试点区面积为 25.8 平方千米，共 7 大类 346 个项目，总投资规模为 58.28 亿元。其中，财政资金投入 29.06 亿元，占总投资的 49.9%；采用 PPP 模式筹集资金 29.22 亿元，占总投资的 50.1%"
贵安新区	12 亿元	5 亿元	2016 年度预算计划未出，根据新闻报道可知，贵阳市将争取中央财政专项补助资金 12 亿元（一定三年，每年 4 亿元），另外，贵安新区管理委员会出资 5 亿元（视项目进度情况分三年出资），而剩余的 29.7 亿元拟通过政府和社会资本合作模式（"PPP 模式"）和财政奖补方式筹措
西咸新区	12 亿元		

数据来源：各地日报、新闻网。

四、第一批试点城市已完成项目的生态评价和盈利模式拓展

为了科学全面地评价海绵城市建设成效，2015 年 7 月，住房城乡建设部出台《海绵城市建设绩效评价与考核办法（试行）》，将海绵城市建设绩效评价与考核指标分为水生态、水环境、水资源、水安全、制度建设及执行情况、显示度 6 大类别、18 项指标，并将海绵城市建设绩效评价与考核分为三个阶段——城市自查、省级评价和部级抽查，以保障海绵城市建设工程按质按量完成。① 从 2015 年 4 月至今，经过一年多时间，试点城市的海绵城市建设已经初现成效。

---

① 国信证券. PPP + 海绵城市深度研究分析［EB/OL］. 水泥网，2016 - 06 - 03.

现有海绵城市建设主要采用了三种模式，传统的各部门分段实施模式、城投模式和 PPP 模式。传统的各部门分段实施模式暂不赘述，城投模式就是以城投公司为主来推进整体工程建设的模式。无论是采用传统模式，还是城投模式，都容易造成管理部门职能交叉、缺乏协调统筹、项目碎片化、融资渠道单一、管理体制落后等一系列次生问题，并不利于实现项目的整体功能。而相比前两种模式，PPP 模式兼具效率与质量并且优势明显，因而被试点政府所广泛采用。PPP 模式的优势主要体现在以下三点。

（1）PPP 模式可以促进投资主体的多元化。引入社会资本，可以拓宽项目资金来源，弥补资金缺口，利用社会资本来提供资产和服务，并促进投融资体制改革。

（2）PPP 模式有利于转换政府职能。减少政府财政支出和债务负担，使政府可以从繁重的建设事务中脱身出来，由基础设施公共服务的提供者变为监督者、合作者。

（3）PPP 模式使风险分配更加合理，因为项目风险将由政府和社会资本共同分担。政府在分担风险的同时也拥有了一定的控制权，同时由于政府分担一部分风险，减少了承建商和投资商的风险，从而降低了融资难度，提高了项目融资成功的可能性。[①] 这会使项目运行既有效率，又兼具质量。此外，社会资本参与项目能推动项目设计理念和施工技术等方面革新，有利于提高项目的建设和运营效率。总之，政府部门和社会资本相互之间取长补短，形成了统一的长期目标，因此可在有效的成本条件下为公众提供相对比较高的质量服务。

鉴于 PPP 模式在海绵城市建设中的多种优势，国家大力支持在海绵城市建设中引入社会资本。2015 年 10 月，国务院发布《关于推进海

---

① 周沅帆. 地方政府投融资平台融资渠道及资金来源分析［N］. 中国经贸导刊，2012 - 01 - 25.

绵城市建设的指导意见》，强调区别海绵城市建设项目的经营性与非经营性属性，建立政府与社会资本风险分担、收益共享的合作机制，采用明晰经营性收益权、政府购买服务、财政补贴等多种形式，鼓励社会资本参与海绵城市投资建设和运营管理。① 中央财政对海绵城市建设试点采用 PPP 模式达到一定比例的，将按补助基数奖励 10%，而地方政府相应的配套财政和考核政策也相继出台。

国家鼓励在海绵城市建设中引入 PPP 模式，以加强竞争、实现投资主体多元化。海绵城市建设项目主要采用 DBFO（设计—建造—融资—运营）的运作方式，由社会资本负责项目的设计、投融资、建设、运营、期满移交等相关工作。海绵城市相关项目的收入一般由使用者付费的项目运营收益、政府购买及财政补贴三部分构成。（1）项目运营收益包括雨水集蓄利用等项目提供的新增水资源供给量、多功能调蓄及生态公园提供的门票收入、生态停车场的停车收费、传统污水处理厂的运营收入等。（2）由于海绵城市效益存在明显外部性，如减少径流污染、防洪涝、积蓄及补充地下水源、地产增值、创造就业等，故政府购买服务仍是大部分海绵城市建设项目的主要收益来源。海绵城市项目多采取 PPP 形式，政府采用特许经营、投资补贴、贷款贴息等方式吸引社会资本进入海绵城市建设项目。然而收益性成为是否能吸引投资的关键。目前收益模式主要有三种：政府付费（如生态环境治理、市政道路等非经营性项目）、用户付费（如供水、燃气等经营性项目）和可行性缺口补助（如垃圾处理等准经营性项目）。海绵城市已完成项目大都离不开这三种模式。

---

① 《国务院办公厅关于推进海绵城市建设的指导意见》（国办发〔2015〕75 号）。

第二节　第二批海绵城市建设情况

一、第二批海绵城市建设试点城市名单和具体规划要点

2015 年 10 月 16 号国务院办公厅发布的《关于推进海绵城市建设的指导意见》指出，最大限度地减少城市开发建设对生态环境的影响，将 70% 的降雨就地消纳和利用。要求到 2020 年，城市建成区 20% 以上的面积达到目标要求；到 2030 年，城市建成区 80% 以上的面积达到目标要求。为了切实有效地推进海绵城市的建设，2016 年财政部、住房城乡建设部、水利部又推出 14 个城市作为第二批试点城市：福州、珠海、宁波、玉溪、大连、深圳、上海、庆阳、西宁、三亚、青岛、固原、天津、北京。而地方政府在住建部发布的《海绵城市建设技术指南》的基础上，各个试点城市又推出地方性政策来推进海绵城市项目建设进行。我们在查阅相关政府规划的基础上结合各试点城市的配套政策将试点城市的具体规划要点总结如表 2 - 5。

表 2 - 5　第二批海绵城市配套政策及规划要点

城市	地方政策	规划要点
福州	《福州市海绵城市试点建设行动计划（2016—2018 年)》	打造以"山地、平原、滨江滨海复合型"和"洪、潮、涝敏感型"为特征的海绵城市建设综合示范城市
珠海	《珠海市海绵城市专项规划（2015—2020)》	建设珠海市海绵城市，将从"水生态、水安全、水环境、水资源、水文化"等方面入手，在市域尺度上构建"山、水、林、田、湖"一体化的城市海绵体，降低影响开发雨水系统、雨水管渠系统、超标雨水径流排放系统统一考虑，将珠海打造成河网密集区的滨海及海岛城市示范、大降雨量的填海建设区示范、新老城结合及海绵智慧城市融合示范和流域打包治理模式四大集中示范城市

续表

城市	地方政策	规划要点
宁波	《宁波市中心城区海绵城市专项规划（2016—2020）》	针对宁波水系统的突出问题，构建海绵城市低影响开发雨水系统。"绿—灰"结合、"地上—地下"结合和"蓄—排"结合，综合实现水生态、水环境、水资源和水安全多重目标
玉溪	《玉溪市海绵城市建设专项规划（2016—2030年)》	运用PPP模式根据流域划分为玉溪大河以北片区海绵工程项目、玉溪大河上游汇水分区海绵工程项目、玉溪老城区海绵工程项目、玉溪大河下段黑臭水体治理及海绵工程项目四个海绵建设项目解决老城区排水系统问题，并通过重点项目的辐射效应带动新老城区道路、园林绿化、小区、广场等设施场所全面加入海绵城市建设行列
大连	《大连市海绵城市建设工作方案》	增强道路绿化带对雨水的消纳功能，在非机动车道、人行道、停车场、广场等扩大使用透水铺装，推行道路与广场雨水的收集、净化和利用，减轻对城市排水系统的压力
深圳	《深圳市推进海绵城市建设工作实施方案》	新建的道路与广场、公园和绿地、建筑与小区、水务工程以及城市更新改造、综合整治等建设项目，将严格按照海绵城市要求进行规划、设计和建设；对于尚未开工和在建的各类建设项目，建设单位应视具体情况，尽可能地按照海绵城市要求进行设计变更和整改。将全市重点发展区域、成片建设区域、雨洪利用本底较好的区域、东部低密度区域列为海绵城市建设重点区域。此外依托治水提质平台，构建规划建设管控制度、投融资机制、运营维护管理制度、绩效考核与奖励机制、产业发展机制等，推动海绵城市建设工作的长效推进

续表

城市	地方政策	规划要点
上海	《上海市海绵城市专项规划》	第一，必须对全市水利进行统筹规划建设，降低地下水位，增强调控河流水系抗御外水和排泄内水能力，扩充河流水域的纳水空间，沟通水系联系，形成抗得住外潮、承得起暴雨、排得出河水、蓄得住雨水的海绵城市水系机体，确保城市水安全；第二，通过道路、广场、硬质铺地、绿地系统改造建设，有效排泄受污染的初期雨水，滞留清洁雨水；第三，建设街区雨水调蓄系统，滞留蓄存街区内清洁雨水，保障街区水安全；第四，联通各街区地下雨水调蓄设施，配建地下雨水净化处理厂，生产达标生活饮用水，解决城市饮用水水源安全问题
庆阳	《加快推进海绵城市建设的意见》《加强城市建设的意见》《加强城市管理工作的意见》	城市新开发片区及新建项目严格落实低影响开发雨水设施与主体工程同步设计、同步施工、同步投用；老旧城区则结合道路整治、棚户区改造、老旧小区改造、城市内涝点改造等项目统筹开展、稳步推进海绵城市建设
西宁	《西宁市海绵城市建设专项规划》	"治山"即建设面积为509.73公顷的西宁环城国家生态公园山体修复工程；"理水"即龙泉谷景区改造提升、湟水河河道清淤固岸、解放渠水岸景观带建设等水系整治工程；"润城"即第四污水处理厂提质改造、再生水厂的新建、积水点改造、雨污分流改造等管网改造、内涝治理与污水厂提质改造工程
三亚	《三亚市海绵城市规划建设管理暂行办法》	景观建设与生态恢复相融合、加强水系循环能力，修复湿地系统和结合道路改造，打造道路雨水收集系统
青岛	《青岛市海绵城市专项规划（2016—2030)》	以流域、汇水分区划分的海绵城市建设项目 PPP 打包模式，明确采用设计、融资、建设、运营一体化建设模式，鼓励具有总承包资质的企业或企业联合体参与青岛市海绵城市建设。规划将海绵城市建设分区分为新城、旧城建设区两大类

续表

城市	地方政策	规划要点
固原	《固原市海绵城市PPP项目实施方案》	邀请中国城市规划设计研究院作为技术支撑单位，采用PPP模式对全市拟改造的老旧小区、新建小区、公园绿地、道路等符合改造条件的项目进行海绵型理念镶嵌
天津	《天津市海绵城市专项规划》《天津市海绵城市建设技术导则》《海绵城市施工图审查要点》	充分利用公园、停车场、居民区、产业园区、绿化带等设施，建设透水砖、下凹式绿地、雨水花园、植草沟等雨水吸纳、蓄渗和利用工程，全方位打造"海绵城市"。其中，新建城区由于制约条件较少，将直接按照海绵城市的建设理念和目标要求系统纳入城市总体规划当中
北京	《北京城市总体规划（2016年—2030年)》	山区保护：一屏山区占全市面积的62%，是北京的生态涵养区，重点进行生态建设和水源保护。山前渗透：五扇山前土壤渗透性好，是北京最主要的地下水补给区，重点建设大型蓄水空间。蓝绿交融：三环、五水、九楔河湖、绿地是最主要的海绵体，是控制消纳雨水的主要存蓄空间。城镇减排：一主、一副、多点；建设区是人类活动集中区，对自然环境扰动最大，重点减排并利用蓝绿营造宜居空间

数据来源：各地日报、新闻网。

二、试点城市海绵城市建设规划和实施进展状况

随着配套支持政策的不断完善，试点海绵城市建设工作全面展开。我们查阅整理了各地的主要新闻媒体和政府文件，现将各试点城市的现状、规划以及进展做如下汇总（见表2-6）。

表 2-6 第二批海绵城市简介、规划及进展

城市	简介	规划	进展
青岛	典型的山海城一体海滨丘陵城市,降雨量偏少且时空分布不均,淡水资源缺乏,亟须海绵城市建设。城市定位提升为国家沿海重要中心城市和滨海度假旅游城市、国际性港口城市、国家历史文化名城,需要通过海绵城市建设,增强城市生态功能	建设试点工期为 2016—2018 年,总建设投资为 48.8 亿元;2016 年开工 52 个项目,建成后试点区内年径流总量空置率达到 65%,连片示范效应显示度 30% 以上达到要求;2017 年计划开工 158 个项目,建成后试点区内年径流总量控制率达到 70%,2017 年年底基本消除建成区黑臭水体,连片示范效应显示度 50% 以上达到要求;2018 年开工建设 58 个项目,建成后试点区内年径流总量控制率达到 75%,连片示范效应显示度 60% 以上达到要求	2016 年在已有工作的基础上,扩大工程技术试验范围,并建设不同类型的示范项目,总计划开工 52 个项目,截至 11 月底开工在建项目 22 个,在建区域面积约 36 公顷,总投资 1.6 亿元;其他 30 个项目已完成立项,正在加快办理相关前期手续,年底前全部开工。2017 年计划完成投资 18.8 亿元;2018 年计划完成投资 10.8 亿元
宁波	宁波是典型的江南水乡和海港城市,降雨时空分布不均匀,多集中在梅雨和台风季节,其中 5—9 月总降雨量约占年降水量的 65.6%,夏秋常遭受台风和热带风暴的侵袭。地貌以山地丘陵和平原为主,中心城地势低平,河网纵横,易受咸潮倒灌	慈城—姚江片区试点区域面积共计 30.95 平方千米,确定了海绵型建设小区、海绵型道路与广场、海绵型公园和绿地、水系与生态修复、防洪排涝以及能力建设项目共 6 大类 153 项	截止到 2016 年年底,宁波重点打造"一片多点",并以慈城新区海绵片区、奥体中心等在建项目为推进重点,试点区域截止到年底前计划开工建设 41 个政府投资项目,目前,已有 31 个政府投资项目陆续开工。至 2017 年 5 月,突出"多线并进",在持续推进在建项目的同时,全面谋划启动改造项目、待建项目,提升试点区项目影响力;至 2018 年年底,注重"建管并重",全面加强能力建设,提高管理水平,推动海绵城市建设加快融入规划、建设、管理全过程

城市	简介	规划	进展
福州	三面环山、一面临海，内部水系纵横交错，独特的地形条件使城区在遭遇暴雨或台风时，既承担着排除内部雨水径流的任务，还面临着山洪的威胁以及闽江洪水的压力。在海绵PPP建设方面重点打造"源头地块海绵改造＋管网传输＋流域末端集中控制＋水体治理的综合流域型"凤坂二支河流域PPP项目，真正实施流域的全过程海绵城市建设新模式	2016—2018年三年建设期内计划在三江口片区实施海绵城市建设项目约162个，项目涉及海绵型建筑与小区类、海绵型道路与广场类、海绵型公园与绿地类、水系整治与生态修复类、内涝治理类、管网建设类、防洪类7大类，总投资78亿元	2016年推进温泉公园二期、牛港山公园示范项目建设，启动环城湖体建设，新建市政道路按海绵城市要求组织建设，改建新店片区雨洪公园；2017年年底全面完成中心城区建成区范围内的黑臭水体治理工作
上海	上海具有地下水位高、土地利用率高、不透水面积比例高和土壤入渗率低的"三高一低"特点，推进海绵城市建设是建设绿色、生态、可持续发展的国际化大都市的重要举措；通过系统治理（海绵体保护＋源头改造＋大小排水系统建设）、多类型（老城区＋已建＋新建）、多目标（水质＋回用＋CSO控制）、多落实途径（有机更细＋单独改造）相结合的手段推进海绵建设	三年计划建设试点区域：浦东新区临港地区、松江新城、普陀桃浦地区	目前上海已有浦东新区临港地区、川沙六灶和张家浜楔形绿地、普陀桃浦科技智慧城、松江南部新城、杨浦南段滨江和新江湾城、徐汇滨江、世博片区、嘉定新城区、闵行浦江郊野公园、金山新城等启动了海绵城市建设

城市	简介	规划	进展
深圳	光明新区成为全国首个也是唯一的低冲击开发雨水综合利用示范区，在全国先行先试，为今后深圳市乃至我国推广低冲击开发雨水综合利用示范基础；凤凰城绿环项目位于光明新区"海绵城市"的建设试点区域，是依托凤凰城内绿地水系，串接重要服务设施及重大建设项目的发展轴带。该项目总用地面积约381公顷，具体由湿地公园、光明新城科技公园、碧眼水库、麒麟山公园、都市田园等大型绿地形成基本板块；沿东坑水、鹅颈水和绿带形成连接廊道；以及光明森林公园、观澜森林公园等基质相连所形成的。绿环项目作为新区开展海绵城市建设的主要平台，将从源头控制、中间减排到末端治理进行系统性海绵设施构建，奠定凤凰城的海绵城区格局	目前深圳在光明新区共安排了海绵城市试点建设的9类54个项目，除了加大投资力度，政府还专门建立相关机构，规划出台了海绵城市相关配套政策22项，目标是到2018年达到国家试点城市的要求。除了在光明新区发力建设海绵城市，深圳市还在全市划定了24个海绵城市建设重点片区	光明新区2016年先后启动了18个低影响开发示范项目，基本覆盖了城市建设开发过程中常见的项目类型，总占地面积达到155万平方米，涉及道路总长约30公里

续表

城市	简介	规划	进展
珠海	饱受台风、暴雨等自然天气灾害侵袭的珠海，建设海绵城市、解决城市内涝的现实需求更加紧迫。将珠海打造成河网密集区的滨海及海岛城市示范、大降雨量的填海建设区域示范、新老城结合及海绵智慧城市融合示范和流域打包治理模式四大集中示范。珠海市同时也是国家生态园林城市和地下综合管廊建设	三年内设立 5 个功能分区和 51 个建设管控分区，建立囊括横琴新区和西部生态新区在内的海绵城市工程项目，项目总投资达到 106.56 亿元，共计 447 个海绵城市项目	2016 年珠海共计推进上百个海绵城市建设工程项目，并已出台一系列与海绵城市建设相关配套的规则、工作方案、技术导则、图集，并建立了海绵城市建设项目库，大部分项目已开展前期工作，横琴新区红旗村宝兴路污分流改造工程便是已建成并取得显著成效的海绵城市项目之一
三亚	三亚是我国"海绵城市"的试点城市，也是"双修"（生态修复和城市修补）、"双城"（"海绵城市"和"综合管廊城市"）的试点城市，该市生态修复以山体、河流、海岸的修复为重点，为中国治理城市病提供有益经验；三亚雨旱分明，常年光照强烈，热带季风气候的特点使得三亚海绵城市的实施有其必要性和特殊性	在中心城区划定 20.3 平方千米的试点区域，在试点区域内将进行海绵设施、海绵型道路、河道综合整治、雨水湿地、管网和厂站六大类项目建设，项目总投资 40.41 亿元	2016 年三亚运用海绵化理念，大力实施生态修复工程，先后修复受损山体 11.7 万平方米，修复海岸带 15 千米，补植红树林 4 万多株，建成了市第十小学片区、市山水国际片区等海绵城市片区

续表

城市	简介	规划	进展
庆阳	庆阳市地处黄土高原沟壑区,庆阳市人均水资源占有量仅为全省平均水平的四分之一和全国平均水平的八分之一,是典型的西部干旱缺水城市;作为唯一一个建在黄土塬面上的城市,随着城市规模的不断扩大和硬化面积的增加,原本绝大多数就地下渗消纳的雨水集中下碳排放,不仅造成水资源浪费,更造成严重的水土流失和地质灾害	庆阳市海绵城市建设总投资47.35亿元,其中中央财政补助和奖励资金13.2亿元,省市财政和社会资金投入34.15亿元,试点范围29.6平方千米,规划建设各类海绵项目256项。计划通过3年建设,实现试点区范围内90%以上的雨水就地消纳,有效解决城市内涝及溢流污染问题,径流污染控制率达到60%,每年提供可供利用雨水951万吨,减少水土流失量约18.4万吨	2016年庆阳市计划实施样板项目6大类16项,总投资14.5亿元,主要包括:(1)马莲河大道、安化东路、镇原路、正宁路、宁县路、秦霸岭东路6条海绵道路工程;(2)汇景家园廉租房小区、福景家园保障房小区、南郡一号、万辉国际小区4处海绵小区改造工程;(3)民俗文化产业园、地下人防广场、南城绿地、海绵管廊管控中心、城东海绵公园5处海绵项目工程
西宁	西宁市将依托试点区域"两山对峙、一水穿城"的典型川道型城市形态,针对于干旱缺水、水环境质量不高、水生态脆弱的现状,采取"治山、理水、润城"的海绵城市建设策略,构建绿色安全的生态屏障,营造水清岸绿的水系环境,建设生态宜居的城市空间;建立"蓝天共碧水,山水城相依"的生态格局,对我国西北地区半干旱缺水型海绵城市建设起到引领示范作用	在2016—2018年内将争取中央财政支持海绵城市建设资金16.5亿元,示范项目共计313个,总估算投资57.9亿元。分三个阶段落实海绵城市建设工作:第一阶段(2016年7月—2017年12月):计划完成项目53项,为试点区海绵城市建设搭建骨架、奠定基础;第二阶段(2017年1月—2018年12月)以城市综合整治改造为主,计划完成项目140项,初步形成片区整体示范效应;第三阶段(2017年7月—2018年12月)以完善部分老旧小区改造为主,计划完成项目20项	2016年实施样板项目16项,总投资14.5亿元,项目主要包括马莲河大道、安化东路、镇原路、正宁路、宁县路、秦霸岭东路6条海绵道路工程;汇景家园廉租房小区、福景家园保障房小区、南郡一号、万辉国际小区4处海绵小区改造工程;以及民俗文化产业园、地下人防广场、南城绿地、海绵管廊管控中心、城东海绵公园5处海绵项目工程

城市	简介	规划	进展
固原	地处湿陷性黄土高原半干旱型地区，是一个季节性缺水、工程性缺水的城市，海绵城市建设对固原市来说，既是节水型社会建设的重大工程，也是改善城市环境、完善城市功能，为广大市民提供就业机会的渠道	集中利用 3 年时间，安排建设 221 个海绵型建筑和小区，49 个海绵型公园和绿地，151 个海绵型道路和广场，对 30 公里的清水河固原城市段进行高标准综合治理，建设固原第二污水处理厂及资源工程，并建成海绵型城市监测平台	2016 年计划完成海绵城市建设投资 8.85 亿元，其中建设海绵型建筑与小区 45 个、竣工项目 26 个，投资 3.19 亿元；建设海绵型公园与绿地开工项目 15 个、竣工项目 7 个，投资 2.59 亿元；建设海绵型道路项目 17 个、竣工 17 个，预计投资 1.28 亿元；建设清水河固原城区段水洗治理与生态修复项目，投资 0.72 亿元；建设污水处理与再生利用项目，投资 0.3 亿元；建设海绵城市监测平台，投资 0.1 亿元
天津	因水而生的天津反倒是中国最缺水的城市之一，引滦入津、引黄入津、南水北调——从中央到地方，动用了巨额财政，都是为了缓解这个北方经济中心的难耐之渴	天津将在 3 年内建成 15 个示范区。试点区域包括：解放南路区域、中新生态城。示范片区包括：南站、新八大里、滨海新区南部新城、西于庄、中山路、先锋河、中心花园、大涨壮安置区、小淀安置区、未来科技城、侯台、海河中游、生态城、北洋园、空港	2016 年 4 月，出台《天津市海绵城市专项规划》；6 月天津市市政工程建设研究院配合市建委完成的《天津市海绵城市建设技术导则》正式发布；截至目前，15 个示范区的"海绵城市"项目建设已经基本启动，并进入项目建设期

城市	简介	规划	进展
北京	特大型缺水城市，目前全国 600 多个城市中有 2/3 供水不足，其中 1/6 严重缺水。近 10 年来，北京以年均不足 21 亿立方米的水资源量，维持着 36 亿立方米的用水需求，每年超采的量就达到了 5 亿立方米；通州作为北京市的海绵城市先行示范区，将充分结合五河交汇的特点，按照城市副中心高水平标准建设要求，率先建成平原海绵城市；延庆将结合世园会建设，按照生态文明新典范建设要求，建设山前"海绵城市"	北京市规划国土委 2016 年 10 月份首次发布首都海绵城市解读，通州区和延庆区将作为先行示范区，分别结合城市副中心和世园会，建设平原和山前海绵城市。北京建设海绵城市的目标是到 2030 年，城市建成区的 80% 面积实现 70% 雨水就地消纳。将通过增加储水空间，将雨水留下来；通过改造硬质铺装，将雨水渗下去；通过延长汇流路径，将雨水净化好	2016 年、2017 年北京城市副中心将新建 21 处公园，同时改造提升 3 处，新增公园绿地面积约 2.2 万亩；将总计实施 84 个园林绿化建设项目，新增、改造各类绿化、林地、湿地共约 37.1 万亩。除新建公园外，减河公园、宋庄公园、西马子公园三座公园将在现有基础上进行景观的改造提升
大连	受海潮顶托，试点片区河道水位居高不下，导致排水不畅。在遭遇极端高潮位及强降雨天气同时发生时，降水无法外排，内涝问题将十分显著；西北路海绵城市游园是今年大连市"海绵城市"建设的试点项目，将切实解决雨水的渗、滞、蓄、净、用、排等诸多问题。该游园位于西北路与南松路交叉路口，占地面积 7100 平方米。此游园处于交通繁忙地段，主要是环形路径，没有驻足空间，路面青石板材质部分已经破损	试点区面积 21.8 平方千米，位于城区南部新老城区过渡区域，总投资 35 亿多元，计划建设海绵型建筑与小区、海绵型道路与广场、水系整治与生态修复、海绵型公园与绿地、内涝治理、管网建设及能力建设 7 大类共计 75 个项目	2016 年示范片区内目前已建成的海绵城市片区北到小寺河，南到九顶梅花山，西邻疏港路，东邻延安路，在老区改造中，已经利用海绵技术完成新华路、延安路、文化街等主次道路改造 10 余条，目前已完成项目包括：海绵示范项目将军河停车场改造项目和沙河口区西北路"海绵城市"生态游园改造工程。2017 年继续推进庄河市三河入海口综合治理工程、流经城区的小寺河、庄河、鲍码河三河综合治理工程，以及城市老区改造工程

城市	简介	规划	进展
玉溪	玉溪中心城区每年降雨量仅为 909 毫米,但蒸发量却是 1624 毫米,属于高原季风干热气候,是一座缺水型城市,但本身绿地率高。玉溪承担了为高原地区阶梯形坡地建设海绵城市探索新路	工程内容包括:建筑与小区、绿地与广场、道路与管网、建设区外工程、能力建设工程 5 大类共 214 个项目	2016 年 11 月,玉溪市集中开工 4 个海绵城市建设项目,包括玉溪大河上游汇水分区海绵工程、玉溪大河下段黑臭水体治理及海绵工程、玉溪大河以北片区海绵工程、老城片区海绵工程,总投资额达 83.8 亿元

数据来源:海绵城市网。

三、试点城市资金投入情况分析

根据 2010—2014 年全国建成区面积变化情况,年均 4% 的增长率较为合理,结合国信证券经济研究所预测的结果,为了实现 2020 年城市建成区 20% 以上的面积达到目标要求,2015—2020 年投资规模估计在 1.8 万亿~2.5 万亿元。第二批试点城市大多分布在经济发达的二线城市,投资规模较第一批城市进一步扩大。从 2014 年开始,中央财政加大了对地方建设海绵城市的补贴,2015 年和 2016 年两年的预期投入将近 400 亿元。有关地方财政也将提供不低于 100 亿元的配套投入,就此计算,仅政府投入就将达到 500 亿元。如果再加上金融机构设立的相关建设基金和社会资本的海量资金,"海绵城市"建设总盘将是一个天文数字。①(见表 2 - 7)

---

① 秦夕雅,林春挺,黄锦群. 开"海绵城市"药方投 500 亿元能否不再"看海"[N]. 第一财经日报,2016 - 09 - 13.

表 2 - 7 2015—2020 年海绵城市建设及资金需求情况预测

	2015	2016	2017	2018	2019	2020	合计
建成区面积（平方千米）	51764	53834	55987	58227	60556	62978	
海绵城市占比		2%	4%	9%	15%	22%	
海绵城市面积（平方千米）		1077	2239	5240	9083	13855	
最高单位投资额（亿/平方千米）	1.8	1.8	1.8	1.8	1.8	1.8	
最高年投资总额（亿元）	350	1588	2093	5402	6917	8589	24589
最低单位投资额（亿/平方千米）	1.3	1.3	1.3	1.3	1.3	1.3	
最低年投资总额（亿元）	300	1100	1512	3901	4996	6203	18012

数据来源：国信证券经济研究所。

目前，海绵城市建设的资金来源除国家的支持如财政专项资金补助支持、债券融资、农发行提供信贷便利以及 PSL 支持等方式外，还可以通过 PPP 模式实现政府和社会资本合作拓展融资渠道。（1）中央财政对海绵城市建设试点给予专项资金补助，一定三年，具体补助数额按城市规模分档确定，直辖市每年 6 亿元，省会城市每年 5 亿元，其他城市每年 4 亿元。对采用 PPP 模式达到一定比例的，将按上述补助基数奖励10%。（2）支持符合条件的企业通过发行企业债券、公司债券、资产支持证券和项目收益票据等募集资金，用于海绵城市建设项目。①（3）鼓励有条件的城市政府对海绵城市项目给予贷款贴息。（4）农发行可为海绵城市建设提供信贷便利，将在贷款期限、利率等方面提供优惠政策，期限最长可达 30 年；并积极开展购买服务协议预期收益等担保创新类贷款业务；还将开通绿色办贷通道，提高对海绵城市建设项目的贷款审批效率。②（5）充分发挥开发性金融对海绵城市建设的支持作

---

① 周岳. 海绵城市与海绵城市债 [J]. 债券，2016（10）：36 - 44.
② 韩洁. 破解"看海"难题有了时间表 [N]. 中国改革报，2015 - 10 - 22.

用，符合使用抵押补充贷款资金条件的贷款项目可执行人民银行确定的优惠利率。在风险可控、商业可持续的前提下，项目的购买服务协议预期收益等可作为农发行贷款的质押担保。（6）结合中央推行PPP的政策导向，在基础设施项目的投融资模式中，将原来的政府投融资功能转换为地方政府和融资平台公司之间的合同关系。

我们在搜集政府网站的相关信息之后，现将试点城市的资金来源情况状况整理如表2-8。

表2-8　第二批海绵城市建设面积及资金投入情况分析

	试点面积 （平方千米）	计划投资金额 （亿元）	中央财政补助 （亿元）	PPP
福州	37.02	78.00	12	24.7
珠海	51.96	106.56	12	57.38
宁波	30.95	60.42	12	43.3
玉溪	20.90	83.80	12	均采用PPP模式
大连	21.80	35.00	12	
深圳	24.65	40.92	12	
上海	79.00	81.00	18	
庆阳	29.60	47.35	13.2	
西宁	21.61	57.90	16.5	
三亚	20.3	40.41	12	27.7
青岛	25.24	48.78	12	
固原	44.00	50.00	12	
天津	39.48		18	
北京			18	

数据来源：各地日报、新闻网及财政部门官网。

表2-8数据显示，传统的融资渠道特别是政府财政支持难以满足海绵城市建设庞大的资金需求，巨额的资金缺口需要依靠社会资本，各级政府纷纷鼓励PPP模式在海绵城市建设中的应用。而长江证券发布

的专题报告表明，海绵城市试点工作开展以来，截至 2017 年，中央财政已累计拨付资金 233.4 亿元；地方各级财政已投入资金 129 亿元；社会资本投入约 182 亿元，占比达 33%。

四、试点城市 PPP 模式运行机制与收费模式

因各地政府财政状况、城市基础设施状况、海绵城市建设的规划各异，各海绵城市 PPP 项目具有多种多样的运作模式。我们通过相关政府网站搜集部分试点海绵城市采用 PPP 模式的进展情况，总结如表 2-9。

表 2-9 第二批海绵城市 PPP 进展

城市	PPP 进展
青岛	大村河流域海绵项目已经于 2016 年 11 月份公布项目资格预审，该项目包括建筑与小区海绵化改造项目 23 公顷、管网建设海绵改造项目约 2.26 千米、公园绿地海绵化改造项目面积约 32.04 公顷，采用 DBFOT（设计、建设、融资、运营、移交）政府和社会资本共同出资的模式，由选中社会资本按照法人治理结构成立项目公司，期限 20 年（其中建设期 2 年，经营期 18 年）
宁波	PPP 模式按汇水分区将项目统一打包，分为古城镇水生态保护与修复 PPP 项目包、新区公共项目海绵城市建设 PPP 项目包、老城区内涝防治 PPP 项目包共三个项目包，项目包采用"技术 + 资本"整体运作的模式进行建设，根据建设效果进行付费
福州	红光湖景观综合工程；"源头地块海绵改造 + 官网传输 + 流域末端集中控制 + 水体治理的综合流域型"凤坂二支河流域 PPP 项目、"登云溪—化工河、金港河和龙津河流域、新店片区上游段河道" PPP 项目
珠海	2016 年 12 月份确定由上海济邦投资咨询有限公司为海绵城市建设 PPP 项目提供咨询服务
三亚	主要包括三亚市海绵城市试点区域内 PPP 项目和海绵城市试点区域外污水设施 PPP 项目，前者主要建设内容包括管网建设、湿地与公园海绵化改造、河道综合整治、水质净化厂建设以及其他配套工程，后者主要建设内容包括雨污水管网建设及泵站建设以及其他配套工程。项目总投资为 38.5 亿元，项目期限为 23 年，目前已经公布预中标联合体名称：江苏中南建筑产业集团有限责任公司、北京城建中南土木工程集团有限公司、中国五洲工程设计集团有限公司

续表

城市	PPP 进展
庆阳	目前庆阳市已经完成 PPP 咨询公司招标和勘查、设计一体化招标已经确定中标单位为南京卓远资产管理有限公司。市海绵办已委托北京市政工程设计院对很多项目进行设计，确保项目按照海绵化要求顺利进行
西宁	包括海绵城市改造提升 PPP 项目、海绵城市生态治理 PPP 项目、第四污水处理及再生水厂扩建 PPP 项目，2016 年 3 月，市政府授权市住建局作为全市海绵城市建设实施主体，与中铁投资集团签订战略合作协议，计划组成 PPP 合作联合体，共同实施海绵、管廊城市建设，同时也委托了专业咨询公司初步为海绵城市建设编制了 PPP 实施方案，完成物有所值评价和财政承受能力评估
固原	2016 年 9 月固原市海绵城市 PPP 项目确认中标联合体为首创股份、北京市市政工程设计研究总院有限公司和北京市市政建设工程有限责任公司，该项目分两期建设，预计总投资约 50 亿元，合作期限为 25 年
北京	由北控水务牵头和东方园林组成的联合体将负责延芳淀湿地工程项目的投资、建设管理和运营，其中北控水务占联合体中的股权份额比例为 70%，东方园林占联合体中的股权份额比例为 30%
大连	项目包经过整体打包后选择有实力的市政设计、施工企业与庄河海绵城市基础建设投资基金管理公司、庄河海绵城市基础设施建设运营公司合作。但是项目 1、3 采用建设、经营一体化 BOT 模式运作，而项目 2 采用非建设、经营一体化 TOT 模式运作
玉溪	玉溪大河以北片区海绵工程 PPP 项目建设面积约 6.43 平方千米、投资 14.1 亿元，玉溪大河上游汇水分区海绵工程建设面积约 3.45 平方千米、投资 5.3 亿元，玉溪大河下段黑臭水体治理及海绵城市建设面积约 1.28 平方千米、投资 33.7 亿元，老城片区海绵工程建设面积约 11.02 平方千米、投资额约为 30.7 亿元，项目均由各公司组成的联合体中标

数据来源：中国水网。

根据表 2 - 9 所示，PPP 是一系列模式的总称，包括 BOT、TOT、BOOT、PFI 等多种具体运作方式，而海绵城市项目众多、属性复杂，单个海绵城市 PPP 项目既有可能采用一种运作方式，也有可能采用两种或者两种以上的运作方式。由于第二批海绵城市大多数项目尚未进入实质性建设阶段，我们对财政部公布的所有海绵城市 PPP 项目信息进行归纳发现，采用 BOT 模式的海绵城市 PPP 项目数量为 40 个，占比达到 66%，是主要的运作模式；而存在 10 个项目运作模式为其他，通过我们查阅的相关资料，采取的模式可能是 DBFO、DBFOT、BOT + 特许经营；2% 的项目采取了 TOT 模式，还有 16% 的项目没有明确具体的运作方式。

与此同时，海绵城市的收费模式也在不断成熟，根据海绵城市建设内容的不同选择使用者付费、可行性缺口补助、政府付费这三种方式。海绵城市收益存在明显的外部性，如减少污染、补充地下水、减少建设费用、地产升值、增加就业等。因此"政府购买服务"是大部分"海绵城市"建设项目，尤其是建筑与小区低影响开发建设与改造工程、城市绿色道路建设与改造工程等非经营性项目的主要收益来源。政府财政部门根据 PPP 项目协议约定，对照设定的绩效考核标准向项目公司按季度支付相关服务费，并根据运营维护期间的通货膨胀情况进行适当调整以降低社会资本所承担的不可预期风险；关于项目运营收益部分可采用使用者付费机制获得收益，如雨水集蓄利用、多功能调蓄公园、生态停车场等项目可提供新增水资源供给量、门票、停车收益等；其他一些项目并不具备使用者付费基础，如沙坑、河湖水系的雨水功能性景观提升及生态修复工程，但此类改造工程可带动周边地价升值，政府可通过土地出让金收入逐年偿还社会资本金，并与社会资本共享土地增值收益。从财政部公布的 61 个海绵城市 PPP 项目来看，采取政府付费、可行性缺口补助机制项目为 29 个，分别占比 47.5%，而采取使用者付费机制的仅有 3 个项目，占比仅为 4.9%。

五、试点海绵城市建设项目实施效果与问题

第二批海绵城市建设期基本在 2016—2018 年三年时间内，试点城市出台了相应的建设规划，相继展开海绵城市建设工作，经过一年左右的时间，部分试点城市的海绵城市建设初显成效。

宁波建成全市首个海绵城市公园，姚江北侧滨江绿化工程（天水二期—李家河）项目通过初步验收。项目位于姚江北岸，坐落于新三江口公园东侧，西起天水家园二期，东至李家河，景观设计总面积约35057平方米。该项目利用生态手段为该区域及周边丽江东路上的缓存雨水的净化创造条件，通过下凹式绿地、雨水花园及透水路面等途径，雨水经过绿地渗透、滞留、蓄存、过滤，一部分补给地下水，一部分引入姚江，有效减少市政管网的压力，提高雨水的利用率。绿地内降水不外排，同时吸纳周边道路雨水径流，实现海绵城市的理念。大面积的绿化建设不仅为城市增添了亮丽的风景，也为市民提供休息游憩的公共场所，一举多得。

青岛市北区投资近亿元对辖区内的浮山生态园进行植树增绿、设施完善等项目综合整治，目前生态建设主体基本完工。已建成的7处水塘分布在浮山脚下以及半山腰处，预计储水量可达5万多立方米，浮山生态园市北区域绿化灌溉用水使用的就是水塘所积蓄的水。市北区在园区水系打造方面，先在沟渠清淤的基础上，疏通了浮山水系，通过开挖水塘对沟渠水系进行有效截留。7处水塘铺底都沿用了传统做法，用浮山自产"黄坚泥"作为铺底基料，这既能有效截流地表水，增加蓄水能力，又可保证池塘具备水体自洁能力，改善了周边生态环境。

我们仅选用上述两个案例进行简单介绍。就试点海绵城市总体情况来看，一些城市内涝状况得到明显缓解，海绵城市在夏季运行效果较冬季好，同时在降水量小、降水强度低的情况下运行效果更好。但同样存在一些问题，如我国缺乏相应的建设标准和规范，住建部《海绵城市建设技术指南——低影响开发雨水系统构建（试行）》以及传统的雨水工程技术规范还远远不够，因此国内许多海绵城市项目在实践过程中遇到的问题只能通过经验解决；绿色屋顶、下沉式绿地以及生物滞留地等海绵体具有一定的使用年限，后期的维护、更换成本较高；一些城市如上海地下水位较高，雨水自然下渗速度缓慢；北方城市普遍存在着植物秋冬季节无法存活的问题；目前的海绵城市侧重点以建筑、雨洪设施为主，不仅忽略了与现有市政建设的衔接，而且与城市景观规划等结合较少，难以实现海绵城市建设的综合效益。在此背景下，严控项目质量，进行绩效考核就显得尤为重要。

第三节　海绵城市建设典型投融资模式

一、水资源丰富——济南模式①

（一）案例概况

济南是山东省会，国家历史文化名城，也是国家首批海绵城市试点之一，中心城区总面积 1022 平方千米，多年平均年降雨量 665 毫米。济南地形复杂多样，水文地质特殊，历史上因境内泉水众多，被称为"泉城"，素有"四面荷花三面柳，一城山色半城湖"的美誉。但近几十年来，城镇化的无序推进和生态意识的淡薄，泉水枯竭、内涝多发、水源不足、水质污染等问题日益突出，亟须整治。针对目前的发展困境，济南市以问题为导向，积极探索通过海绵城市建设，强化雨水径流源头减排和综合利用，提高区域水资源综合保障水平和城市防洪排涝能力，实现城市人居环境质量提升，促进经济社会与资源环境的协调可持续发展。

---

①　本案例转引自欧阳如琳，程哲，蔡文婷，等 . 从中美案例经验谈海绵城市 PPP 模式的关键实施要点 [J] . 中国水利，2016（21）：35 – 40.

（二）总体框架

济南海绵城市试点区域总面积 39 平方千米，由新老城区组成，共 44 个项目，总投资 76.11 亿元。通过水生态工程、水安全工程、水资源工程、水环境工程等工程措施，实现年径流总量控制率达到 75%、雨水资源利用率不低于 12%、河道水质达到Ⅳ类水质等目标。

济南海绵城市试点项目中根据"流域打包、就近整合"的原则，选择了 3 个汇水片区采用 PPP 模式运作，即十六里河流域、兴济河流域和玉绣河流域，总投资 38.5 亿元，占试点建设项目总投资的 51.3%。济南海绵城市 PPP 的具体运作模式是：济南市政府授权市政公用局为实施机构，全权负责项目的实施，通过公开招标方式选择社会资本，由资产运营公司代表政府与社会资本共同出资成立项目公司，负责项目的融资、建设、运营维护，期满无偿移交给政府（见图 2-1）。

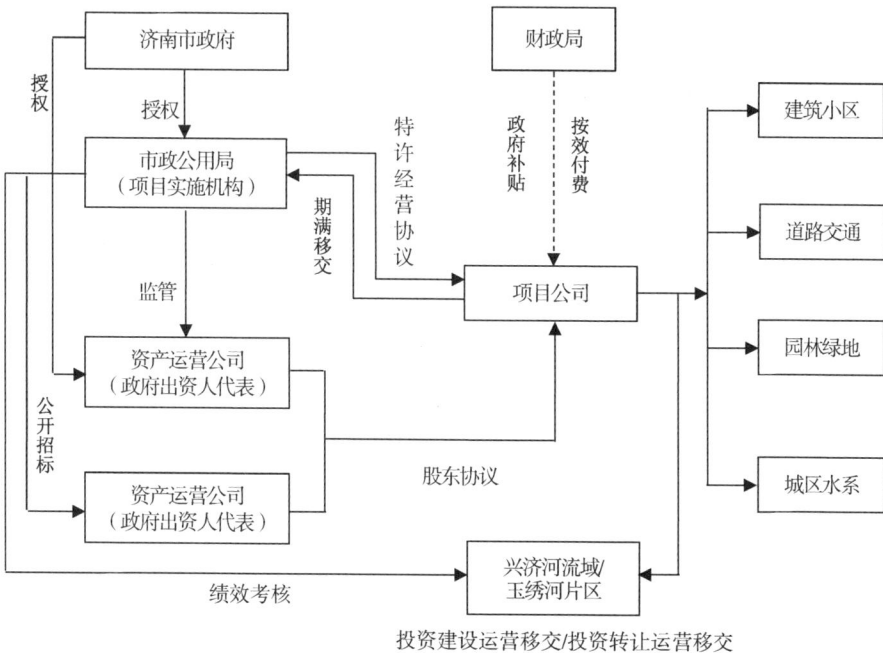

图 2-1　济南市海绵城市 PPP 结构

（三）实施要点

（1）流域打包。由于海绵城市项目众多，属性复杂，为了取得连片效应和形成整体优势，济南海绵城市 PPP 立足地理条件，按照汇水分区整合划分，每个汇水分区均包括新建工程和存量工程，涵盖流域内道路、污水处理、水系、小区、园林等各类项目，采用总承包方式，统筹规划项目全生命周期环节，选择一个具备投资、融资、建设、运营维护能力的社会资本统一负责设计、投融资、建设、运营维护等工作，发挥整体效益。

（2）项目公司组建。济南海绵城市 PPP 项目公司由济南市政府授权济南市政公用资产管理运营有限公司作为政府出资机构与社会资本共同组建，其中社会资本出资 90%，政府出资机构出资 10%。政府股份不参与分红，但对项目公司具有监督权，对涉及重大公共安全、公共利益的事项具有一票否决权。

（3）回报机制。根据海绵城市的特征属性和政策环境，济南海绵城市 PPP 中项目公司的收益来源主要包括：政府基础设施建设资金、经营性项目收费（如污水处理费）和经营性资源收入（如停车场、广告）等。

（4）付费机制。济南海绵城市 PPP 为政府可行性缺口补贴模式，采用了与绩效考核挂钩的按效付费机制，考核指标包括总体目标和单体目标两个层级：总体目标包含流域内最终水质、水量控制等指标；单体目标包含道路、桥梁、河道、排水、园林绿化等专业指标。由政府部门组成的考核小组进行打分，根据考核结果按年度付费。

（5）社会资本选择标准。济南海绵城市 PPP 在社会选择标准上着重从实施方案（包括建设管理方案、运营维护方案和移交方案等）、类似项目业绩、商务方案（包括项目公司设立、融资方案、财务模型、合同文件等）、报价（在限定的政府付费和项目内部收益率上限的基础上竞争报价）四个方面设置评审标准和办法，考察社会资本的综合情况，选择最适合的社会资本与政府进行合作。

二、水资源污染——镇江模式①

（一）案例概况

镇江市能成为全国最早引入低影响开发雨水系统构建（国内统称"海绵城市"）概念的城市，离不开两大"痛点"：金山湖的雨水面源污染和征润洲水源地污染事件。镇江市海绵城市建设试点区域位于城市主城区，面积约 22 平方千米。工作重点是：通过 2015—2017 年三年的海绵城市建设工作，综合"渗、滞、蓄、净、用、排"等多种技术措施，全面实现海绵城市目标，至 2017 年年底，试点区全面完成海绵城市建设项目，实现年径流总量目标控制率 75% 以上，对应设计降雨量（24 小时）≥25.5 毫米；排水防涝标准达到有效应对 30 年一遇降雨；防洪标准达到"长流规"标准（相当于 50 年一遇）；面源污染削减率达到 60%，有效削减合流制溢流污染，旱季雨水管道无污水外排，地表水水质达标率 75%。

镇江市海绵城市建设内容包括道路 LID 整治、老小区（既有小区）LID 整治、湿地生态系统建设、污水处理厂建设、雨水泵站建设、管网工程建设、水环境修复保护、海绵城市达标工程建设。

项目总投资为 25.85 亿元，其中，中央财政专项资金投资 12 亿元，PPP 项目公司投资 13.85 亿元。镇江市海绵城市项目是全国第一批海绵城市 16 个试点项目中，目前唯一一个国家海绵城市建设示范与 PPP 示范的双示范项目。通过采用政府和社会资本合作（PPP）方式，可以引入技术水平先进、管理经验丰富的水务行业领军企业入驻镇江，系统解

---

① 本案例转引自魏保平，柏云．PPP 模式驱动海绵城市建设：以镇江市海绵城市项目为例［J］．中国投资，2016（6）：72 – 74。

决海绵城市投资、建设、运营的体制和机制。

（二）总体框架

成交社会资本与镇江市水业总公司合资成立项目公司，其中社会资本占股 70%，镇江市水业总公司占股 30%。镇江市政府授权镇江市住建局授予项目公司特许经营权，由项目公司负责项目的投融资、建设和运营管理。其交易结构如图 2-2 所示。

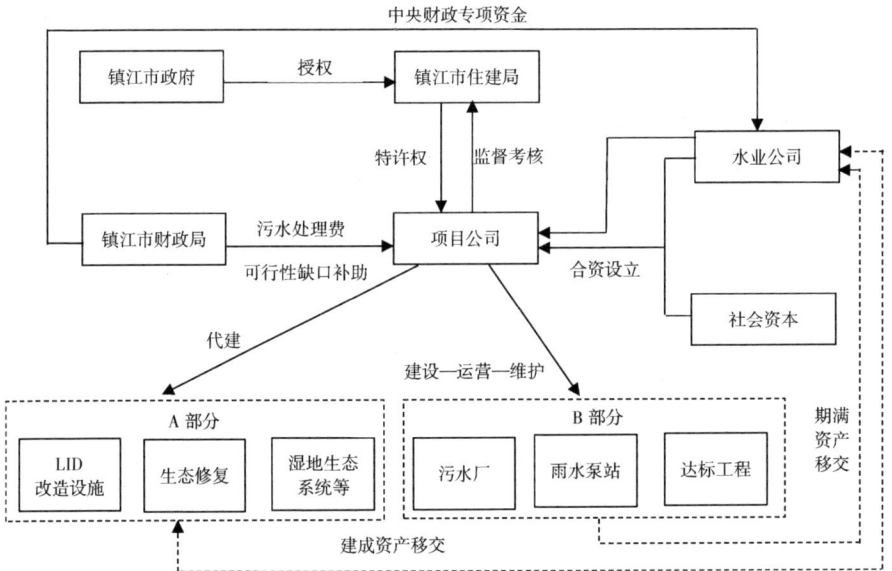

图 2-2　镇江市海绵城市 PPP 结构

根据建设资金来源的不同，将项目拆分为 A、B 两部分。

A 部分项目业主为镇江水业总公司，中央补贴海绵城市投资的专项资金 12 亿元建设，建设内容包括道路及小区 LID 改造、生态修复和引水活水工程、湿地生态系统等项目。为便于统一协调项目建设管理工作，部分采用代建模式，由委托 PPP 项目公司代建，项目建成后移交至镇江市水业总公司。

B 部分项目业主为 PPP 项目公司，建设内容包括污水处理厂、雨水泵站、排口排涝、径流、面源污染治理等综合达标工程项目的建设，总投资约为 13.85 亿元。B 部分以 BOT（建设—运营—移交）方式运作，由 PPP 项目公司负责融资、建设和运营管理。

（三）实施要点

（1）存量资产运作。由 PPP 项目公司负责投资建设的 B 部分工程内容包含征润洲污水处理厂改扩建工程，与已经建成的征润洲污水处理厂 1 期工程在运营管理上难以分割，因此，在项目运营机制方面，方案未限定该部分资产一定由项目公司运营，预留了待征润洲污水处理厂新建工程完成后，PPP 项目公司可以同市水业总公司协商委托运营事项，届时由具备有效控制运营成本的一方来统一运营分别归属于双方的资产，以便更有效地控制运营成本。

（2）项目回报机制。本书虽然有部分污水处理费收入，但项目公司主要是通过政府购买服务费来收回成本，并实现投资回报。为确保政府购买服务的有效性，本书建立了绩效考核机制，由镇江市财政局依据住建局等监督机构的绩效考核情况，直接向项目公司支付相关费用。

（3）报价竞争机制。由于海绵城市建设存在项目多样和复杂的特点，难以复制传统水务项目采用单一价格的付费机制。项目组人员经过多次研究探讨，根据项目的特点创新设立了项目收益与回报机制，要求投资人分别对资本金收益率、融资资金利率、运营单价、相关项目成本利润率等进行报价。在竞争性磋商中，按照一定的假定条件，根据各投资人的各单项报价汇总每一年度政府购买服务的总价来进行报价评分。

三、水资源紧张——固原模式①

(一) 案例概况

固原市位于黄土高原中西部，宁夏回族自治区南部，位于银川、兰州、西安 3 个省会城市构成的三角地带的中心位置。固原市降水年际变化大，年内空间分配不均，70% 以上的降水集中在 7—9 月。固原市面临水资源严重短缺、水环境质量堪忧、水生态系统脆弱、水安全保障不足等问题。固原市政府希望通过海绵城市建设，最大限度地减少城市开发建设对生态环境的影响；统筹推进新老城区海绵城市建设，逐步实现小雨不积水、大雨不内涝、水体不黑臭、热岛有缓解；建成中国黄土高原干旱半干旱地区海绵城市建设典范。

(二) 总体框架

固原海绵城市试点区域包含 206 个建设项目，面积 23 平方千米，总投资 36.4 亿元，主要分为老城区、西南新区和清水河流域 3 个片区，海绵城市建设主要集中在老城区和西南新区，主要任务为海绵修复改进与海绵优化提升。采用 PPP 模式的项目投资为 27.4 亿元，占总投资的 75.3%。通过政府和社会资本的长期合作，鼓励 PPP 模式结合"技术＋资本"、总承包等方式统筹实施，激活市场主体活力，引入先进技术与管理，合理分担风险，实现多元化融资，加快推进海绵城市建设，促进政府职能转变。

具体运作方式为 BOT（建设—运营—移交），即固原市人民政府授权住建局作为实施机构，通过公开公平公正的政府采购程序选择合适的社会资本。社会资本与政府授权的出资代表按照一定股权比例成立 PPP

---

① 本案例转引自欧阳如琳，程哲，蔡文婷，等．从中美案例经验谈海绵城市 PPP 模式的关键实施要点［J］．中国水利，2016（21）：35－40.

项目公司，实施机构代表政府与社会资本签订 PPP 项目协议，由项目公司负责 PPP 合作期内固原市海绵城市的融资、建设与运营，PPP 合作期为 15 年（含 2 年建设期），PPP 合作期满，项目无偿移交政府或其指定的机构。项目结构见图 2－3。

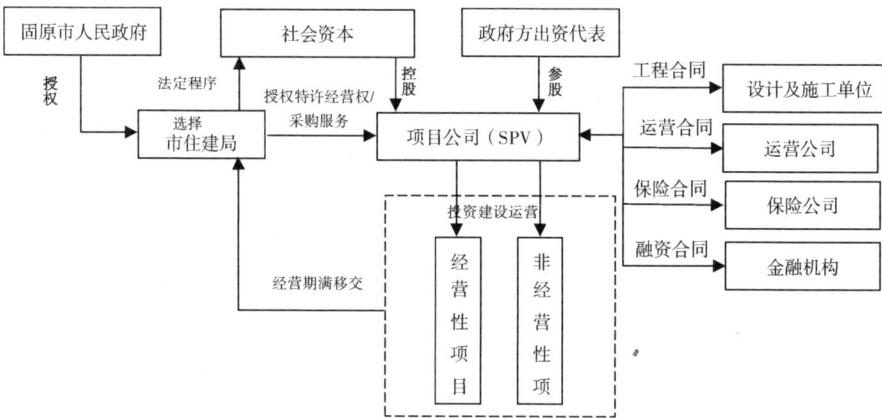

图 2－3 固原市海绵城市 PPP

（三）实施要点

（1）机制建设。固原海绵城市 PPP 设计的主要机制包括合同管理机制和约束激励机制。PPP 项目中，各项目参与方之间主要是通过签订一系列合同来明确和调整彼此之间的权利义务关系，以确保合作的顺利完成。激励约束主要体现在，项目公司需同时承担本市的建设及运营维护等，政府方通过设置可用性绩效考核和运营维护期绩效考核，以有效激励社会资本从项目全生命周期成本统筹考虑本市的建设及运营维护等。

（2）投融资结构。固原海绵城市 PPP 项目总投资 27.4 亿元，PPP 项目公司注册资本金 5.48 亿元，占 PPP 项目总投资的 20%。其中政府出资 1.1 亿元，占股权的 20%；社会资本方以自有资金出资 4.38 亿元，占股权的 80%。申请中央财政专项补贴 12 亿元，其余资金由项目公司通过市场化融资解决。

（3）协同推进。固原海绵城市规划与建设高度重视与其他城市建设的协同推进，尤其是强调与城市更新紧密结合，计划利用 3 年完成 8.7 平方千米的棚户区改造，占海绵城市建设试点面积的 36.1%。通过城市更新改造与海绵城市建设同步开展，发挥集成效应，减少浪费，降低成本，最大限度避免扰民。

（4）风险分担框架。按照风险由最有控制力的一方来承担、承担的风险程度与所得回报相匹配、承担的风险要有上限的原则，在政府和社会资本间合理分担风险。原则上，项目设计、建造、财务和运营维护等商业风险由社会资本承担，法律、政策等风险由政府承担，不可抗力等风险由政府和社会资本合理共担。

（5）物有所值评价。物有所值（VFM）评价是判断是否采用 PPP 模式代替政府传统投资运营方式提供公共服务项目的一种评价方法，旨在实现公共资源配置利用效率最优化。物有所值评价包括定性评价和定量评价。定性分析重点关注项目采用 PPP 模式与采用政府传统采购模式相比能否增加公共供给、优化风险分配、提高效率、促进创新和公平竞争、有效落实政府采购政策等，主要通过专家组评分方式进行。定量评价是在假定采用 PPP 模式与政府传统投资方式产出绩效相同的前提下，通过对 PPP 项目全生命周期内政府方净成本的现值（PPP 值）与公共部门比较值（PSC 值）进行比较，判断 PPP 模式能否降低项目全生命周期成本。PPP 值与 PSC 值之差即为 VFM 值。经过专家打分和定量测算，本书的物有所值评价得到通过。

（6）财政承受能力论证。财政承受能力论证是指识别、测算 PPP 项目的各项财政支出责任，科学评估项目实施对当前及今后年度财政支出影响，为财政管理 PPP 项目提供依据。开展 PPP 项目财政承受能力论证，有利于规范 PPP 项目财政支出管理，有效防范和控制财政风险，实现 PPP 可持续发展。固原海绵城市 PPP 中政府的支出主要有股权支出、运营补贴、风险承担和配套投入等。经测算，PPP 合作期内，财政负有支出责任的金额约占当年固原市地方财政公共预算支出的比例远低于 10%，且在 PPP 合作期内处于逐渐下降的趋势，表明固原海绵城市 PPP 项目对固原市财政支出的影响较小，财政承受能力较强，通过财政支出预算承受能力评估。

四、国外先进经验——乔治王子郡模式①

（一）案例概况

乔治王子郡位于美国马里兰州，邻近切萨皮克湾。为了满足美国环保署（EPA，Environment Protection Agency）对马里兰州减少雨水径流污染和切萨皮克湾的单日最大污染负荷容量（TMDL）的要求，项目需要完成近期 8000 英亩（约 32 平方千米）、远期 15000 英亩（约 60 平方千米）的不透水面层的海绵化改造，通过采用雨水花园等工程技术缓解雨水径流污染，满足有关法律的要求，项目总投资约 1.2 亿美元。

（二）总体框架

经过对传统模式和创新模式的成本与进度的综合比选，郡政府决定采用 PPP 模式推进海绵城市建设。通过本 PPP 项目，政府希望达到如下目标：利用私人资本，转移风险，节约成本，增加就业，提升当地企业的经营实力，促进经济增长，改善水质，改善生态环境，提升生活品质等。经过一年多的谈判，最终郡议会与一家专门从事环境、能源和基础设施的公司签订 PPP 项目协议，合作期为 30 年。

（三）实施要点

（1）具体运作方式。乔治王子郡海绵城市 PPP 具体采用 DBFOM，

---

① 本案例转引自欧阳如琳，程哲，蔡文婷，等. 从中美案例经验谈海绵城市 PPP 模式的关键实施要点［J］. 中国水利，2016（21）：35－40.

即设计—建设—融资—运营—维护的运作方式。政府与社会资本共同出资成立项目公司，项目公司全权负责乔治王子郡海绵城市的设计、建设、融资、运营和维护工作，项目公司可将各部分工作分包给专业公司（见图 2-4）。相比传统模式，采用 PPP 模式全寿命期预计将节省 40% 的成本。

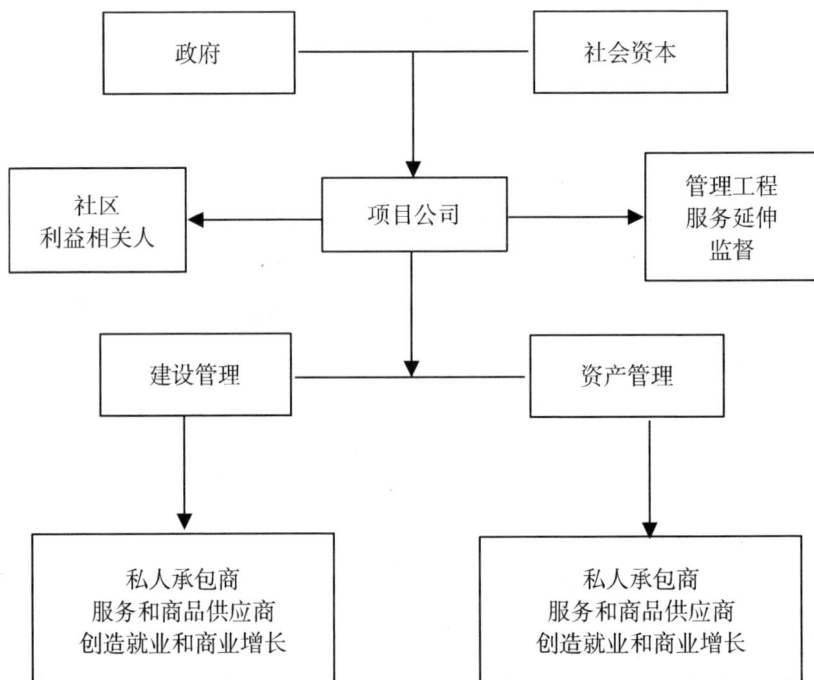

图 2-4　乔治王子郡海绵城市 PPP 结构

（2）融资结构。乔治王子郡海绵城市 PPP 采用项目融资的方式，即以项目公司为载体，通过面向养老金、保险基金等机构投资人发行免税的债券，获取低成本的资金，并且实现破产隔离、表外融资和账户监管等（见图 2-5）。当地居民和商户需缴纳雨污费，作为项目的收入来源。

（3）附加条件。为促进当地就业、推动当地经济发展和提升当地企业的经营实力，PPP 合同明确要求 35% 的工程要委托给当地的小企业、女性和少数族裔的企业实施。项目 80% 的雇员必须是当地人，预计创造 5000 人的初级就业岗位。

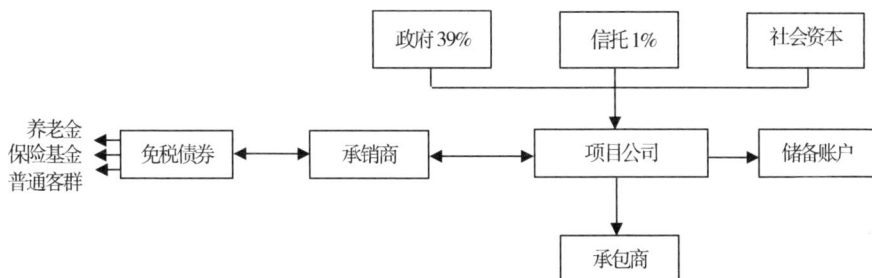

图 2 - 5　融资结构

项目采用分期推进的方式，2017 年前先完成 2000 英亩（约 8 平方千米）的改造工程，如果项目绩效考核良好，再授予翻倍的工程量。与此同时，郡政府还通过传统模式实施 2000 英亩（约 8 平方千米）的改造工程。双方事实上形成了一种竞争和比较的关系，一方面有助于提高效率、降低成本，另一方面也有助于对 PPP 模式的评估。而比较的结果直接决定了郡政府是否扩大 PPP 模式的应用范围，同时对其他区域也会产生积极的决策影响。

以上四个海绵城市的典型案例总结如下表 2 - 10 所示。

表 2 - 10　海绵城市典型案例总结

项目名称	技术经济指标	模式框架	实施要点
济南市海绵城市 PPP 项目	总投资 38.5 亿元，占试点项目总投资的 51.3%，含 3 个汇水分区	BOT + TOT 模式，合作期 15 年（含建设期）	流域打包，政企共同出资组建项目公司，收益来源多元化，按效付费，综合评标
镇江市海绵城市 PPP 案例	25.85 亿元	代建 + BOT 模式	存量资产运作，政府购买服务费，报价竞争

续表

项目名称	技术经济指标	模式框架	实施要点
固原市海绵城市 PPP 项目	总投资 38 亿元，占试点项目总投资的 51.3%	BOT + ROT 模式，合作期 15 年（含建设期）	机制建设，投融资结构设计，协同推进，风险分担，物有所值，财政承受能力
乔治王子郡海绵城市 PPP 案例	1.2 亿美元	DBFOM 模式，合作期 30 年	发行免税债券，公众缴纳雨污费作为收益，向当地企业倾斜

资料来源：本案例转引自欧阳如琳，程哲，蔡文婷，等. 从中美案例经验谈海绵城市 PPP 模式的关键实施要点 [J]. 中国水利，2016 (21)：35 - 40.

第三章　海绵城市 PPP 项目绩效
评价的理论基础

通过对海绵城市 PPP 项目的研究，我们对海绵城市 PPP 项目绩效管理的重要理论进行了梳理，主要包括利益相关者理论、物有所值理论、激励机制相关理论以及委托代理理论。同时，在此基础上归纳总结了相应的绩效管理方法：（1）利益相关者模型，采用既得利益指数和利益相关者综合影响指数将所有利益相关者均考虑进来，强调利益相关者利益最大化原则；（2）定性评价法和定量评价法，通过选取相应的指标对项目的绩效管理水平进行评价；（3）PPP 合作共赢模型，在该模型中政府能够准确得知 PPP 项目的质量水平和合作企业的能力水平，因此，只要控制企业的努力程度，就能实现项目目标的最优化，即同时实现企业利益和社会利益的最大化；（4）内部激励机制法和柔性激励机制法，两者分别强调了内在激励因素和内外部动态环境因素对绩效管理的影响；（5）其他方法，包括平衡记分卡等。（见表 3 - 1）

表 3 - 1　海绵城市 PPP 项目的绩效管理方法

理论基础	绩效管理方法
利益相关者理论	利益相关者管理模型（既得利益指数、利益相关者综合影响指数）
物有所值理论	定性评价法、定量评价法（VFM 值法、PSC 值法）
委托代理理论	PPP 合作共赢模型法

理论基础	绩效管理方法
激励机制相关理论	内部激励机制法、柔性激励机制法
其他方法	PDCA 模型、平衡记分卡

资料来源：中国知网、新华网。

第一节　利益相关者理论

一、PPP 项目利益相关者理论

利益相关者最早源于企业管理，目前最具代表性的解释来自弗里曼《战略管理：利益相关者管理的分析方法》一书，明确提出利益相关者理论是指企业的经营管理者为综合平衡各个利益相关者的利益要求而进行的管理活动。与传统的股东至上主义相比较，该理论认为任何一个公司的发展都离不开各利益相关者的投入或参与，企业追求的是利益相关者的整体利益，而不仅仅是某些主体的利益[1]。利益相关者理论的关键在于利益相关者分析，其重点在于弱化股东利益至上观念，强调利益相关者利益最大化原则。该理论不断发展完善为项目利益相关者管理提供了参考与借鉴，也逐步运用到 PPP 项目管理中。

（一）PPP 项目利益相关者分类

通过一种或一种以上的特性来对利益相关者进行划分，如利益相关者影响项目的权力性、利益相关者要求的紧迫性和利益相关者关系的合法性等。其中利益相关者的权力性是指可以动用社会的、政治的等多方

---

[1]　周彩兰. 基于利益相关者理论的高校人才培养质量满意度调查研究 [J]. 华北电力大学学报，2013（4）：126 – 132.

面资源服务于项目，推动项目继续推进。紧迫性是指利益相关者的需求在时间上具有紧迫性，对项目起重要作用。而合法性则在于规范合法性与衍生合法性的有机统一。要成为项目的利益相关者，必须具备至少上述一条属性。根据利益相关者的特点，我们将利益相关者分为以下七类（见表 3 - 2）。

表 3 - 2　PPP 项目利益相关者类别

类别	特点
潜在的利益相关者	利益相关者拥有权利施加自身的意愿，但是没有任何合法性的关系或者紧急的要求，他们的权利一直被保留
自由决定的利益相关者	利益相关者具有合法性的特点，但没有权力或紧急的要求。可以选择做某事，但对管理者没有绝对的压力
有需求的利益相关者	利益相关者有紧急的要求，但是没有权利或合法性的关系。这类要求通常比较麻烦，但不能确保引起管理者的注意
占优的利益相关者	利益相关者同时具有权利和合法性，他们的要求具有很强的影响力，使得管理者必须重视
危险的利益相关者	利益相关者缺乏合法性，但具有权利和紧迫性。他们有可能强制性地执行意愿，使得其具有危险性
依赖性的利益相关者	利益相关者具有合法的和紧急的要求，但没有权利，他们的意愿需要依赖其他人的权利才能完成
决定性的利益相关者	利益相关者具有权利和合法性，同时也有紧急要求。管理者会将其要求作为最高等级的要求，并迅速按其要求给出回应

资料来源：陈昶. 基于 VFM 的自偿性 PPP 项目绩效评价研究 [D]. 沈阳：沈阳建筑大学，2017.

（二）PPP 项目利益相关者的影响分析

PPP 项目在全生命周期中利益相关者众多，分类也在不断变化，利益相关者的特性在不同阶段也会出现一定的变化，因此他们对 PPP 项目的影响也会相应发生变化。我们应该明确利益相关者对 PPP 项目的影响，制定出有效的措施，增加 PPP 项目的绩效产出。Bourne 和 Walker 在权利/兴趣矩阵理论的基础上提出了既得利益指数（VI），包含既得利益水平参数和影响程度参数两个指标，并且将其定量分为 5 个等级，1 = 非常低、2 = 低、3 = 中等、4 = 高、5 = 非常高，从而得出既得利益指数 VI，其公式如下：

$$VI = V.I / 5 \tag{3-1}$$

利益相关者的影响与 PPP 项目的需求密切相关。项目管理者在管理利益相关者过程中对其特性进行评判及分类，尤其是判断他们对 PPP 项目的态度，支持、反对或是中立，他们的态度决定了其在项目决策和管理过程中是正面影响还是负面影响。因此，有必要同时考虑利益相关者的影响水平、影响的可能性、态度以及利益分类，得出一个更加全面的衡量利益相关者影响的综合指标。为此，我们定义利益相关者特性值为 A，态度值为 P，既得利益指数 VI，则 PPP 项目利益相关者的影响指数 SI 为 A、P、VI 的函数。相关指标解释如下。A 值由权利性（p）、合法性（i）和紧迫性（u）加权平均所得，p、i 和 u 在 0 ~ 1 之间波动，且三者之和为 1。P 在数值上定义为：积极支持 p = 1，被动支持 p = 0.5，中立 p = 0，被动反对 p = - 0.5，积极反对 p = - 1。VI 值定义同上。

$$SI = A \times VI \times P \tag{3-2}$$

如果 SI > 0，说明 PPP 项目有积极的利益相关者影响，利益相关者能够推动项目前进；反之，则说明利益相关者是消极的，对 PPP 项目发展起阻碍作用。在 PPP 项目推进过程中，项目公司必须确保 SI 为正且保持上升状态，为项目发展提供良好的合作环境。

二、PPP 项目利益相关者管理

（一）PPP 项目利益相关者管理框架

PPP 项目利益相关者管理是一个复杂的动态管理过程，具有复杂性、动态化、导向性、信息化等特点，并且贯穿于项目整个过程。根据现有研究，遵循 PDCA 法则，我们从四个维度来描述 PPP 项目的全生命周期（见图 3－1）。

尽管图 3－1 体现了 PPP 项目利益相关者的管理理念，但缺乏流程性与可操作性。因此，在参考利益相关者分析模型和上述分析框架的基础上，重新构建了 PPP 项目利益相关者管理模型。在 PPP 项目中，利益相关者广泛分布于项目管理的各个阶段，在做好利益相关者分析的基础上，制定出有效的管理策略和计划，把握好与利益相关者沟通与协调的尺度，按计划逐步实施并灵活处理。

图 3－1　PPP 项目利益相关者管理框架

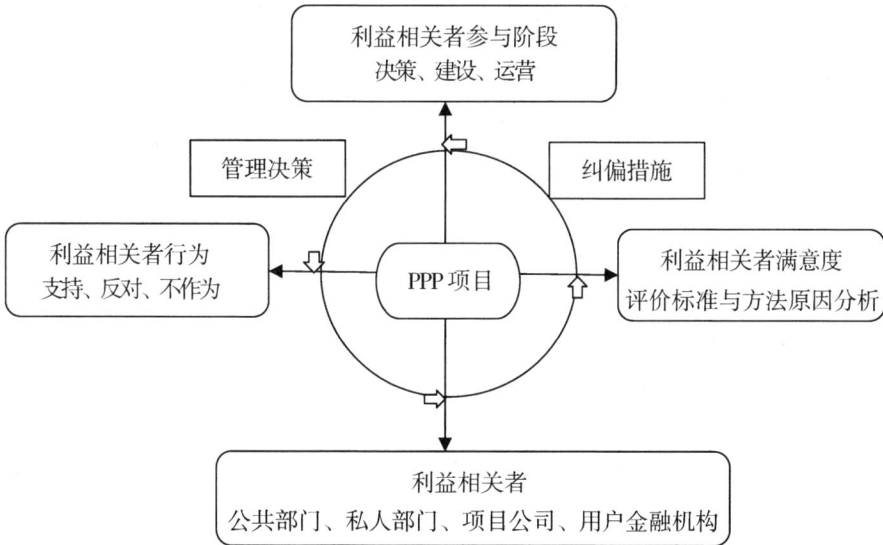

（二）PPP 项目利益相关者管理模型

由流程图 3 - 2 可知，PPP 项目利益相关者管理的主要过程在于界定层面、交流层面和结果层面。界定层面主要界定项目利益相关者范围、评估利益相关者的资源贡献及期望以及掌握项目利益相关者之间的关系。交流层面主要是对项目利益相关者进行分类和定位，根据不同利益相关者的特征以及不同阶段下 PPP 项目的特点，合理选择交流方式，

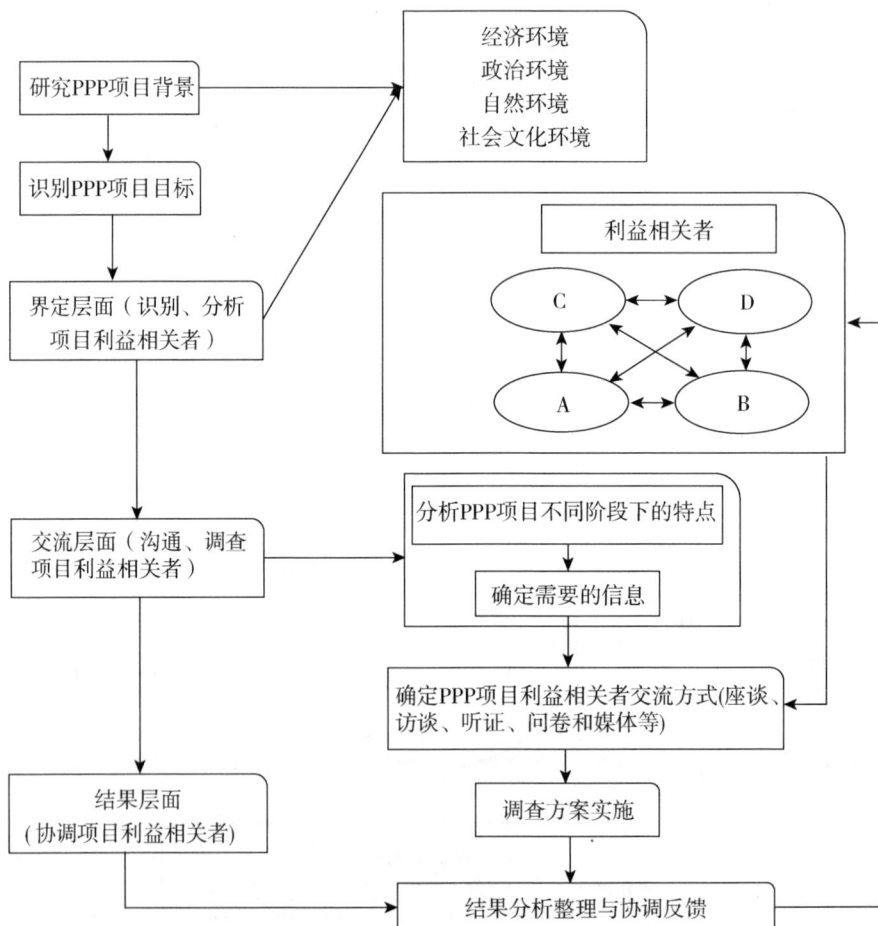

图 3 - 2　PPP 模式下项目利益相关者管理模型

制定出利益相关者调查方案，从而获取必要的信息。结果层面主要分析和整理利益相关者的调查结果、评价满意度以及完善满意度较差部分，为 PPP 项目管理提供大数据支持。同时，及时与利益相关者进行协调和反馈，形成一个流畅的闭合循环，改进项目利益相关者之间的关系，最终实现利益均衡。

第二节　激励机制相关理论

一、内部激励机制

PPP 项目公司的努力程度不仅受外部物质利益的刺激，而且还受内部激励的影响，但是现有激励理论往往容易忽视后者。所谓内部激励是指项目公司对社会公共事业的社会责任感以及热衷度，即自发的努力程度 X，由于在现实中难以衡量以及具有公益性，往往容易被人忽视。外部激励包括 PPP 项目绩效水平（x）、项目公司获得的经济利益（r）、公共部门监督力度（m）以及生产运营成本（C）。由此我们可以得到项目公司参与 PPP 项目建设的努力程度的一般表达式：

$$Y = f (X, x, r, C, m) \tag{3-3}$$

每一个企业的自发努力程度因自身素质差异而不同，有的企业注重追求经济利益而逃避社会责任；而有的企业在追求自身经济利益的同时，仍把社会责任作为自身的发展目标之一。因此企业自然努力的取值范围为 $-a < x < b$（$a, b > 0$）。

（一）不存在外部监督，即 m = 0 的情况

在此种情况下，当 $X + r > C$ 时，项目公司的努力程度增加，从而项目绩效水平 x 也随之增加。这一条件说明，可以通过增强项目企业的

社会责任感、增加其经济利益或者降低生产运营成本来激励项目公司提高努力水平，从而更好地参与 PPP 项目建设。

（二）存在外部监督，即 m > 0 的情况

在这种情况下，当 X + r + m > C 时，项目公司努力程度增加。这一条件说明，在项目公司预期经济利益较低的情况下，有效的外部监督制度 m 能够弥补项目公司自发努力程度 X 偏低的情况，进而提高项目公司总体努力程度。因此，为了提高 PPP 项目绩效管理水平，政府部门在制定激励机制制度的时候，应重点考虑以下几点。（1）企业参与 PPP 项目的特点，是制定激励机制必须考虑的重要因素之一。政府部门要将 PPP 项目的特点与企业参与社会公共事业的热衷度和社会责任感进行高度匹配，激发企业参与 PPP 项目的自发努力程度。（2）加强对企业的商业伦理教育和培育社会责任感，也是提高企业努力水平的重要举措。在保障企业经济利益的同时，加强对其思想政治教育，提高其社会责任感，对表现优秀的企业授予荣誉称号，提升其社会地位和知名度，从而激发企业的社会奉献精神和社会责任感。（3）PPP 项目建设绩效评估体系和企业努力水平评估体系的制度化有利于提高项目的收益水平，为项目公司的建设运营提供指导，激发项目公司自发提高其努力水平。

二、柔性激励机制

系统的发展总是在一个内外部环境下进行的，外部环境越来越呈现出动态化、多变性和不确定性特征，内部利益关系结构的和谐性也受到外部环境和利益需求的不断冲击。要实现系统的和谐发展就必须将内外部环境要素结合起来，做到激励机制的柔性化。与刚性激励相比，柔性激励更加强调外部环境的动态多变性、个体的差异性以及利益需求的多元化和动态性，通过将内部环境和外部环境要素的不确定性结合起来，实现激励机制的动态化。因此，要形成刚柔并济的激励机制，必须从两

个方面进行创新：柔性激励多体现为基于利益相关结构的内部契约治理机制，刚性激励多体现为外部制度治理机制①。

（一）内部契约治理的柔性激励机制

首先，PPP 项目的契约缔结包含多层次的委托代理关系，在整个契约链条中，各利益方以其特有的核心价值优势参与到 PPP 项目某个特定的价值活动环节中，也就是一种典型的委托—代理关系。由于契约不完全和信息不对称的存在，导致的委托—代理问题不断发生，从而激发了利益冲突和矛盾。实际上，特许契约关系和债务契约关系可以通过有效的激励约束机制来加以完善。

其次，外部环境因素的动态化、多变性决定了激励机制必须具有柔性化特征。② PPP 项目的投资回收期较长，外部环境又具有动态多变性。因此，需要将柔性化理念融入激励机制的设计之中，提升契约关系的灵活性，使激励机制适应外部环境的变化。

（二）柔性激励机制的治理作用机制

相比传统的激励理论，柔性激励机制设计应该包括设置激励目标，识别激励原因和起激励作用的因素以及刺激积极努力行为。同时，要仔细识别和分析外界环境因素以及外界环境对相关利益主体需求的影响。契约关系的构建过程主要包括信息传递的协商机制和协调机制，因此，只有将柔性机制的设计融合到契约关系缔结过程中，才能实现有效的内部契约治理③（见图 3 - 3）。

基于信息传递的协商机制是契约缔结的初始环节，可以通过信息传

---

① 石莎莎，杨明亮. 城市基础设施 PPP 项目内部契约治理的柔性激励机制探析 [J]. 中南大学学报，2011（6）：155 - 160.
② 石莎莎，杨明亮. 城市基础设施 PPP 项目内部契约治理的柔性激励机制探析 [J]. 中南大学学报，2011（6）：155 - 160.
③ 石莎莎，杨明亮. 城市基础设施 PPP 项目内部契约治理的柔性激励机制探析 [J]. 中南大学学报，2011（6）：155 - 160.

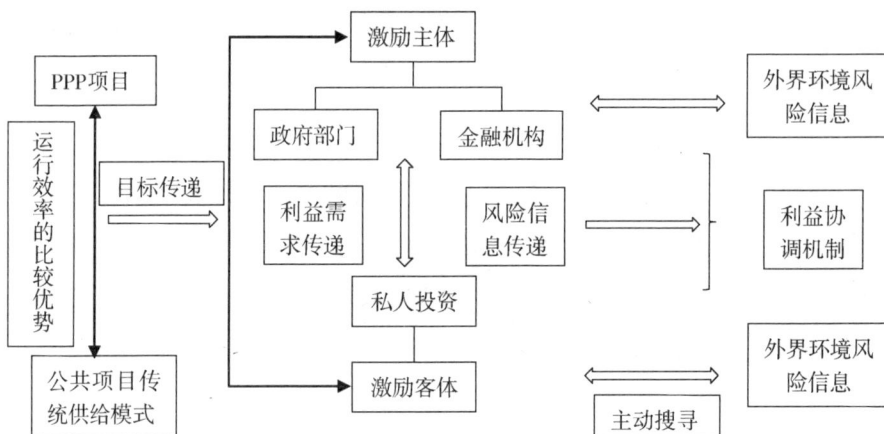

图 3 - 3　PPP 项目柔性激励机制的作用机理

递来设计激励目标，识别激励主客体的利益需求及有效识别外部环境。① 信息传递的协商机制能保证信息的流通，而协调机制则能有效完成柔性激励过程，即激发激励客体积极努力行动，从而实现资金配置和使用的效率目标。柔性激励的设计要充分发挥协调机制的作用，其最终目标是要实现激励主客体之间目标的一致性、利益需求整合以及利益相关方的关系和谐，即利益相关方不断相互协调一致的过程。

第三节　物有所值理论

物有所值（Value for Money，简称 VFM），是指一个组织运用其可获得的资源所能取得的长期最大利益，是国际上普遍采用的一种评价由政府提供的公共产品和服务能否使用 PPP 模式的评估体系。VFM 评估包括定性评估和定量评估两种形式，且评估过程贯穿于 PPP 项目识别、

---

① 石莎莎，杨明亮．城市基础设施 PPP 项目内部契约治理的柔性激励机制探析 ［J］．中南大学学报，2011（6）：155 - 160.

准备和采购等各个阶段。定性评价通常在项目识别阶段进行，由政府本级财政部门（PPP 中心）及相关机构组织展开评价。而定量评价可在项目识别、准备和采购阶段运用，通过比较 PPP 项目全生命周期内政府支出成本的现值和公共部门比较值，从而判断 PPP 模式能否降低项目全生命周期的成本。

一、定性评价体系

（一）定性评价内容及方式

定性评价通过比较 PPP 项目模式和传统政府采购模式，以能否增加供给、优化风险分配、提高运营效率、促进创新和公平竞争等为评价指标，来评估 PPP 项目模式的优劣。在 PPP 项目评估过程中，政府部门应该着重考虑项目评估中难以量化的要求，从而增加项目评估的准确性和公众满意度。定性评价通常采用问卷调查和专家咨询等方式进行，以项目基本条件、行业环境、发展趋势、政府财政实力、社会资本运营能力等指标为基础，结合专家的实践经验以及综合分析，最终对项目采用 PPP 模式运营的合理性和可能性进行评估。

（二）定性评价指标构建

根据《操作指南》确定的基本框架，遵循科学性、实用性、客观性及可比性等原则，我们梳理出了以操作、产出、风险、成本、效率、竞争和创新为七大核心要素，以法律环境、服务供应、风险分配、社会资本运作等 22 个关键指标为基础的综合评价体系，具体情况见表 3 - 3。

表 3 - 3　定性评价指标体系

核心要素	关键指标
操作要素	着力于全面完整地分析政府运作 PPP 项目的可行性和能力适配度,主要包括法律环境、市场先例、项目规模、资产寿命、财政承受、政府管理、规范要求、合同整合等指标
产出要素	侧重社会效益的多重考察,主要包括服务供应、社会效益、环保安全等指标
风险要素	重点了解政府与社会资本之间的风险分配的优化程度,主要包括风险转移、风险管理等指标
成本要素	关注整个运营期限内的收入支出预期及精确性,主要包括成本可预测性、收入预期等指标
效率要素	探索引入社会资本后的项目运作提升空间,主要包括资产利用、运维要求、绩效考核等指标
竞争要素	聚焦分析项目竞价机制的完善程度,主要包括运作透明度、项目吸引力、市场容量等指标
创新要素	重点分析政府给予的创新空间,主要以创新潜力为综合考量指标

资料来源:财政部 PPP 研究中心。

二、定量评价体系

(一) 定量评价内容

根据《操作指南》,VFM 值法可以用传统政府采购方式下的财政支出净现值 ($LCC_{政府采购}$) 和采用 PPP 模式的全生命周期财政支出净现值 (LCC_{PPP}) 的差值来衡量,具体公式如下:

$$VFM = LCC_{政府采购} - LCC_{PPP} \qquad (3-4)$$

当 VFM > 0 时,说明 PPP 模式运营效率更高,全生命周期成本更低,因此该项目可以采用 PPP 模式运营;反之,当 VFM < 0 时,则说明项目采用 PPP 模式运作不能提高效率以及降低成本,因此该项目不适

合采用 PPP 模式运作。

（二）PSC 值的计算

公共部门通过对政府运营项目产生的现金流进行模拟分析，利用市场同期利率进行折现，从而获得项目的净现值，即 PSC 值，包括初始 PSC、竞争中立调整、风险调整、自留风险和转移风险四个部分，即 PSC = PSC$_{初始}$ + 竞争中立调整 + 风险调整 + 转移风险和自留风险，详细评价体系及指标说明如表 3 - 4 所示。

表 3 - 4　PPP 项目定量评价体系

成本	内容
初始 PSC	初始 PSC 代表了基本成本，包括建设成本、运营成本和第三方收入
竞争中立调整	竞争中立调整是指单纯由政府运营服务而产生的利或弊，针对这些利弊对成本进行增加或减少的调整。主要包括两部分，一部分是由于公有制造成的国家税收义务上的区别，一部分是公有制带来的国家监管成本的差异
风险调整	风险调整度量公共部门承担所有风险预期所产生的成本，通过风险识别和风险量化的方法，会对 PSC 的结果进行相应调整；PSC 只包含重要风险之中可量化的部分，不可量化的部分则通过定性评价来评估
转移风险和自留风险	在对全部的风险进行识别并赋值之后，根据风险承担主体的不同可以将风险分为转移风险和自留风险。转移风险是在 PPP 模式下准备转移给私营部门的风险，政府应该以私营部门是否是最有能力、最有效率控制和管理风险的一方来决定把风险转移给私营部门；自留风险是指不合适转移给私营部门的风险，需要由政府自行承担

资料来源：财政部 PPP 研究中心。

运用 PSC 值法对 PPP 项目进行 VFM 定量评价时，通过计算 PSC 与 LCC$_{PPP}$ 的差值就可得到 VFM 值，即 VFM = PSC - LCC$_{PPP}$。在 PPP 项目不

同阶段，LCC_{PPP} 的计算方法也有所差异。在项目识别和准备阶段，政府部门及相关评估机构可以通过虚拟报价来计算 LCC_{PPP} 值；在项目采购阶段，政府部门及相关评估机构可以通过社会资本方提交的实际报价来计算 LCC_{PPP} 值。

第四节　委托代理模型

一、PPP 模式下委托代理模型的理论基础

（一）委托代理的理论框架

委托代理理论是现代契约理论的重要组成部分，在信息不对称的情况下给出契约形成约束。通过制定成本最小化的机制来激励代理人，从而达到效益最大化。同时，该理论也遵循一定的原则性，即委托人在满足代理人的利益要求时，通过加强与代理方的合作来达到自身效用最大化。委托人必须考虑契约对代理人的约束力，即对代理人的参与约束（IR）和相容约束（CR）。① 由于面临外部环境不确定性风险，代理人的利益可能会与委托人的目标有冲突，从而损害委托人的利益。委托人若想激发代理人的努力，只有保证代理方的利益最大化，才能够激励代理人努力。否则，委托人的效益目标难以实现。（如图 3 – 4 所示）

（二）PPP 模式公私双方博弈

代理人受托进行 PPP 项目运作，双方之间存在着合作关系。政府作为社会公众的代理人，通过与企业进行合作来实现社会福利的最大

---

① 郭峻晖. PPP 模式委托代理模型解析 [J]. 北方经贸, 2015 (11): 26.

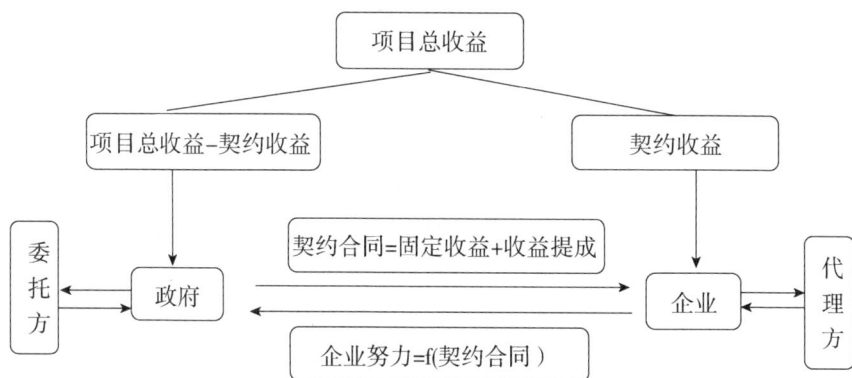

图 3 - 4　委托—代理基础模型框架

化，使社会公众获得最大限度的满足。① 同时，在与政府的合作中，企业也能获取自身利益。但是在合作过程中，仍然存在许多风险。例如，企业可能因为自身能力和服务态度等原因无法使政府和社会公众满意，从而损害政府和社会公众利益，最终产生道德风险。② 为了避免此种情况发生，政府部门需要完善政策，挑选一些综合实力强劲、服务质量高的企业进行合作，确保公共福利和企业自身利益均达到目标要求，让政府和企业双方实现互利共赢。

二、PPP 项目合作共赢模型③

（一）模型的基本假设

PPP 项目在建设过程中，政府和企业通过招投标的形式建立一种委托代理关系。其中，政府是委托人，其目的是让项目实现最理想的社会效益。企业是代理人，其目的是通过自身的技术、资源以及管理等优势

---

① 郭峻晖. PPP 模式委托代理模型解析 [J]. 北方经贸，2015（11）：26.

② 郭峻晖. PPP 模式委托代理模型解析 [J]. 北方经贸，2015（11）：26.

③ 本模型参考了贾珍. PPP 模式下的合作共赢委托代理模型 [D]. 重庆：重庆大学，2016.

使自己的收益达到最大化。在项目运营过程中，政府无法影响企业对项目投入所花费的成本 C（a）。私营企业可以选择最优的努力水平来实现利益最大化，也可以利用信息不对称损害社会公共利益，产生道德风险问题。尽管如此，政府能够决定项目运营企业的合同报酬 S（π），通过构建完善的激励机制来避免道德风险的发生。除了以上基本假设之外，本模型还必须满足以下几个条件。

（1）政府和企业都是理性经济人，政府的目标是实现社会效益最大化，企业的目标是实现自身利益最大化。

（2）由于政府和企业之间存在信息不对称，政府无法确定企业的努力程度，无法达到帕累托最优水平。由于企业往往追求确定性收入的最大化，我们对其求解一阶导数得到 a，以此作为激励相容条件（IC）。

（3）企业的努力程度为 a、能力水平为 b，PPP 项目的最终收益是由这两个因素共同决定的函数，即

$$\pi = pa^m b^n + \Theta \tag{3-5}$$

其中，p 代表项目的质量水平；m 和 n 是 a 与 b 的影响因子，且 p，a，b > 0；0 ≤ m，n < 1；Θ 服从于正态分布 N ~（0，δ^2），表示不确定因素对项目的影响；项目的期望收益为：

$$E（\pi） = pa^m b^n \tag{3-6}$$

（4）企业努力的成本函数为：

$$c = Aa - Bp - Cb \geq 0 \tag{3-7}$$

其中，A，B，C > 0。系数 A 越大，说明企业的努力程度对成本的影响越大；系数 B 和 C 代表项目的质量水平；企业的能力水平因素能够降低项目成本。

（5）政府是风险中性的，它的期望收益是项目实际收入的均值。企业一般来说是风险厌恶型的，假设企业的效用函数为：

$$u = -e^{-\rho w} \tag{3-8}$$

其中，$\rho > 0$ 是绝对风险规避度量，ρ 越大代表企业越害怕风险，w

是实际货币收入。

（6）政府和企业之间的契约是合作共赢模式，α 和 β 分别为政府和企业的利益分享比例，且 $\alpha + \beta = 1$，α，$\beta > 0$。

（二）模型建立与分析

根据上述假说可知，企业的风险成本为 $\rho\alpha^2\beta^2/2$，企业实际收入的均值为 $E(w) = E\beta(\pi - c)$，确定性等价收入为期望收入减去风险成本：

$$u = \beta(\pi - c) - \rho\alpha^2\beta^2/2 = \beta(pa^m b^n - Aa + Bp + Cb) - \rho\alpha^2\beta^2/2$$
$$(3 - 9)$$

对于企业来说，当确定性收入大于最大机会收益 w，就可以接受契约条件参与项目，这一条件即是企业的参与约束（IR）。此外，企业还必须选择某个努力水平以使确定性收入最大化。对（3 - 9）式中的 a 求偏导，可知当 $a = (A/mpb^n)^{1/(m-1)}$ 时，企业的确定性收入达到最大，这一条件即是企业的激励相容约束（IC）。

对于政府来说，其需要找到一个合同并定下收益分享比例，在企业愿意接受的前提下使得总体收入达到最大化，期望收入为：

$$v = E\alpha(\pi - c) = (1 - \beta)(pa^m b^n - Aa + Bp + Cb) \quad (3 - 10)$$

（三）最优目标的实现

在合作共赢项目中，政府能够准确得知项目的质量水平 p 和合作企业的能力水平 b，难以准确把握的是企业的努力程度 a，因此最优目标实现的关键在于求解 a 值：

目标函数：

$$\max pa^m b^n - Aa + Bp + Cb \quad (3 - 11)$$

参与约束：

$$\beta(pa^m b^n - Aa + Bp + Cb) - \rho\alpha^2\beta^2/2 \geqslant w \quad (3 - 12)$$

激励相容约束：

$$a = (A/mpb^n)^{1/(m-1)} \tag{3-13}$$

将两个约束条件代入目标函数，可知目标函数是关于 β 的函数，对 β 求导可得：

$$\beta* = 1/\rho\delta^2 \{p^{1/(1-m)}(m/A)^{m/(1-m)}b1/(1-m) - A^{-m/(1-m)}$$
$$(mpb^n)^{1/(1-m)} + Bp + Cb\} \tag{3-14}$$

此时最优努力水平为：

$$a = (A/mpb^n)^{1/(m-1)}$$

总的期望收入：

$$T = 1/\rho\delta^2 \{p^{1/(1-m)}(m/A)^{m/(1-m)}b1/(1-m) - A^{-m/(1-m)}$$
$$(mpb^n)^{1/(1-m)} + Bp + Cb\} - \rho\alpha^2\beta*^2/2 \tag{3-15}$$

从 PPP 项目的风险来说，越是害怕风险的企业，利益分享比例也就越小，企业获得的效益则下降，政府获得收益随即上升。如果项目容易受到外界因素影响，说明项目本身的风险非常高，也会降低企业的利益分享比例。企业都是风险规避型的，需要花费成本估计风险；而政府是风险中性的，无须花费成本来评估风险。因此，企业若想提高自身收益，除了项目质量、自身能力水平、努力程度等因素外，还必须对项目风险状况进行评估，从而实现自身利益最大化目标。

第五节　基于 PDCA 理论的 PPP 项目绩效管理

一、理论框架

PPP 项目的绩效管理是一个庞大的系统工程，借鉴全面质量管理的 PDCA 循环理论，PPP 项目绩效管理也可以从纵向分为四个步骤：P 为绩效计划，D 为绩效实施，C 为绩效评价，A 为绩效评价结果的应用及反馈。四个步骤有序推进，PPP 项目绩效管理结束，下一个周期开始，如此循环反复，形成一种绩效改进的惯性力量并建立一个完整的闭环系统，以保证 PPP 项目绩效的持续改进。（如图 3 - 5 所示）

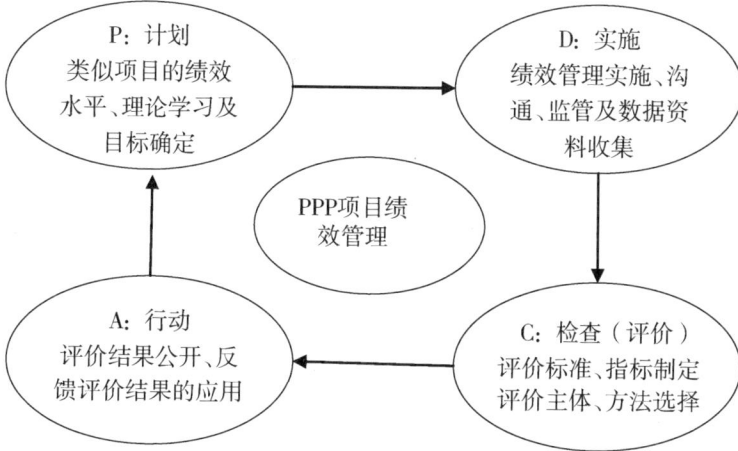

图 3 - 5　基于 PDCA 理论的项目绩效管理

（一）项目绩效计划

PPP 项目绩效计划是绩效管理的首要环节，是 PPP 项目绩效管理者和其他利益相关者共同讨论以确定考核期内该完成什么样的工作和达到什么样效果的过程。绩效计划是整个绩效管理过程的第一个环节，在这期间各利益相关者要对绩效管理目标达成一致。在共识的基础上，利益相关者对自己的工作目标做出承诺。管理者要对制定的绩效计划有明确清晰的认识，才能确保绩效管理的有效实施。

（二）绩效实施

绩效管理实施过程中，管理者和被管理者需要保持绩效沟通，关键绩效指标控制后，在个人层面上，以指导者和帮助者的姿态与员工保持积极的双向沟通，为员工提供相应的技能培训和资源支持，提高员工的综合素质，确保员工完成绩效目标。在组织层面上，通过绩效沟通，可以对整个组织绩效计划的执行情况进行阶段性的监督和检查，找出实施阶段上出现的问题和偏差及相应的解决办法，保证绩效计划的顺利实施①。此外，项目面临的内外部环境复杂多变，为了适应外部环境，需要对计划做出适当的调整。绩效计划实施会产生绩效数据，这是项目绩效评价的依据，因此要注重绩效数据采集工作，确保信息收集的真实、准确和全面，从而对项目绩效做出客观公正的评价。

（三）项目绩效评价

首先，要制定绩效评价的关键指标。绩效指标的选取遵循 SMART 原则，注意经济、效益和效率三者之间的联系。接下来，要选取评价主体和方法。由于 PPP 项目利益相关者较多，可以根据需求挑选合适的评价主体；评价方法的选取，必须根据评价的目标和内容确定，可采用专家评价法、经济分析法以及数据包络分析、模糊综合评判等数学方法。最后，评价数据处理和综合评估。绩效数据经过统计处理就能得到 PPP 项目绩效管理水平，但要注意统计方法的选取以及统计误差的控制，确保得到的评价结果真实可靠。

（四）项目绩效考核

绩效考核是绩效评价结果的反馈和运用，既是一个绩效管理周期的总结，也是下一个周期的起点。② 在一个周期期末，管理者对项目的完成情况进行考核，即根据计划阶段设定的关键指标、实施过程中的实际绩效数据，对评价结果进行如实的反馈并采取相应的激励和惩罚措施，从而提高项目的绩效水平。③

---

① 周云飞. 基于 PDCA 循环的政府绩效管理流程模式研究［J］. 情报杂志，2019
（10）：72 – 75.
② 李伟丽. PPP 项目绩效管理体系研究［D］. 青岛：青岛理工大学，2011.
③ 李伟丽. PPP 项目绩效管理体系研究［D］. 青岛：青岛理工大学，2011.

二、绩效管理体系设计

(一)绩效计划子系统

制定绩效计划是绩效管理过程的第一步,计划阶段的目的在于事先制定一份绩效管理的实施方案,作为绩效管理工作的指导文件,并针对下一阶段的绩效管理工作制定详细可行的计划[①],该阶段的主要工作包括以下几个部分:(1)编制详细的实施计划指导后续工作正常开展;(2)制定项目监管体系、沟通机制、质量保障制度以及变更管理章程来控制项目实施中面临的各种风险;(3)明确项目后续工作中各参与方的权利与义务以及相应的考核办法。(如图 3-6 所示)

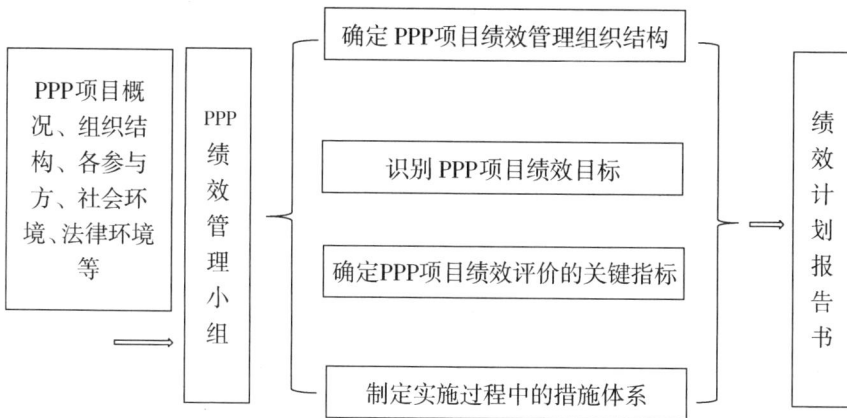

图 3-6　项目绩效计划子系统

(二)绩效控制子系统

项目绩效控制的作用在于保证绩效目标的实现,也就是绩效计划的执行阶段,它将绩效计划和绩效考核紧密连接,共同构成一个有机整体。因此,需要对项目绩效的运行情况进行持续的跟踪监控,收集并分

[①]　李伟丽. PPP 项目绩效管理体系研究〔D〕. 青岛:青岛理工大学,2011.

析反映绩效进展的信息数据，与预期的绩效目标进行比对。由于 PPP 项目处于一个动态多变的环境之中，要想实现项目绩效最优控制，必须满足两个条件：首先，要有一个合格的控制主体；其次，要有明确的系统目标。在项目实施过程中控制主体作为实施方案，政府则对项目起监督管理作用；① 系统目标即是项目确定的绩效目标，由于在控制过程中会受到各种内外部环境干扰，需要通过风险管理和组织协调进行动态控制，可采取检查、监督、分析、指导和纠正等方法。（见图 3 - 7）

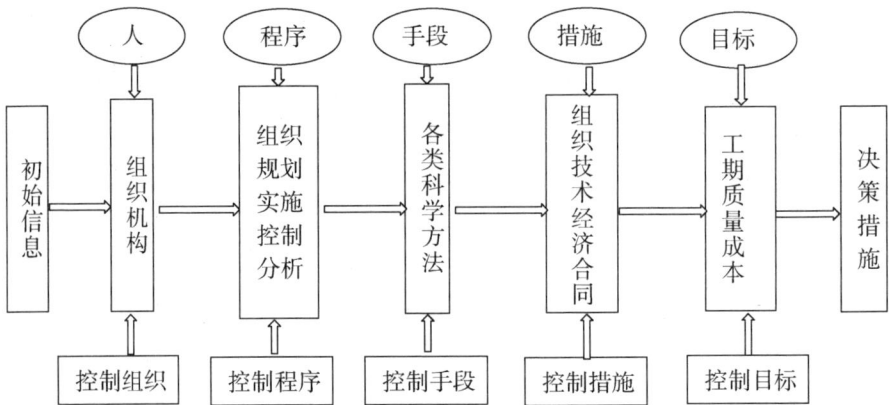

图 3 - 7　项目绩效控制子系统

（三）绩效评估子系统

项目绩效评估是绩效管理的核心内容，在绩效管理中发挥着重要作用。同时，绩效评价也是绩效管理中最复杂的一个子系统，只有对每一个要素进行全面的思考和分析，才能确保做好绩效评价。在项目实施过程中，需要不断地进行绩效评价，对每一阶段的项目完成情况进行验收及绩效评价以便及时发现问题并加以纠正。在项目全部完工后，再进行综合性的绩效评价。项目绩效评价子系统包括确定绩效评价目的、构建

① 李伟丽 . PPP 项目绩效管理体系研究［D］. 青岛：青岛理工大学，2011.

绩效评价指标、制定评价标准、选择评价方法、评价项目绩效和编写项目绩效评价报告书六个部分，它们之间相互联系、相互影响，而其中绩效评价目标又是评价体系的核心，只有确定了清晰的目标，才能保证绩效评价体系正常运转。（见图 3-8）

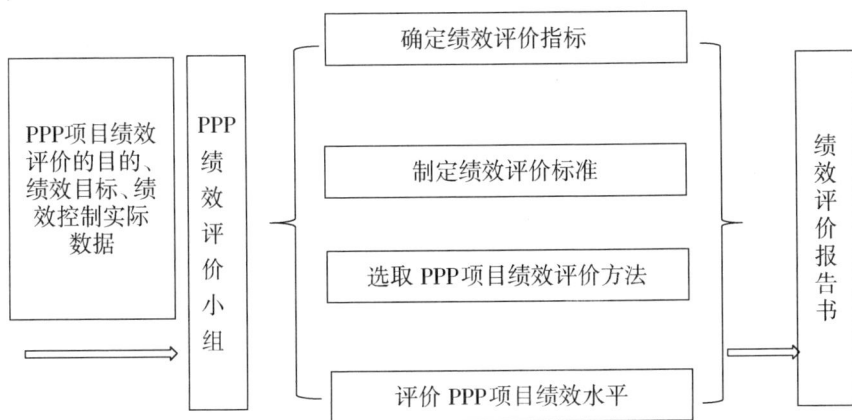

图 3-8　项目绩效评价子系统

（四）绩效反馈子系统

绩效管理的目的在于改进项目绩效水平。项目管理者在完成绩效报告结果和分析后，需要依据绩效考核结果制定相应的措施和政策。由于项目绩效管理是一个不断循环的过程，因此需要持续不断地进行反馈。另外，在采取措施改进绩效时，需要注意两点：首先，改进一个绩效不能以损害其他绩效为代价；其次，绩效改进是一个过程，需要各利益相关者联合行动。因此，保持项目参与方的良好合作关系对提高绩效管理水平是至关重要的。（见图 3-9）

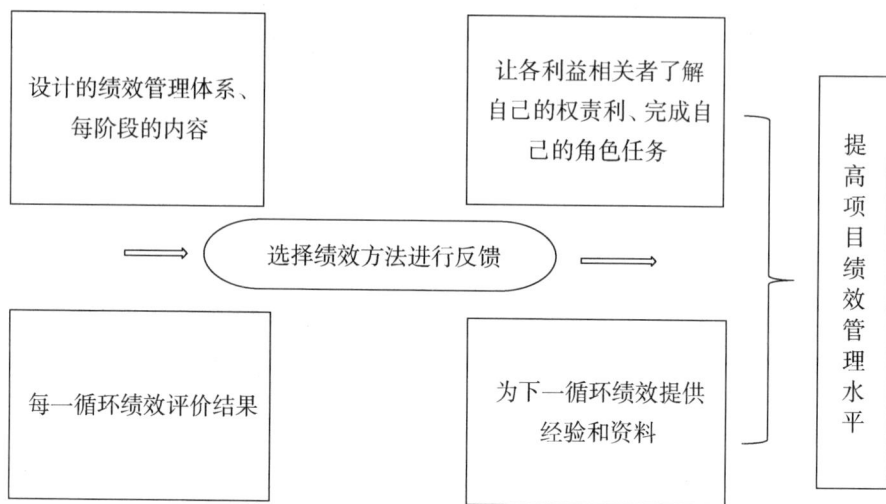

图 3-9　项目绩效反馈子系统

第六节　平衡计分卡

作为一种新型的项目融资模式，PPP 项目近年来发展迅速。PPP 融资模式能够最大限度地发挥社会资本的作用，使其参与到公共基础设施建设等融资需求量大、资金缺乏的行业领域，为政府部门分担风险，实现利益共享。但我国 PPP 模式起步较晚，发展仍不成熟，现有绩效评价方法无法满足 PPP 项目的特殊要求。因此，我们建立从财务能力、顾客角度、内部经营流程、学习和成长的平衡计分卡四个维度的视角来探讨完善 PPP 项目绩效评价体系建设。

一、平衡计分卡

平衡计分卡不仅保留了传统的财务指标，而且引入了顾客因素、内部流程、组织学习与成长等新的驱动因素衡量组织绩效，为组织提供了一种更加全面且多元的评估体系。此外，平衡积分卡法还高度重视组织战略目标的一致性。① 因此，从总体上来说，平衡计分卡在各个层面都体现了组织的战略目标及愿景，主要包括财务维度、顾客维度、内部流程维度、学习与成长等维度。

二、PPP 项目绩效评价指标设计

（一）财务能力评价

在 PPP 项目中，项目公司的财务运作能力至关重要，关系到 PPP 项目的成败。同时，项目良好的市场运营表现也可以给项目公司带来丰厚的报酬。因此，私人部门更加关注项目的运行效益，重点关注项目盈利能力、股东财务能力、融资与财务费用市场开发能力和财务分析与运营等核心指标。项目财务维度的评估要求实现资金价值的最大化，即 VFM 最大化。在 PPP 模式下，项目投资效率的高低是政府投资的重要参考因素之一。在项目执行过程中，政府部门需对项目进行监督与管理，同样会产生相关的管理费用，这也是在投资前政府必须进行评估的。此外，由于 PPP 项目具有社会性和公益性，尽管由社会资本方运营和自负盈亏，政府仍然需要给予项目公司适当的财政补贴，确保项目的顺利开展。

（二）各利益方满意度

PPP 项目的利益相关方众多，主要包括公共部门、私人部门和社会公众三个方面，三方的满意度是项目绩效衡量的重要指标之一，因素各方利益都应该考虑进行并设置相应的指标进行量化。由于私营部门的利益相关者更加多元且更加复杂，因此满意度指标还应该包括项目公司内部是否具有良好的团队气氛及与各分包商与供应商的关系是否和谐等因素。此外，项目在实施过程中会对社会公众造成一定程度的干扰，这一

---

① 王珮. 基于平衡计分卡的 PPP 项目绩效评估研究 ［D］. 杭州：浙江财经大学，2017.

点也应当体现在满意度评价中。①

（三）项目内部控制管理

内部控制管理要求政府部门对 PPP 项目整个运行过程进行有效监督管理，相关评价指标应该体现出项目的优势与劣势，从而帮助公私双方提高管理效率。PPP 项目包括建设期与运营期，相关评价指标应该从这两个阶段中寻找。② 私人部门应该提升自身管理能力，制定完善的监督管理制度，采用先进的管理技术，对 PPP 项目的成本、建设进度和质量安全等方面实施有效控制。同时，还应该提高资源利用和分配效率。③ 综上，政府部门在 PPP 项目中应发挥好监督管理和规制等职能。

（四）创新与成长性

创新与成长性评价包括两方面的内容，一方面，创新性评价要求政府部门和私人部门在 PPP 项目执行过程中必须努力提高研发的投入水平以及项目公司的财务与融资创新能力等。成长性评价要求 PPP 项目具有较强的可持续发展能力，维持公私双方良好的合作关系。另一方面，项目的社会效益及影响性评价，主要表现为对提高社会公众生活质量的影响和对经济增长、环境可持续发展的影响，具体评价指标如下表 3–5 所示。

由于海绵城市 PPP 项目近年才在国内兴起，没有专门的绩效管理理论支持，本部分在借鉴现有 PPP 绩效管理理论的基础上总结出了一些绩效管理方法。针对我国海绵城市建设的特色和实际情况，我们将着重从利益相关者管理理论、物有所值理论（根据后面实际需要调整）进行绩效管理分析。

---

① 王玉梅，严丹良 . 基于平衡计分卡的 PPP 项目绩效评价体系研究 [J] . 会计之友，2014 (2)：14 – 17.

② 王玉梅，严丹良 . 基于平衡计分卡的 PPP 项目绩效评价体系研究 [J] . 会计之友，2014 (2)：14 – 17.

③ 王玉梅，严丹良 . 基于平衡计分卡的 PPP 项目绩效评价体系研究 [J] . 会计之友，2014 (2)：14 – 17.

表 3 – 5 PPP 项目绩效评价指标设计

评价维度	评价指标	利益方/责任方
财务能力评价	VFM	公共部门
	投资效率	公共部门
	监督管理费用	公共部门
	良好的运营能力	私营部门
	良好的盈利能力	私营部门
	稳健的偿债能力	私营部门
	不断增长的市场开发能力	私营部门
	项目公司所有股东的财务能力	私营部门
	较低的融资与财务费用	私营部门
	合理的收益率	私营部门
利益方满意度	政府部门满意度	私营部门
	私营部门合理利润率	私营部门
	社会公众产品服务满意度	私营部门
	项目实施对社会公众的干扰度	私营部门
	项目公司内部良好的团队氛围	私营部门
	分包商与供应商的和谐关系	私营部门
项目内部控制管理	成本预测及控制	私营部门
	进度预测及管理	私营部门
	质量控制管理	私营部门
	安全措施与管理	私营部门
	采用先进的技术设备	私营部门
	高效率的资源利用	私营部门
	政府监管到位程度	公共部门
	产品、服务质量监督	公共部门

评价维度	评价指标	利益方/责任方
创新与 成长性	科研与开发的投入水平	公共部门
	财务与融资创新能力	私营部门
	双方继续合作意愿	公共部门
	提高社会公众生活质量	公共部门
	环境可持续发展影响	公共部门
	经济增长影响	公共部门

资料来源：财政部 PPP 研究中心。

第四章 海绵城市PPP项目的绩效目标设定及其选择方法

第一节 目标设定理论及其在海绵城市PPP项目绩效管理中的应用

最早研究不同目标类别如何影响工作绩效的是英国学者梅斯（Mace）（1935），继而工业组织心理学认为激励实质上是改变工作环境中个体的行为动机以提高整体的生产率。洛克（Locke）等（1994）在总结前人研究成果的基础上，从目标的特征、功能、影响因素以及应用等方面阐述了刻意设定的绩效目标与任务绩效水平之间的关系，并提出可操作性更强的目标设定理论。

目标设定理论认为目标是主体在某一特定时期内的行为对象或结果目标。通过分析目标的特征、功能，特别是目标设定影响个体绩效的机制，进一步提出外部激励正是通过个人设定的目标来影响个体工作绩效的。目标的特征一般包含目标的难度和目标的明确性，已有研究特别关注目标难度、目标明确性与工作绩效之间的关系。阿特金森（Atkinson，1958）认为如果目标难度适中，个体的努力程度则最高；但是如果目标难度处于极高或者极低水平，个体努力程度也相对较低。与此同时，当个人达到能力极限来实现高难度的工作目标或者个人不再尝试付出努力来争取达到某一特定难度目标时，个体的工作绩效也会随之下降。洛克等（1990）也指出在目标的难度确定时，目标的明确程度越高，可能会带来更好的工作绩效。这是因为如果设定"尽量做好"的目标的话，个体没有明确的外在参照物，可能推定上级可接受的绩效水平区间范围较大。虽然目标设置明确，但是这并不意味着个体的绩效表现更好，因为即便目标设定较为明确，不同目标的难度差异较大，但是一旦控制了目标的难度，目标越明确，通常会导致更高水平的绩效表现。

由此可见，目标设置具有影响工作绩效的作用，具体来说，目标设定影响工作绩效的机制主要有以下几个方面。首先，目标具有导向功能，根据洛克等（1969）的社会实验表明如果向汽车驾驶员提供充分的关于其驾驶表现方面的信息反馈，那么在某些维度上设定改进目标的汽车驾驶员其绩效表现将得到改善，相反，没有设定改进目标的汽车驾驶员很难实现这样的绩效提高。目标的设定可以督促主体进行重复的意志努力，同时还强调进行体力上的付出，即目标的设定可以激活主体的能量。其次，相关研究指出，在任务难度一致的前提下，设定任务期限较为紧张的条件下，主体的工作节奏会加快，这项研究突出表明了目标设定所具有的维持功能。最后，目标设定后，主体会不自主地调动其储存的与任务相关的知识、策略以及技能，可见目标设定还具有唤醒功能。

在此基础上，莱瑟姆（Latham）等（2002）提出了高水平绩效循环模型，在工作满意度和随后产生的生产力之间建立了直接的联系，认为高水平的目标会带来高水平的绩效，绩效水平的提高会带来更高水平的自我效能感，也会增强个体的自信，激励个体设定更高水平的目标，从而形成良性循环。

在项目实际管理过程中，绩效评估是绩效管理系统的关键环节，绩效评估结果是对员工工作目标完成情况以及员工技能的一种评价。绩效评估的结果除了给予员工奖励之外，应该被更多地运用在人力资源的合理配置、员工技能发展、人力资源发展甚至企业战略调整等方面，只有这样的绩效评估才会充分发挥其效果。正是这个评估过程，通过上下级之间的沟通，对完成工作目标过程进行管理，使绩效管理变成一个有机系统。在海绵城市PPP项目绩效管理中引入目标管理的目的在于有效激励各个利益相关者，将个人绩效与项目整体绩效相联系，从而达到促进项目整体绩效提高的目标。

第二节　海绵城市PPP项目中的绩效目标

根据绩效的相关定义，我们认为海绵城市PPP项目绩效评估的内容既包括行为评估，也包括结果评估，具体指的是私营部门、政府部门等参与者和社会公众作为一般的体验者对海绵城市的准备、采购、建设、运营和移交等阶段的经济、技术和管理等方面的活动与预期相比的有效性，以及项目的产出结果是否能够达到利益相关者的预期目标，特别是项目的建成对社会的长期影响。而海绵城市PPP项目绩效评价正是从政府部门、私营部门和社会公众的角度出发，对项目各个阶段的工作和目标完成情况进行衡量，主要涉及海绵城市建设过程中的风险合理分担，项目工期、质量、安全等的有效控制，私营单位合理的收益，公众的满意程度，产品或者服务的质量，政府部门和私营部门之间的关系，以及项目对政治、经济、环境、社会带来的影响。

对于海绵城市PPP项目，理论上绩效评价贯穿于项目周期的全过程，评价时间点需要覆盖海绵城市建设的整个生命周期，而根据海绵城市建设所处的阶段来看，可以分为识别阶段、准备阶段、采购阶段、建设阶段、运营阶段和移交阶段，结合海绵城市PPP项目所处的阶段，项目绩效评价可以分为针对决策和实施准备阶段的事前评价、建设实施和投产竣工阶段的事中评价、生产运营阶段的事后评价。本书所指的海绵城市 PPP 项目绩效评估及目标设定主要是针对海绵城市 PPP 项目进行事后评价。

绩效目标是设定绩效评价目标的方向，也是构建绩效评价指标体系的出发点，而海绵城市 PPP 项目的参与方较多，主要包括政府部门、私营部门、社会公众以及银行、咨询公司、施工企业等，不同的主体对海绵城市 PPP 项目的利益导向不同，则评价目标也有所不同。对于政府部门而言，将 PPP 模式引入海绵城市建设中一方面是考虑到海绵城市建设给财政带来的巨大压力，通过吸收社会资本来促进经济发展；另一方面是为了将私营单位高效率的经营管理理念引入海绵城市建设中，将城市建设成具有吸水、蓄水、净水和释水功能的海绵体，提高城市防洪排涝减灾能力。对于私营部门来说，通过 PPP 模式参与到海绵城市建设中来主要是为了获得可观的投资收益。而社会公众作为海绵城市的最终消费者和受益者，倾向于关注建设，特别是海绵城市建设中采用的如植草沟、渗水砖、雨水花园、下沉式绿地等绿色设施来组织排水，是否能够达到"慢排缓释"和"源头分散"的效果，既避免了雨季洪涝的发生，又为旱季有效地收集了雨水。

袁竞峰（2009）分别从学术界、私营单位、政府部分和公众角度出发提出不同利益相关者的五大目标，如表 4-1 所示：

表 4-1　不同主体视角的利益相关者的五大目标

学术界	私营单位	政府部门	公众
可接受的工程质量	可接受的工程质量	可接受的工程质量	可接受的工程质量
合格的公众服务质量	全寿命周期成本减少	建设及运营成本不超预算	合格的公众服务
建设及运营成本不超过预算	按时或提前竣工	解决公共部门预算不足	提供及时方便的服务

学术界	私营单位	政府部门	公众
按时或提前竣工	建设及运营成本不超预算	转移风险	满足公共设施需求
满足公共设施需求	合格的公众服务质量	合格的公众服务	按时或提前竣工

资料来源：谢丽娟．准经营性基础设施 PPP 项目绩效评价研究［D］．重庆：重庆大学，2016.

《基础设施特许经营 PPP 项目的绩效管理与评估》一文指出 PPP 项目的绩效目标是与项目的可行性、生存能力、成功和最优价值相关的，因此从关键成功因素、最优价值贡献因素、可行性和生存能力因子角度结合相关文献识别出 PPP 项目的绩效目标。如下表 4 - 2 所示：

表 4 - 2　PPP 项目的绩效目标

最优价值贡献因素	可行性及生存能力因素	BOT 关键成功因素	PPP 关键成功因素
转移与建造、融资和运营相关的风险	符合法律和规章制度	私营企业的能力	强有力的私营机构
通过现金平衡的财务手段降低公共贷款的规模	符合可持续发展的政策	合适的项目投资机会	合理的风险分担和共享机制
使地方经济收益	设计的灵活性	强有力的利益相关者团队	竞争性采购程序
项目较早完工，产品或者服务较早供给	简化性	富有想象力的技术解决措施	公私双方的相互承诺
政府可以获得功能齐全的公共设施	功能性	有竞争力的融资计划	全面而合理的成本效益评估
较低的项目全生命周期成本	对于决定性需求的准确评估	规范的招投标过程	项目技术的可行性

续表

最优价值 贡献因素	可行性及生存 能力因素	BOT 关键 成功因素	PPP 关键 成功因素
降低的公共行政管理成本	未来市场的预测		采购程序的透明度
降低的争端和索赔事件	高素质的专业人才		良好的管制
较低的收费	很好的成本控制		有利的立法框架
较长的项目服务周期	可以接受的收费水准		稳定的金融市场
最优化的资源利用	较短的施工时间和较长的特许经营时间		政策支持
政府提供的额外支持与补贴	项目风险管理机制		多方收益的目标
私营机构的管理技巧和技术的充分利用	公众对项目的支持		政府提供保证
友好的环境界面	资源获得的有效性		合理的经济政策
技术转移	创新水平		稳定的宏观经济环境
项目发展和运营效率的提高	项目有效和有益的扩张		组织良好的公共代理
可施工性和可维护性的提高	较低的同类型竞争项目		公私双方的利益共享
技术创新	较高的债务/资本比率		社会的支出

最优价值 贡献因素	可行性及生存 能力因素	BOT 关键 成功因素	PPP 关键 成功因素
充足的融资渠道	较低的建设成本		技术转移
私营机构提供的超出要求的额外的设施产品与服务	充足的投标竞争者		

资料来源：袁竞峰，李启明，邓小鹏．基础设施特许经营 PPP 项目的绩效管理与评估 [M]．南京：东南大学出版社，2013.

赵新博（2009）采用在西方的绩效评价实践中广泛使用的 4E 原则确定了 PPP 项目的绩效评价目标，即经济性（Economy）、效率性（Efficiency）、有效性（Effectiveness）和公平性（Equity）。项目运营的经济性指的是保证一定质量的条件下尽可能减少支出，如政府资金控制及私营单位的合理收益；项目的效率性指的是考虑到所提供的产品和服务，所投入的资源和产出之间的关系是否合理，如工程工期、质量、安全；项目的有效性指的是项目的完成在多大程度上可以达到经济目标、政策目标或者其他预期目标，如及时方便的服务；项目的公平性虽然是一种价值判断，但是具体包括政治平等、经济公平、文化平等和社会公正，如满意的公众服务。

但是海绵城市 PPP 项目的绩效目标识别应该既注重过程，又注重结果，为了使目标识别的过程更具有逻辑性，我们决定从项目的投入、建设、运营、结果、影响五个阶段来识别相应的绩效评价目标。

项目投入是指为了保障项目的顺利进行而投入的准备工作。在海绵城市 PPP 项目的实施过程中，政府部门和私营单位在其中起着主导作用，其实力直接决定了项目的效果，而且两者之间合作关系是否和谐也会影响项目的顺利开展，政府部门和私营部门的合作关系正是 PPP 项目区别于一般建设项目的主要因素，双方应该自觉履行协议所规定的义务和责任。公正合理的招标程序不仅可以提高政府的工作效率，而且可以通过规避招标过程中的种种不公正现象来选择最合适的私营单位。而双方签订的协议是双方行使权利、履行义务的依据，为避免在以后的海绵城市建设过程中出现相互推诿的现象，必须事前保证各个条款完整、准确。天津双港垃圾焚烧发电厂正是因为经营协议中没有明确约定政府承诺补贴的数量才导致最后的运营出现困难，因此还需要建立合理的定价机制，即兼顾政府部门、私营单位、公众的利益。海绵城市建设项目中采用 PPP 模式与我国现状比较一致，不断增长的社会基础设施建设需求和政府捉襟见肘的财政收入之间的矛盾日益突出，并且随着我国城镇化战略的推开，矛盾更加突出。[①] 而 PPP 模式的引进不仅可以缓解地方政府的财政压力，而且可以将设施建设中的潜在风险分散到地方政府和私人部门。通过以上分析初步识别出项目投入中的五个目标：招标程序的公正与完善、双方达成协议的清晰与完整、风险得到合理分担、缓解政府财政压力、项目定价机制中立与合理。

项目过程包括项目建设和项目运营，其中管理工作及运营效果是否符合规定和标准也是绩效评价的重点。设计方案是对项目方案的设想和构思，直接影响项目的成本、建造的复杂度、工期等；成本管理对于提高施工企业竞争力，降低项目成本支出，提高项目整体管理水平都有一定作用；但是同时还应该保证海绵城市建设的质量，特别是雨水花园、下沉式绿地、生态树池、植水沟等海绵体能充分发挥作用；针对这几年施工现场存在的管理人员安全意识不强带来的生活施工区域不分、安全防护用具稀缺、无安全警示标识等现象，我们还应该关注项目的安全管理状况。通过以上分析可以识别出项目建设、运营中的五个目标：建造设计方案合理、质量符合标准、项目按时或者提前竣工、安全管理到位、实际成本在预算之内。

---

① 唐春连. 引入 PPP 模式缓解政府资金压力［N］. 中国经济时报，2014 - 05 - 19.

最后从项目长期和宏观的角度出发对项目的经济、社会、环境影响进行评价。项目的经济影响指的是海绵城市的建设可能会带动相关产业的发展，对当地的经济有一定的影响，会促进当地就业条件的改善。海绵城市的建设可以增强城市排水系统的能力，增大城市的绿色植被覆盖率，完善城市水系统，确保居民在雨季仍然可以享受安逸生活。通过以上分析可以识别出项目完工后的五个目标：改善当地的就业环境、促进当地经济发展、改善居民生活质量、促进行业创新、对生态环境影响较小。

第三节　海绵城市 PPP 项目绩效目标的调查研究

我国现阶段开展的 PPP 项目绩效评价一般是由政府部门主导，由政府进行项目完工后的评价，例如财政部设立的投资评审中心，其对PPP 项目进行的绩效评估主要是从财政资金的使用情况以及私营单位的产品服务质量两个方面展开的。但是如果单单以政府部门作为评价海绵城市 PPP 项目的主体，可能存在以下几个方面的问题[1]。

（1）政府部门作为评价主体，评价内容不包括自身的表现，该绩效评价不能体现公私双方的合作关系。

（2）该评价是为了加强对私营单位的控制，如果根据私营单位的实际绩效情况决定政府补贴的支付额度和进度，使得评价的结果有失客观和公正性。

（3）评价的重点放在财政绩效评价方面，而 PPP 项目的绩效评价应涵盖很多内容和目标，所以仅用财政绩效不能全面真实反映准经营性基础设施 PPP 项目绩效的真实情况。

---

①　谢丽娟. 准经营性基础设施 PPP 项目绩效评价研究［D］. 重庆：重庆大学，2016.

（4）评价只重视合作的产出和结果，忽视了对 PPP 项目合作过程中双方关系的评价，而合作关系直接影响项目的过程和结果。

由此可见，不能单纯把政府部门作为海绵城市 PPP 项目绩效评价的主体，否则评价结果很难满足全面、准确、客观、真实性的评估要求，可能不能保证评估结果正确反映海绵城市 PPP 建设项目的真实绩效。一般而言，海绵城市 PPP 项目建设周期较长、投资数量大、影响因素众多、各方利益目标不一致，必然导致绩效测量评价存在诸多困难，为了保证评估结果的客观、准确、公正，必须允许海绵城市建设项目的组织者、发动者以及参与者都参与到整个绩效评估的过程。绩效目标的调查研究同样如此。

根据利益相关者理论，私营部门对项目进行建设和运营、政府部门则对其进行监督、两个共享项目的风险和收益，社会公众也会受到项目的影响。因为我们的调查问卷根据利益相关者的不同需求对样本采用分层抽样法，具体的分组类别包括：公共部门即参与到海绵城市 PPP 项目中的政府相关行政部门；私营部门包括项目公司、咨询公司、施工企业等；社会公众是海绵城市建成后的直接消费者和体验者；学术界是可能为了获得在海绵城市 PPP 项目中更加深刻且立场较为中立的意见。

设计问卷调查的目的是对识别出的海绵城市 PPP 项目绩效目标的重要性进行评估，问卷调查主要包括三部分。第一部分是问卷说明，主要介绍调研目的，方便受访者对问卷调查加深理解。第二部分是受访对象的背景调查，主要包括工作单位、工作单位的性质、工作岗位、从业时间、从事有关海绵城市 PPP 项目的时间。第三部分是对已经识别出的海绵城市 PPP 项目绩效目标的解释性说明和重要性判断，借鉴在 PPP 模式绩效评估中常用的评分方法，在问卷调查中采用 5 分评分方法，即采用 1~5 分分别界定各个绩效目标的重要程度，分值和重要程度之间的对应关系如下：不重要、有点重要、重要、很重要、极其重要。受访对象根据自己对海绵城市 PPP 项目的了解或者根据自己对已经参加过的海绵城市 PPP 项目的经验和知识来判断我们所识别出的海绵城市 PPP 项目绩效目标的重要性。

如果问卷调查结果可以看出，没有绩效目标的得分是极其重要的即各个组别每个目标的评分均值 >4.5，也没有绩效目标是不重要的即各个组别每个目标的评分均值 <1.5，就可以认为我们识别出的海绵城市 PPP 项目的绩效目标均是重要的，而且符合利益相关方的要求，在实践层面也是可操作的，可以满足下一部门关键指标识别的需要。

同时不同利益主体对海绵城市 PPP 项目的目标不同，在确定海绵城市 PPP 项目绩效评价目标时，应该均衡考虑政府部门、私营部门和社会公众的利益需求，即我们识别出的绩效目标应该得到各个利益相关方的认可，各个利益相关方基于自身的考虑对我们识别出的绩效目标的重要性评价肯定会存在不同，但是如果这些不同意见仅仅是针对个别绩效目标，并没有影响到整体目标的一致性时，我们认为各个利益相关方的意见是内部一致的。因此有必要对我们的问卷调查进行内部一致性信度检验，即同质性信度检验，它是指问卷调查内部各个主体对所有问题回答的一致性程度，通过计算问卷中各个项目之间的相关系数来得到同质性信度系数，我们可以据此判断问卷调查内容是否具有一致性。

常见的同质性信度计算方式主要有折半信度、库德 – 理查德逊信度（Kuder & Richardson）和克龙巴赫（cronbach）α 系数等估算方法。与此同时，常用的统计软件如 SPSS 也提供了折半描述统计分析、克龙巴赫（cronbach）α 系数等方法对数据进行描述统计分析。

折半信度就是把调查问卷分为两半，再分别计算这两部分的相关系数。

在两半信度系数相同的条件下，采用斯皮尔曼 – 布朗公式获取整个问卷的信度系数：

$$r_{SB} = 2r_{SH} / (1 + r_{SH}) \qquad (4-1)$$

其中，r_{SH} 为两半测验的相关系数；r_{SB} 为修正过后的调查问卷信度系数。

在两半信度系数不相同的条件下，采用卢伦公式或者弗拉纳根公式进行计算，卢伦公式：

$$r_{Rulon} = 1 - s_{a-b}^2 / s_t^2 \qquad (4-2)$$

其中，s_{a-b}^2 为两半得分平均数之差的方差，s_t^2 为总得分方差。

弗朗那根公式：

$$r_{Flanagan} = 2\left[1 - \left(s_a^2 s_b^2\right) / s_t^2\right] \qquad (4-3)$$

其中，s_a^2，s_b^2 分别为两半的方差，s_t^2 为总得分方差。

考虑到涉及数据拆分，计算较为复杂，有学者进一步提出库德－理查德逊信度和克龙巴赫（cronbach）α 系数方法来测度同质性信度系数。

库德－理查德逊信度：

$$r_{KR20} = \frac{K}{K-1}\left[1 - \frac{\sum_i^k = ip_iq_i}{S_t^2}\right] \qquad (4-4)$$

$$r_{KR21} = \frac{K}{K-1}\left[1 - \frac{\overline{X}(K-\overline{X})}{KS_t^2}\right] \qquad (4-5)$$

克龙巴赫（cronbach）α 系数为：

$$\alpha = \frac{K}{K-1}\left(1 - \frac{\sum_i^k = iS_t^2}{S_t^2}\right) \qquad (4-6)$$

其中，K 为问卷项目数，p_i 为第 i 题答对人数的百分比，q_i 为第 i 题答错人数的百分比，$\overline{X}$ 是全部问卷总分的平均值。

在上述几个方法中 KR20 和克龙巴赫 α 系数使用最为广泛，但是 KR20 公式适用于分值为 0 和 1 或者是否的二元性数据；克龙巴赫 α 系数适用范围较广，不仅适用于非二元性连续性数据，而且适用于二元性数据。故我们最终选用克龙巴赫 α 系数来测度同质性信度。

根据数学及统计学相关软件我们设置如下信度系数取值范围：

系数≤0.3，不可信；0.3＜系数≤0.4，初步的研究，勉强可信；0.4＜系数≤0.5，稍微可信；0.5＜系数≤0.7，可信（最常见的信度系数取值范围）；0.7＜系数≤0.9，很可信（次常见的信度系数取值范围）；0.9＜系数，十分可信。

如果结果表明克龙巴赫 α 系数≥0.7 则说明问卷调查的可信度较高，各个利益相关方对我们识别出的绩效目标的基本意见是一致的。

第四节　基于熵值法的海绵城市 PPP 项目绩效目标的权重计算方法

在海绵城市 PPP 项目的绩效目标中，每个绩效目标的重要程度均有所不同。虽然不同的利益相关者基于不同的需求会对具体的海绵城市 PPP 项目有着不同的目标导向，但是作为决策中的绩效目标只能有唯一的权重，必须综合考虑所有利益相关者的意见，同时反映指标本身的属性，对每个指标的重要程度进行合理评估，确定其权重，常见的权重确定方法主要有德尔菲法、层次分析法、主成分分析法、熵值法等。其中德尔菲法和层次分析法都依靠专家的经验判断，存在较大的主观性，属于典型的主观赋权法。考虑到海绵城市 PPP 项目绩效目标设定较为复杂，为了使最终的评估体系更为科学，我们决定选择熵值法。

在统计学中，熵可以用来度量不确定程度。信息量越大，不确定性就越小，熵值也就越小。根据熵的这一特征，我们可以利用计算的熵值来判断某份问卷的随机程度，也可以用来确定某个绩效评价目标的离散程度。设有 m 份待评问卷，n 项评价指标，构成原始指标数据矩阵 $X =$

$(x_{ij})_{m \times n}$，对于某项评价目标 x_j，指标数值 X_{ij} 的差距越大，则该目标在综合评价中所起的作用越大；如果某项评价目标的指标值全部相等，则该目标在综合评价中不起作用。因此，熵值法就是根据各项指标的变异程度利用信息熵来计算出各个绩效评价目标的权重。

（1）列出数据矩阵

$$A = \begin{bmatrix} X_{11} & \cdots & X_{1m} \\ \vdots & \vdots & \vdots \\ X_{n1} & \cdots & X_{nm} \end{bmatrix}_{n \times m} \tag{4-7}$$

其中，X_{ij} 为第 i 份问卷中第 j 个绩效评价目标的数值。

（2）对数据进行非负数化处理

熵值法采用的是调查问卷中某一决策目标重要程度取值占不同问卷中决策目标值总和的比值，因此本身具有可比性，不用为了消除量纲的影响而进行标准化处理；如果数据中有负数，需要对原始数据进行非负化处理；同时考虑到计算时需要取对数，为了防止取对数无意义情况，数据可能需要进行平移处理，最终处理结果用公式表示如下，非负化处理后的数据为 X_{ij}。

对于数值越大越好的决策目标：

$$X'_{ij} = \frac{X_{ij} - \min(X_{1j}, X_{2j}, \cdots, X_{nj})}{\max(X_{1j}, X_{2j}, \cdots, X_{nj}) - \min(X_{1j}, X_{2j}, \cdots, X_{nj})} + 1,$$
$$i = 1,2,\cdots,n; j = 1,2,\cdots,m \tag{4-8}$$

对于数值越小越好的决策目标：

$$X'_{ij} = \frac{\max(X_{1j}, X_{2j}, \cdots, X_{nj}) - X_{ij}}{\max(X_{1j}, X_{2j}, \cdots, X_{nj}) - \min(X_{1j}, X_{2j}, \cdots, X_{nj})} + 1,$$
$$i = 1,2,\cdots,n; j = 1,2,\cdots,m \tag{4-9}$$

（3）计算第 j 项决策目标下第 i 份调查问卷占同一指标值总和的比重：

$$P_{ij} = \frac{X_{ij}}{\sum\limits_{i=1}^{n} X_{ij}} (j = 1, 2, \cdots, m) \qquad (4-10)$$

（4）计算第 j 项决策目标的熵值：

$$e_j = -k \times \sum\limits_{i=1}^{n} P_{ij} ln (P_{ij}) \qquad (4-11)$$

其中，k > 0，ln 为自然对数，$e_j \geqslant 0$。式中。常数 k 与样本数 m 有关，一般令 $k = 1/lnm$ ，则 $0 \leqslant e \leqslant 1$ 。

（5）计算第 j 项决策目标的差异系数：

$$g_j = 1 - e_j \qquad (4-12)$$

对于第 j 项指标，决策目标值 X_{ij} 的差异越大，对方案评价的作用越大，熵值就越小，同理可得 g_j 越大决策目标越重要。

（6）求第 j 项决策目标的权数为：

$$W_j = \frac{g_j}{\sum\limits_{j=1}^{m} g_j}, j = 1, 2\cdots, m \qquad (4-13)$$

根据问卷调查得到的数据，按照上述熵值法确定绩效决策目标权重的步骤，依次得到熵值、差异系数和权重系数。

第五节 基于 TOPSIS 的海绵城市 PPP 项目 绩效目标水准设定模型

绩效目标的水准设定也是海绵城市 PPP 项目绩效目标的重要构成部分，海绵城市 PPP 项目的绩效水平是海绵城市 PPP 项目最终被完成的程度，只有量化分析将两者进行对比才能够使对海绵城市 PPP 项目的评估尽可能接近实际。合理的绩效目标能提高海绵城市建设的绩效水平，但是过于复杂的目标设定超越了执行者的能力范围反而难以获得高水准的绩效，过于简单的目标难以调动利益相关者的积极性，只能获得低水平的绩效。

TOPSIS 是 Hwang 和 Yoon 在 1981 年提出的一种针对多个方案多种指标的比较分析方法，全称为"逼近于理想值的排序方法"（Technique for Order Preference by Similarity to Ideal Solution），其核心思想在于通过对原始方案中的指标属性值进行同趋势和归一化处理来消除不同指标量纲的影响，进而充分挖掘原始数据的信息来确定方案中各个指标的正理想解（该方案中的各个指标属性值都达到各候选方案中最好的值）、负理想解（方案中的各个指标属性值都达到各候选方案中最差的值），然后求出各个方案与最佳方案、最差方案之间的加权欧式距离（该方案与最佳方案的接近程度），并以此作为评价各个方案优劣的依据[①]。

（1）列出原始数据矩阵

$$A = \begin{bmatrix} X_{11} & \cdots & X_{1m} \\ \vdots & \vdots & \vdots \\ X_{n1} & \cdots & X_{nm} \end{bmatrix}_{n \times m} \tag{4-14}$$

其中 m 为待评价方案个数，每个方案均有 n 项决策目标，由此构成原始数据矩阵。

（2）对决策目标矩阵进行标准化处理

考虑到各个决策目标的量纲可能不同，对海绵城市绩效评价产生正向影响的决策目标，采用如下方法进行标准化处理：

$$Z_{ij} = x_{ij} \bigg/ \sqrt{\sum_{j}^{m} x_{ij}} \tag{4-15}$$

对海绵城市绩效评价产生负向影响的决策目标，采用如下方法进行

① 李永华、李金颖.基于 TOPSIS 的支持向量机法对货车设计方案评价 [J].铁道科学与工程学报，2015（2）：436-440.

标准化处理：

$$Z_{ij} = \left(\frac{1}{x_{ij}}\right) \bigg/ \sqrt{\sum_{j}^{m} x_{ij}} \qquad (4-16)$$

其中，i = 1，2，…，n；j = 1，2，…，m。

对原始数据进行标准化处理后得到的矩阵为 Z：

$$Z = \begin{bmatrix} z_{11} & z_{12} & \cdots & z_{1m} \\ z_{21} & z_{22} & \cdots & z_{2m} \\ \vdots & \vdots & \cdots & \cdots \\ z_{n1} & z_{n2} & \cdots & z_{nm} \end{bmatrix} \qquad (4-17)$$

（3）根据矩阵 Z 确定最优解向量和最劣解向量

$$Z^+ = (Z_1^+, Z_2^+, \cdots, Z_n^+) \qquad (4-18)$$

$$Z^- = (Z_1^-, Z_2^-, \cdots, Z_n^-) \qquad (4-19)$$

其中，$Z_i^+ = max\ (z_{i1}, z_{i2}, \cdots, z_{im})$，$Z_i^- = min\ (z_{i1}, z_{i2}, \cdots, z_{im})$，i = 1，2，…，n。

（4）计算各方案到理想解的距离

对于第 i 个待评方案，其与最优解向量及与最劣解向量之间的距离计算公式如下所示：

$$S^+ = \sqrt{\sum_{j}^{n} (Z_i^+ - z_{ij})^2} \qquad (4-20)$$

$$S^- = \sqrt{\sum_{j}^{n} (Z_i^- - z_{ij})^2} \qquad (4-21)$$

其中 S^+、S^- 分别表示该方案与最优解向量和最劣解向量的欧氏距离，i = 1，2，…m。

（5）综合评价

综合评价的公式如下：

$$C_i = S_i^- / (S_i^+ + S_i^-) \qquad (4-22)$$

即为各个评价方案与最优解向量的接近程度。

将得到的 C_i 进行排序，则具有最大接近程度的方案组别的绩效自目标设定即为海绵城市 PPP 项目的最优绩效目标水准。

第五章　海绵城市 PPP 的关键绩效
指标及其识别办法

第一节　海绵城市建设绩效评价与考核指标

根据住建部 2015 年 7 月 10 日出台的文件《海绵城市建设绩效评价与考核指标（试行）》要求，住建部对海绵城市建设的要求如下（见表 5 - 1）：

表 5 - 1　海绵城市建设绩效评价与考核指标汇总表（住建部）

类别	指标	要求	性质
水生态	年径流总量控制率	当地降雨形成的径流总量，达到《海绵城市建设技术指南》规定的年径流总量控制要求。在低于年径流总量控制率所对应的降雨量时，海绵城市建设区域不得出现雨水外排现象	定量（约束性）
	生态岸线恢复	在不影响防洪安全的前提下，对城市河湖水系岸线、加装盖板的天然河渠等进行生态修复，达到蓝线控制要求，恢复其生态功能	定量（约束性）
	地下水位	年均地下水潜水位保持稳定，或下降趋势得到明显遏制，平均降幅低于历史同期。年均降雨量超过 1000mm 的地区不评价此项指标	定量（约束性，分类指导）
	城市热岛效应	热岛强度得到缓解。海绵城市建设区域夏季（按 6—9 月）日平均气温不高于同期其他区域的日均气温，或与同区域历史同期（扣除自然气温变化影响）相比呈现下降趋势	定量（鼓励性）

续表

类别	指标	要求	性质
水 环境	水 环 境 质量	不得出现黑臭现象。海绵城市建设区域内的河湖水系水质不低于《地表水环境质量标准》IV 类标准，且优于海绵城市建设前的水质。当城市内河水系存在上游来水时，下游断面主要指标不得低于来水指标	定量（约束性）
		地下水监测点位水质不低于《地下水质量标准》III 类标准，或不劣于海绵城市建设前	定量（鼓励性）
	城市面源 污染控制	雨水径流污染、合流制管渠溢流污染得到有效控制。（1）雨水管网不得有污水直接排入水体；（2）非降雨时段，合流制管渠不得有污水直排水体；（3）雨水直排或合流制管渠溢流进入城市内河水系的，应采取生态治理后入河，确保海绵城市建设区域内的河湖水系水质不低于地表 IV 类	定量（约束性）
水 资源	污水再生 利用率	人均水资源量低于 500 立方米和城区内水体水环境质量低于 IV 类标准的城市，污水再生利用率不低于 20%。再生水包括污水经处理后，通过管道及输配设施、水车等输送用于市政杂用、工业农业、园林绿地灌溉等用水，以及经过人工湿地、生态处理等方式，主要指标达到或优于地表 IV 类要求的污水厂尾水	定量（约束性，分类指导）
	雨水资源 利用率	雨水收集并用于道路浇洒、园林绿地灌溉、市政杂用、工农业生产、冷却等的雨水总量（按年计算，不包括汇入景观、水体的雨水量和自然渗透的雨水量），与年均降雨量（折算成毫米数）的比值，或雨水利用量替代的自来水比例等，达到各地根据实际确定的目标	定量（约束性，分类指导）
	管网漏损 控制	供水管网漏损率不高于 12%	定量（鼓励性）

类别	指标	要求	性质
水安全	城市暴雨内涝灾害防治	历史积水点彻底消除或明显减少，或者在同等降雨条件下积水程度显著减轻。城市内涝得到有效防范，达到《室外排水设计规范》规定的标准	定量（约束性）
	饮用水安全	饮用水水源地水质达到国家标准要求：以地表水为水源的，一级保护区水质达到《地表水环境质量标准》Ⅱ类标准和饮用水源补充、特定项目的要求，二级保护区水质达到《地表水环境质量标准》Ⅲ类标准和饮用水源补充、特定项目的要求。以地下水为水源的，水质达到《地下水质量标准》Ⅲ类标准的要求。自来水厂出厂水、管网水和龙头水达到《生活饮用水卫生标准》的要求	定量（鼓励性）
制度建设及执行情况	规划建设管控制度	建立海绵城市建设的规划（土地出让、两证一书）、建设（施工图审查、竣工验收等）方面的管理制度和机制	定性（约束性）
	蓝线、绿线划定与保护	在城市规划中划定蓝线、绿线并制定相应管理规定	定性（约束性）
	技术规范与标准建设	制定较为健全、规范的技术文件，能够保障当地海绵城市建设的顺利实施	定性（约束性）
	投融资机制建设	制定海绵城市建设投融资、PPP 管理方面的制度机制	定性（约束性）
	绩效考核与奖励机制	1. 对于吸引社会资本参与的海绵城市建设项目，须建立按效果付费的绩效考评机制，与海绵城市建设成效相关的奖励机制等； 2. 对于政府投资建设、运行、维护的海绵城市建设项目，须建立与海绵城市建设成效相关的责任落实与考核机制等	定性（约束性）
	产业化	制定促进相关企业发展的优惠政策等	定性（鼓励性）

续表

类别	指标	要求	性质
显示度	连片示范效应	60%以上的海绵城市建设区域达到海绵城市建设要求，形成整体效应	定性（约束性）

资料来源：住建部《海绵城市建设绩效评价与考核指标（试行）》，2015。

在上述的评价指标体系中，住建部将海绵城市建设项目的指标评价分为水生态、水环境、水资源、水安全、制度建设及执行情况和显示度六大类，采用定性与定量相结合、约束与鼓励相区分，在径流控制、地下水位控制、饮用水安全等方面提出了灵活而又具体的要求。因此，在国家已经对海绵城市建设项目提出明确规定的情况下，采用 PPP 模式进行海绵城市建设的项目也必须要按照文件规定，达到项目建设的具体要求。

为科学、全面评价海绵城市建设成效，住房城乡建设部去年出台了《海绵城市建设绩效评价与考核办法（试行）》。各地将依据试行办法中水生态、水环境、水资源等 6 个方面的指标，对海绵城市建设效果进行绩效评价与考核。本篇提取海绵城市建设试点绩效评价指标体系如下：

（1）资金使用和管理。（0~15分）

资金下达及时，使用安全，管理规范，得 15 分；资金下达不及时，执行率在 70%~90%，管理和使用情况符合规范且未对试点工作造成严重影响，得 7 分；资金下达不及时，执行率低于 70%，管理和使用情况不规范，影响试点工作推进，不得分，并按有关规定处理。指标解释：评价资金使用和管理情况。

（2）政府和社会资本合作。（0~10分）

按以 PPP 模式吸引社会资本投资额度占试点工作总投资额比例评价。70%以上的，得 10 分；30%~70%的，得 5 分；30%以下的，不得分。指标解释：评价实行 PPP 模式的情况。

（3）成本补偿保障机制。（0～10分）

按是否根据项目类别建立收费价格标准制度体系，建立运营维护费用保障机制，确定政府补贴标准，确保有效运营进行评价。建立前述机制，得10分；未建立前述机制，不得分。指标解释：评价成本补偿保障机制建立情况。

（4）产出数量。（0～20分）

按工程形象进度评价。计划建成面积数全部或超额完成，得20分；完成率在80%～100%，得10分；完成率在80%以下，视为绩效考核结果"不合格"。指标解释：评价试点工作实施计划完成情况。

（5）产出质量。（0～10分）

按年径流总量控制率/毫米数评价。对比经批复的试点目标：达到目标任务，得10分；低于目标任务但不超过10个百分点或5毫米，得5分；低于目标任务超过10个百分点或5毫米，不得分。指标解释：评价年径流总量控制率达到计划目标的情况。

（6）项目效益。（0～25分）

试点区域内水生态、水环境、水资源、水安全、显示度等各项指标全部达到计划目标，得25分；一半及一半以上指标达到，得15分；一半以上指标未达到，不得分。指标解释：评价试点区域内水生态、水环境、水资源、水安全、显示度等各项指标达到计划目标情况。

（7）技术路线。（0～10分）

系统性强、科学合理，符合相关技术标准和规范，得10分；不符合，不得分。指标解释：评价试点项目技术路线符合相关技术标准和规范情况。

第二节 关键绩效指标 KPI 在海绵城市 PPP 项目绩效管理上的运用

一、关键绩效指标的内涵

关键绩效指标方法（Key Performance Indicators，KPI）是一种重要的考核工具，它能够将目标管理和和量化考核相结合，通过对目标层层分解的方法使得各级目标都不会偏离组织战略目标，可以很好地衡量团队绩效以及团队中个体的贡献，起到了很好的价值及行为导向作用。[①]将 KPI 应用于项目绩效管理的做法起源于英国，最早发源于英国的建筑业，由于建筑业在很长一段时间内始终是英国的支柱产业，建筑项目的管理与考核对产业发展乃至国民经济都具有重要作用。[②] 英国政府着重研究了工程项目绩效评价，将 KPI 的研究方法应用其中并取得了显著效果。现如今 KPI 的研究方法在很多领域都得到了广泛应用，KPI 指标本身包含的内容也进一步丰富和完善，一些重要的方面诸如宏观经济、人文社会、企业组织、投资环境等都采用了 KPI 的研究方法。

二、关键绩效指标的作用及优势

经济学家帕累托提出的"二八法则"是 KPI 理论的重要基础，其主要观点是企业价值创造的过程中，每个部门、员工的 80% 的工作任务是通过 20% 的关键行为实现的，对 20% 关键行为进行有效的管理和

[①] 袁竞峰，李闯，李启明. 国际基础设施建设 PPP 项目关键绩效指标研究 [J]. 工业技术经济，2012（66）：109 – 120.

[②] 王健，汪伟勃. 英俄 PPP 模式的比较及对中国的启示：基于 KPI 方法的研究 [J]. 复旦学报，2017（4）：125 – 133.

控制，即可以保证80%任务的高质量完成。因此，企业加强对这20%的关键行为的考察就可以保证企业的正常运营。总之，企业采用KPI的方法来考察个人、部门的经济绩效有如下优势。

（1）将公司的战略目标层层分解至个人，可以约束和引导员工的关键行为，使其朝着公司的战略目标前进。

（2）采用KPI来评价员工的工作成果有利于激励员工、激发斗志，引起员工之间共同努力，也有利于营造一种公平竞争的气氛。

（3）可以将员工的工作行为和工作能力及时反馈，部门领导和管理层在获取这些信息后，可以及时对员工做出调整，有利于缓解信息不对称问题。

总之，采用KPI的研究方法，成熟的KPI体系不仅可以约束员工的行为，还可以发挥员工行为的导向作用，有利于增强企业的核心竞争力。（见图5-1）

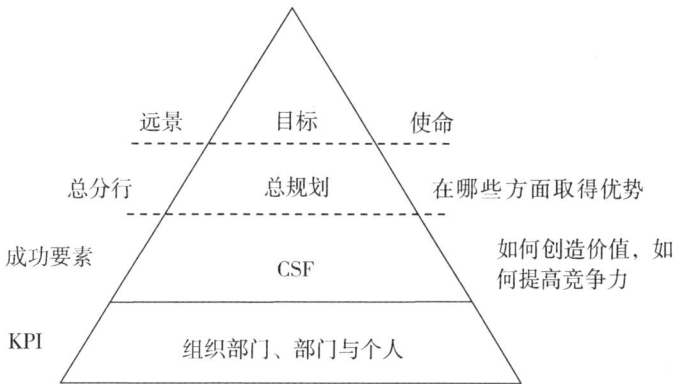

图5-1　企业战略目标与KPI示意图

为了将组织的战略目标转化为具体的可操作的个人的行动目标，就必须自上而下地构建整体目标、部门目标和个人KPI，企业立足于公司的整体发展及公司发展的远景和目标，制定出公司未来发展的总规划、总分行以及优劣势分析，然后根据CSF的方法，建立公司关键绩效指标参考库，最后将其层层分解，提出约束部门和员工的 KPI。

三、关键绩效指标在 PPP 建设项目上的应用

在 PPP 项目如火如荼的建设中，关键绩效指标早已应用其中。但不同的学者对此 PPP 中关键绩效指标的数量、内容、分类、特征及侧重点都多有不同。在研究方法中，国内外的研究大都采用物有所值法（VFM）、最低精准标准评价法以及生命周期评价体系。王超等（2014）认为，由于 PPP 的建设周期一般较长，因此必须要构建全流程的绩效评价指标，他将 PPP 的建设周期分为立项、特许权授予、运营、招投标、建设、移交等数个阶段，并在每个阶段都提出了相应的评价指标和关键绩效指标；而王珮瑜及郭佩含（2016）以某污水治理为例，从公司双方出发，以财务、内部流程、相关者满意程度、学习与成长为维度构建了 35 个指标评价体系，并进一步提炼 21 个公私双方都认可的关键绩效指标。在参考了国内外众多参考文献后，我们认为关键绩效指标在 PPP 建设项目中的应用已相对成熟，因此我们用下列指标来展示其在 PPP 建设中的发展。（见表 5－2）

表 5－2　PPP 项目关键绩效指标统计

PPP 项目关键绩效指标（KPI）	分类
KPI_1 合理风险分配、共享与转移机制	项目的物理特征指标
KPI_2 承包商与政府部门之间达成的相互承诺与责任分担	项目的物理特征指标
KPI_3 特许权获得方承包商对 PPP 模式的理解深度、掌握能力	项目的物理特征指标
KPI_4 政府相关部门对 PPP 模式的理解深度、掌握能力	项目的物理特征指标
KPI_5 项目的技术可行性、工程的可建造性与完工项目的可维护性	项目的物理特征指标

PPP 项目关键绩效指标（KPI）	分类
KPI_6 稳定而适宜的政治环境	项目的物理特征指标
KPI_7 稳定而适宜的法律环境	项目的物理特征指标
KPI_8 稳定而适宜的宏观经济条件	项目的物理特征指标
KPI_9 PPP 模式的标准示范合同文体，以及标准合同的结构、实用性与灵活性	项目的物理特征指标
KPI_{10} 竞争招投标程序的完善与合理	项目的物理特征指标
KPI_{11} 政府对项目的良好规制及有力监督（包括建造期与运营期）	进程控制指标
KPI_{12} 成本管理（包括建造期与运营期）	进程控制指标
KPI_{13} 有力的质量控制	进程控制指标
KPI_{14} 进度管理（包括建造期与运营期）	进程控制指标
KPI_{15} 财务与融资创新能力	创新和学习型组织的构建指标
KPI_{16} 项目公司内部良好的团队气氛（包括建造期与运营期）	利益相关者满意度指标
KPI_{17} 合理的计划安排投资和回报的时间节点	财务融资和市场发展指标
KPI_{18} 良好的安全管理（包括建造期与运营期）	进程控制指标
KPI_{19} 有效的风险管理体系（包括建造期与运营期）	进程控制指标
KPI_{20} 技术创新能力	财务融资和市场发展指标
KPI_{21} 政府公共部门的满意度	利益相关者满意度指标
KPI_{22} 项目的公众满意度	利益相关者满意度指标
KPI_{23} 合理的财务分析与运营	财务融资和市场发展指标
KPI_{24} 不断增长的市场开发能力	财务融资和市场发展指标
KPI_{25} 稳健的成长能力	财务融资和市场发展指标
KPI_{26} 良好的盈利能力	财务融资和市场发展指标

资料来源：袁竞峰. 基础设施 PPP 项目的 KPI 评价标准设定研究及案例分析 [J]. 现代管理科学，2010（12）：24 – 27.

在表 5 – 3 中，我们对 PPP 项目的关键绩效指标进行了整理，并查阅相关书籍和文献，按照项目的生命周期划分阶段，也整理了其判断标准。

表 5 – 3　KPI 评价标准汇总表

PPP 项目关键绩效指标（KPI）	差	中	好	极好
KPI_1 合理风险分配、共享与转移机制	有一方承担大多数风险，风险分配严重超出了一方所能承受的限度，风险分配与利益分配不匹配	风险分配偏向于给一方承担，没有给有控制力的一方承担	风险分配和利益分配较匹配，风险分配有一定的上限	风险由最有控制力的一方承担相应风险，风险分配与利益回报成正比，风险分配有上限
KPI_2 承包商与政府部门之间达成的相互承诺与责任分担	责任的承担方完全没有能力履行责任，承诺不能兑现，责任与利益分配完全不合理	责任的承担方不一定有能力履行责任，承诺不一定能兑现，责任与利益分配不太公平	责任的承担方有能力履行，责任利益分配基本合理	相互承诺与责任的分担都是预期能力相匹配，由履行责任成本最小的一方承担，责任与利益分配相匹配
KPI_3 特许权获得方承包商对于 PPP 模式的理解深度、掌握能力	不了解自己在项目中的责任和项目风险，没有经验丰富的项目经理	基本了解自己在项目中的责任，对风险的认识不够，项目经理缺乏在 PPP 方面的经验	承包商理解在项目中的责任，对一般性的风险有认识，有概要的实施计划，有 PPP 项目经验丰富的项目经理	承包商完全理解项目的风险，自己需要承担的责任以及有详细的实施计划，有 PPP 项目经验丰富的项目经理
KPI_4 政府相关部门对于 PPP 模式的理解深度、掌握能力	不了解自己在项目中的权力、责任和项目风险，没有经验丰富的政府相关人员或咨询专家	基本了解自己在项目中的权力、责任，对风险的认识不够，政府相关人员或咨询专家缺乏 PPP 方面的经验	理解自己在项目中的权力、责任，对一般性的风险有认识，有 PPP 项目经验丰富的政府相关人员或者咨询专家	完全理解项目的风险，自己需要承担的责任和享有的权益，有详细的实施计划，有 PPP 项目经验丰富的政府相关人员或者咨询专家

续表

PPP 项目关键绩效指标（KPI）	差	中	好	极好
KPI_5 项目的技术可行性、工程的可建造性与完工项目的可维护性	项目未经任何技术可行性和可建造性的论证，设计中未考虑可维护性的要求	项目采用简单的论证技术可行性和可建造性，设计考虑了可维护性的要求，但不单独进行可维护性设计	项目技术采用成熟的技术，进行简单的论证，或是新技术详细论证了技术可行性和可建造性，专门进行可维护性设计	项目技术采用已成熟的技术，且项目技术可行性和可建造性有完善的论证，专门进行可维护性设计，并论证可行性
KPI_6 稳定而适宜的政治环境	有战争，动乱	政局不稳定，政策变化大	政局相对稳定，短期内政策变化小	政局很稳定，政策长期不会变化
KPI_7 稳定而适宜的法律环境	没有相应的法律	相应的法律不健全，约束力小	有相应的法律和一定的约束力	相应的法律很健全，约束力强
KPI_8 稳定而适宜的宏观经济条件	经济危机，通货膨胀严重	经济低迷，明显的通货膨胀	经济稳定发展，没有明显的通货膨胀	经济快速发展，物价稳定
KPI_9 PPP 模式的标准示范合同文体，以及标准合同的结构、实用性与灵活性	合同结构很不合理，常出现大的合同纠纷，合同实用性很差，未考虑工程未来的变化	合同结构不太合理，效率低，合同纠纷较多，合同的实用性和灵活性较差	合同结构基本合理，合同纠纷较少，合同考虑了相应的工程，考虑了合同的灵活性	合同结构很合理，很少出现合同纠纷，充分考虑了项目特征设计合同，并具有很大的灵活性
KPI_{10} 竞争招投标程序的完善与合理	招投标竞争性差，工作量大，成本高，合同管理烦琐	招投标竞争性不够，工作量较大，成本高，合同管理复杂	招投标竞争性较高，工作量较少，成本较低，合同管理较简单	招投标竞争性很高，工作量少，成本低，合同管理简单

续表

PPP 项目关键绩效指标（KPI）	差	中	好	极好
KPI_{11} 政府对项目的良好规制及有力监督（包括建造期与运营期）	政府对项目没有规划力，政府监督对项目没有影响	政府对项目规制力度不够，监督不严格	政府对项目有一定的规制力，监督有一定的效果	政府对项目有很强的规制力，政府监督对项目的影响很大
KPI_{12} 成本管理（包括建造期与运营期）	无严格财务风险管理动力，成本管理混乱，资源浪费严重	项目的实际成本支出超出目标成本控制范围	基本实现成本目标，项目实际成本支出在控制范围内	用最少的物质和劳动消耗，创造出最大的价值，利润最高
KPI_{13} 有力的质量控制	缺乏质量管理目标和质量控制措施，发生重大质量事故，质量验收不合格	存在一定的质量事故，工程返工损失率高	无重大质量事故，符合质量标准的基本要求	质控体系完善，以预防、预控为主，确保合同、规范所规定的质量标准
KPI_{14} 进度管理（包括建造期与运营期）	作业逻辑不合理、工期安排不当，效率低下，工期提前率很小或延期完工	初期的施工计划未能妥善规划安排，日后控制不力，赶工成本增加	基本按进度计划完成项目	工期提前率高、合理分配资源、施工计划详细可行、发挥最佳工作效率
KPI_{15} 财务与融资创新能力	资本市场的不完善，融资渠道不畅，融资成本高，资金短缺问题得不到合理解决，资本结构设计不合理	资金筹措渠道少，成本较高，存在资金短缺问题，财务管理能力弱	能够通过有效的途径筹集到资金，财务结构比较合理	融资渠道广，注重内外部筹资相结合，降低融资成本，有效运用债务融资，资本结构合理，偿债保障机制完善

PPP 项目关键绩效指标（KPI）	差	中	好	极好
KPI_{16} 项目公司内部良好的团队气氛（包括建造期与运营期）	团队目标以及分工不明确，成员不能融入团队，彼此之间没有交流、关系松散，工作效率低，存在关键成员流失，领导能力弱	以短期利益为导向，强调个人责任，缺乏团队协作，知识信息共享少，人员流动大，领导得不到认同	分工比较明确，成员之间存在一定的沟通交流，但团队的开放性不高	群体相容，具有凝聚力和向心力，领导风格得到认可，团队高度合作，具有高水平的交流，成员有强烈的参与感，目标明确
KPI_{17} 合理的计划安排投资和回报的时间节点	投资回报安排不合理，与实际情况严重不符，导致资金短缺、无法偿还贷款本金与利息	资金来源与运用安排不合理，对于运营状况预测过于乐观，需要大量补贴等	计划安排与实际有所偏差，但基本能够满足施工与运营要求	投资回报合理，符合实际施工要求和实际市场要求，可提高效率，取得预定的回报率
KPI_{18} 良好的安全管理（包括建造期与运营期）	不注重安全管理，安全事故不断发生，安全技术水平和安全管理水平落后	安全生产责任不够明确，安全生产意识不强，安全生产资金投入不足，应急预案不健全	劳动力安全完成率比较高，安全文化建设和教育不到位	对安全的重视程度高、安全检查评分高，事故率为零，健全的安全生产事故应急预案
KPI_{19} 有效的风险管理体系（包括建造期与运营期）	无风险管理措施，明知风险存在而疏忽怠慢不进行处理，在整个体系中缺乏对于风险的沟通，风险分配不合理	被动地承受风险，不知风险的存在而不加处理或存在风险但无适当的处理办法	通过减少损失概率与损失程度，或减少风险的财务后果等，来减少各种风险的潜在影响	对风险及其影响应采取主动防范，准确识别、评估、分配与管理风险，与内外利益相关的有效的咨询与沟通

续表

PPP 项目关键绩效指标（KPI）	差	中	好	极好
KPI_{20} 技术创新能力	只依赖于传统技术的领先和技术水平的现金，不谋求新技术的进步，建筑产品科技含量不高	对于技术创新活动不够支持，投入较低，技术创新能力和创新活动存在退化	拥有一定的技术创新资源，进行了一定的基础创新活动，但还没形成系统的创造性活动	技术创新体系完善，研发投入大，运用自主开发、购买专利专有技术，不断根据外部环境进行自我调整与革新
KPI_{21} 政府公共部门的满意度	政府公共部门对项目极不满意	对项目满意度较低，没有达到一般公共工程的社会效益水平	对项目基本满意，基本达到预期标准	对项目很满意，完全达到甚至超过预期标准
KPI_{22} 项目的公众满意度	项目给公众带来的效益很小，投入社会成本大，施工过程和使用过程给公众带来不便	项目给公众带来的效益较小，投入社会成本较大，没有达到一般公共工程的社会收益水平	项目给公众带来的收益较大，投入社会成本不多，满足一般公共工程的社会收益水平	项目给公众带来极大的收益，投入社会成本很少，超过一半公共工程的社会受益水平
KPI_{23} 合理的财务分析与运营	财务制度缺乏落实与监督，盈利能力差，风险水平高，财务结构、成本、负债、资产管理不科学，出现亏损，利润为负，面临财务危机	财务管理权限分散，过分依赖于财务软件，分析结果缺乏灵活性，分析缺乏连续性和动态性	进行单项财务分析，范围窄，不足以全面地评价企业的总体财务状况和经营成果	分析方法得当，通过控制措施减少工程成本，信息化水平高，综合分析管理，财务管理法制化、科学化

PPP 项目关键绩效指标（KPI）	差	中	好	极好
KPI_{24} 不断增长的市场开发能力	资源浪费严重，在已有市场中，无竞争优势，没有市场开发战略或战略定位错误	依赖原有技术和资源，固守原有市场，新市场开发力度不足	通过内部资源的有效运用，优化资源配置，提高市场占有率和经济效益	目标市场定位准确，合理整合资源、市场占有率持续增长，获取最大经济和社会效益，明确优劣势动态开拓新市场
KPI_{25} 稳健的成长能力	开发战略不明确或无发展战略，缺乏知识更新，技术水平不高，缺乏合作，资源掌控能力不高，抵御风险的能力弱	缺乏价值性和稀缺性的核心资源或尚未识别，技术水平尚待提高，管理制度尚不完善，网络合作关系尚未建立	短期内实现成长目标，缺乏长期规划性，注重内部资源的运用，外部运用少，缺乏足够的市场风险承受能力	通过有效利用内部和外部资源，实现自我的长期完善提高，管理、学习、创新、生产、市场和财务能力协调
KPI_{26} 良好的盈利能力	内部经营管理水平低，市场定位不准确，资金运作能力很差，资金周转率很低，资本积累缓慢	在竞争中不占优势，资金周转率不高，负债过多面临财务危机	基本满足预期的盈利水平，辅以政府补贴或优惠措施以维持运营	收益满足市场经营及发展的需要，变现能力强，可以承担财务风险，通过经营能实现资本增值

资料来源：袁竞峰. 基础设施 PPP 项目的 KPI 评价标准设定研究及案例分析 [J]. 现代管理科学，2010（12）：24 - 27.

　　尽管尚未有文献提出海绵城市 PPP 的关键绩效指标，但在对 PPP 项目的关键绩效指标和划分标准的基础上，将这些指标和划分标准与海绵城市项目相结合，提出具体可行的关键绩效指标是我们下一步探究的重点。

第六章　海绵城市建设期绩效评价

　　截至 2018 年年底，我国城镇化率达到了 59.58%，大量新建项目或成片土地亟待开发。据财政部 PPP 中心统计数据显示，[①] 从 2014 年 PPP 开始建设截至 2018 年年底，入库项目累计已有 8654 个，投资额为 13.2 万亿元，比 2015 年增加了 1657 个项目，投资额增长了 61.61%。截至 2018 年底，管理库累计落地项目数有 4691 个，投资额有 7.2 万亿元，有 54.2% 处于建设期，目前无移交项目。海绵城市建设项目作为 PPP 项目中的一种，据住建部有关部门测算，"海绵城市"的建设成本约 1 亿~1.5 亿元每平方千米，到 2020 年，我国相应建设总投资规模将达到两万亿元[②]，约占目前 PPP 总投资的 15.15%。与普遍重视海绵城市的建设不同的是，海绵城市建设的绩效评价常常被忽视，因此，研究制定海绵城市建设项目的绩效评价势在必行。

　　海绵城市是一种城市建设模式的创新，更是一种城市发展理念的转变。针对我国城乡发展中过度、水资源使用无序、忽视雨洪利用而造成的水质性缺水和内涝灾害严重等现状，2013 年 12 月，习总书记在召开的中央城镇化工作会议中首次提出要建设以"自然积存、自然渗透、

---

① 此处数据来源于全国 PPP 综合信息平台项目管理库 2018 年第 4 期季报。

② 王玮玲. 基于海绵城市建设的城市价值评价指标体系的构建与运用 [D]. 厦门：厦门大学，2017.

自然净化"为特性的海绵城市，并指出建设生态文明城市，关系人民的福祉，也关乎民族的未来①；2014 年 10 月，住房与城乡建设部印发了《海绵城市建设技术指南》并设立了 16 个试点城市；2015 年 7 月出台了《海绵城市建设绩效评价与考核办法》，该评价体系包括六大类十八项指标，指标中着重解释了建成水环境的评价；2018 年 6 月住房和城乡建设部办公厅再次印发了海绵城市建设绩效评价与考核办法（试行），为海绵城市建设成效评估工作的开展提供了量化依据。

在 20 世纪 70 年代，发达国家就已经开始对雨水管理展开研究，经过多年的实践探索，国外先后经历了水量、水质管理两个时期，目前已经进入可持续管理时期。无论是技术手段，还是法律政策，都已经形成了一套完整的雨水利用体系，进入成熟发展阶段。研究的内容主要集中在雨水径流污染控制、雨水资源利用、可持续排水系统、水环境保护与修复等方面。②

此外，英国和德国对低影响开发等水务工作由第三方机构组织开展绩效评价，主要目的是为了更加公平公正地评价政府工作，评价内容包含了水安全、水质量、可持续性、经济性、公众满意等方面③。美国和我国对海绵城市建设（低影响开发）工作的绩效评价主要在自评的基础上由政府组织开展，我国对于海绵城市绩效评价的内容包含了水生

---

① 朱伟伟. 海绵城市评价指标体系构建与实施研究［D］. 杭州：浙江农林大学，2016.

② 郭琳，焦露，吴玉鸣. 海绵城市建设绩效评价指标体系构建及对策研究：以国家级新区贵安新区为例［J］. 西部发展评论，2016，49－60.

③ 此处参考厦门大学王玮玲的硕士论文《基于海绵城市建设的城市价值评价指标体系的构建与使用》；关于国外海绵城市研究情况可以进一步参考程鸿群，余佳雪，姬睿，等. 基于群组评价的海绵城市建设绩效评价研究［J］. 科技管理研究，2016，24：42－47. 等文献；关于国外对低影响开发的当前研究以及未来建议可以参考 Shafique M，Kim R. Low Impact Development Practices：A Review of Current Research and Recommendations for Future Directions. ECOL CHEM ENG S. 2015，22（4）：543－563. 等文献。

态、水环境、水资源、水安全、制度建设及执行情况和显示度，主要是关于建成水环境的绩效评价。由于国内有关海绵城市绩效评价工作还处于起步阶段，对评价指标的计算还在不断探索优化，缺少统一的计算规则。总之，有关低影响开发模式的绩效评价较多是对有关水文控制及低影响开发技术设施的评价，更多的绩效评价是具体项目上或者停留在理念上；现有研究利用暴雨管模型在实施建设后对雨洪效果、对路面及滞留池采取 LID 措施后的水文效应进行评估。另外，对海绵城市建设绩效评价采用较多的方法有平衡计分卡法、关键绩效指标法、成本效益法、棱柱模型法、标杆管理法及 EFQM 等。

2019 年《政府工作报告》中指出推进海绵城市、地下综合管廊和城市排水防涝设施建设，注重高质量发展。本书主要对海绵城市建设期绩效评价进行研究，通过频度分析法、专家咨询法、综合分析法构建了海绵城市绩效评价指标体系，运用结构方程模型确定了权重，最后以国家级海绵城市试验区——贵安新区进行案例分析，并基于贵安新区的实际情况，最终提出合理的对策及建议。

第一节　海绵城市评价指标体系的构建

"海绵城市"作为一种新型城市发展目标，应当具有一定的衡量标准和评价指标。只有这样，"海绵城市"才能成为一种明确的目标。由于它的研究及建设实践涉及多个交叉学科、多个组成要素，因此其衡量标准和评价指标的选定也是一个相当繁杂的过程。此外，海绵城市的评价标准和指标本身就存有地域性和阶段性的差异。①

---

① 朱伟伟. 海绵城市评价指标体系构建与实证研究［D］. 杭州：浙江农林大学，2016.

因此，在构建海绵城市评价指标体系时，从环境资源、经济发展和社会影响三方面出发，除了注重城市在雨洪管理的财政支出外，还应该考虑城市栖息地改善、雨水花园的美学效益、空气质量、热岛效益等，要充分考虑海绵城市建设成效，构建以不同层次目标为引导，定性和定量相结合的指标体系。

一、建设期海绵城市评价指标体系的构建

（一）指标体系构建原则

在海绵城市建设评价过程中，评价指标选取是否合理，决定着评价结果的准确性。因此，指标体系的建立应遵循一定的原则。

（1）科学性原则。海绵城市是以生态环境保护和社会经济发展为目标的复合系统，因此所选指标应建立在科学分析其本质特征的基础上，使评价目标和评价指标相互联系，反映海绵城市的科学内涵，体现社会、经济、环境相协调统一的特性。选取的指标应含义清晰，易于理解，合理且便于实践操作[1]。

（2）动态性原则。海绵城市建设处在动态变化过程中，既是目标又是过程。因此，评价指标的选取应能充分反映海绵城市建设发展的变化特征，使其具有描述、预测和评判等功能。利用指标实现建设调控，以引导各城市沿预定的控制目标发展。

（3）独立性原则。各个评价指标之间应存在较弱的关联性，以避免隐含过多信息而使指标内涵发生重叠。在不遗漏关键影响因素的情况下，消除重复的指标要素，以避免使评价工作过于复杂，从而保证各项

---

[1] 朱伟伟. 海绵城市评价指标体系构建与实证研究［D］. 杭州：浙江农林大学，2016.

指标能从不同角度反映指标体系的实际情况。[①]

（4）可度量性原则。指标的选取应以定量为主，在考虑资料可获得性的条件下，所选指标应尽可能是可度量的，避免用主观判断代替客观度量。

（5）可衔接性原则。海绵城市以可蓄纳再利用降水的"海绵体"建设为重点，因此各项指标应与涉水的专项规划相衔接，以便在城市控制性详细规划中予以落实推广以保障其建设成效。

（6）定性与定量相结合原则。所建立的评价指标体系应包含定性指标和定量指标。指标体系中部分指标需要通过计算公式进行量化，部分指标则需要进行定性分析，运用德尔菲法、问卷调查等方法进行估算。对评价的最终效果而言，定性与定量相结合有利于确保评价的科学性、客观性和全面性。单纯选用定量指标，则会使评价结果不具科学性、全面性。若是缺失了影响实施效果的决定性因素，又会使得评价工作失去实际操作意义。

（二）评价指标筛选优化

本部分首先在遵循上述六大原则的基础上，在研究了国内外关于海绵城市建设成效评价指标体系的前提下，综合借鉴各体系的优点，[②] 并且在充分考虑了由住建部发行的 2015 年《海绵城市建设绩效评价与考核指标》和 2018 年《海绵城市建设绩效评价与考核指标（试行）》评价标准的基础上，通过频度统计法和理论分析法根据海绵城市的特征和内涵对指标进行了初步筛选，遴选出 40 个具有海绵城市建设重要特征的代表性指标。其次，在经过频度分析法初步筛选的基础上，进一步借

---

① 朱伟伟. 海绵城市评价指标体系构建与实证研究［D］. 杭州：浙江农林大学，2016.

② 综合参考了上海市住房和城乡建设管理委员会办公室于 2015 年 12 月 21 号下发的《上海市指标体系构建（试行）》以及武汉市专项计划等，对海绵城市的绩效考核重点有一个总体了解前提下，最终以住建部发行的作为参考标准。

助德尔菲法，请本校相关专业的教授，以及与海绵城市建设相关的专家及部门人员对指标进行重要性打分，各指标按"非常重要""比较重要""一般重要""可能重要""可以忽略"分别赋予5、4、3、2、1的分值，并结合开放式修改意见的形式，专家也可根据自身对海绵城市的理解，加入或者删除指标，对海绵城市建设绩效评价指标进行再次筛选。最后，在指标初步提出的基础之上，通过设计海绵城市建设绩效评价指标的问卷，对各指标重要性程度按"非常重要""比较重要""一般重要""可能重要""可以忽略"分别赋予5、4、3、2、1的分值，经过专家打分，使用结构方程模型对统计指标做进一步筛选，对指标加以调整，最终得到海绵城市建设绩效评价指标。

1. 海绵城市建设绩效评价指标的初步筛选

在研究了国内外关于海绵城市建设成效评价指标体系的文献的前提下，综合借鉴各体系的优点，并且在充分考虑了由住建部 2015 年发行的《海绵城市建设绩效评价与考核指标》和 2018 年发行的《海绵城市建设绩效评价与考核指标（试行）》评价标准的基础上，采用频度统计法预先确立园林城市、生态城市、低碳城市、智慧城市、森林城市等相关评定标准中与海绵城市建设、城市雨洪利用等内容较为相近的指标，其中包括经济发展指标、生态环境指标、区域水安全指标等，并对海绵城市建设的每个评价指标进行细化分析以及筛选。①

本章以影响海绵城市建设的要素为切入点，在感性认识的基础上，利用相关理论对其内涵进行分析、比较、综合，选取与海绵城市关联度高、针对性强的指标。本次初步筛选出 40 个指标，海绵城市建设评价指标选取结果如表 6 - 1 所示：

---

① 朱伟伟. 海绵城市评价指标体系构建与实证研究［D］. 杭州：浙江农林大学，2016.

表 6 - 1　海绵城市建设评价指标选取

地表水Ⅲ类及以上水体比率 地下水Ⅲ类及以上水体比率 非点源污染控制率 城市面源污染控制 年径流污染物总量削减率 年均溢流体积削减率 年均溢流频次	建成区绿地率 人均公共绿地面积 森林覆盖率 建成区水面率 年径流总量控制率 城市透水地面面积比率 城市热岛值 生态岸线率 地下水埋率 径流体积 径流峰值控制	管网漏损率 饮用水源水质达标率 水质综合达标率 人均管网基数 城市排水管网建设 地下水超采率 水资源满足程度	再生水利用率 污水收集处理率 废水处理率 雨水资源利用率 城市用水重复利用率 生态环境缺水率	海绵体建设投资率 万元 GDP 水耗 人均 GDP 就业率	海绵城市政策制度 技术标准的制定及落实 管理规章制度落实 节水用水宣传教育 公众参与度 节水与水环境意识

2. 海绵城市建设绩效评价指标的再次筛选

在经过频度分析法初步筛选的基础上，得到了 40 个关于海绵城市建设绩效评价的指标，进一步借助德尔菲法，请高校相关专业的教授，以及与海绵城市建设相关的专家及部门人员对指标进行重要性打分，各指标按"非常重要""比较重要""一般重要""可能重要""可以忽略"分别赋予 5、4、3、2、1 的分值，并结合开放式修改意见的形式，专家也可根据自身对海绵城市的理解，加入或者删除指标，对海绵城市建设绩效评价指标进行再次筛选。专家意见征询表采用变异系数法进行统计，因为指标所得分值的算术平均值体现专家的"意见集中度"，变异系数表示专家的"意见协调度"。

假设 X_{ij} 表示第 i 个专家第 j 个指标的得分，现在共有 n 个专家，m 个指标。其中 j 指标所得分值的算术平均值公式为：

$$M_j = \frac{1}{n} \sum_{i=1}^{n} X_{ij} \qquad (6-1)$$

j 指标所得分值的标准差公式为：

$$S_j = \sqrt{\frac{1}{n-1} \sum_{i=1}^{n} (X_{ij} - M_j)^2} \qquad (6-2)$$

j 指标所得分值的变异系数公式为：

$$V_j = S_j / M_j \qquad (6-3)$$

具体筛选指标思路是：通过对专家意见的征询，统计指标数据时，首先分别计算出各指标的变异系数，若变异系数太大，则代表专家对该指标数据的意见分歧较大，则剔除该指标，若变异系数较小则保留该指标；其次再根据指标得分的算术平均值进行筛选，剔除算术平均数较低的指标，结束后对指标进行调整，最终筛选出 25 个与海绵城市建设绩效评价相关的指标。海绵城市建设评价指标选取结果如表 6-2 所示：

表 6-2 海绵城市建设评价指标选取结果

指标代码	海绵城市建设绩效评价指标
S1	建成区绿地率
S2	生态岸线率
S3	地下水埋率
S4	建成区水面率
S5	年径流总量控制率
S6	径流峰值控制
S7	城市热岛值
S8	再生水利用率
S9	雨水资源利用率
S10	水资源满足程度
S11	地表水Ⅲ类及以上水体比率
S12	地下水Ⅲ类及以上水体比率
S13	非点源污染控制率

续表

指标代码	海绵城市建设绩效评价指标
S14	年径流污染物总量削减率
S15	年均溢流频次
S16	径流峰值控制
S17	地下水超采率
S18	管网漏损率
S19	饮用水源水质达标率
S20	人均管网基数
S21	人均 GDP
S22	万元 GDP 水耗
S23	海绵体建设投资率
S24	海绵城市政策制度
S25	节水用水宣传教育

资料来源：指标 S7 – S13 参考了朱伟伟. 海绵城市评价指标体系构建与实证研究 [D]. 杭州：浙江农林大学硕士论文，2016.

3. 海绵城市建设绩效评价指标的最终筛选

在经过前两次初步筛选的基础上，得到了 25 个与海绵城市建设绩效评价相关的可以被量化的指标。所得出的指标都是有评判标准的，也就是可以对其重要性打分进而得出重要性的量化数据。本研究中采用德尔菲法进行评价指标，利用微信发放电子问卷的方式，邀请本校有对海绵城市有过相关研究的教授、邀请城建单位与海绵城市建设相关的专家及部门人员对这些评价指标进行重要性打分。所有的评价指标均按照"非常重要""比较重要""一般重要""可能重要""可以忽略"分别赋予 5、4、3、2、1 的重要性值，共收回有效问卷三百多份。利用问卷中设计的专业性识别问题以及问卷的作答时间可以剔除一些不专业或者作答不认真的非有效问卷。

将所有的问卷调查结果带入结构方程模型中可以通过模型匹配判断

指标的重要性以及显著性。对于显著性不高的指标可以进行剔除，即完成了对指标的最终筛选。具体的模型构建以及模型匹配拟合等内容，在后文中详细叙述。

（三）评价指标总体框架的构建

根据以上六个设计原则，经过频度统计法、理论分析法和德尔菲法等最终筛选出 25 个海绵城市建设绩效评价指标。本书从海绵城市的自身特征出发，依据海绵城市建设目标，参照国家《海绵城市建设绩效评价与考核办法（试行）》标准，建立以层次分析法为核心的海绵城市建设绩效评价指标理论体系，把基于海绵城市建设绩效评价指标评价体系分为三个层次：目标层、基准层和指标层。

目标层：目标层为该评价体系的最高层的综合指标，用于判断城市在实施海绵城市建设后的总体绩效值，主要受到测量模型中其他潜在变量的影响。

基准层：综合指标的下层指标，主要构成了结构方程模型的测量模型，是对海绵城市建设评价的显性指标的量化。其中，基准层在本研究中包括六个方面，分别是水生态、水资源、水安全、水环境、水经济和水制度。

指标层：是在基准层下的具体评价指标，用以反映影响海绵城市建设绩效的具体方面，根据实际情况，这些指标可分为定性指标以及定量指标。

最终以水生态、水资源、水环境、水安全、水经济、水制度六个目标作为基准层，用不同的指标衡量建设成效，经过多次指标筛选优化后，建立了海绵城市建设绩效评价指标体系框架。结果如图 6-1：

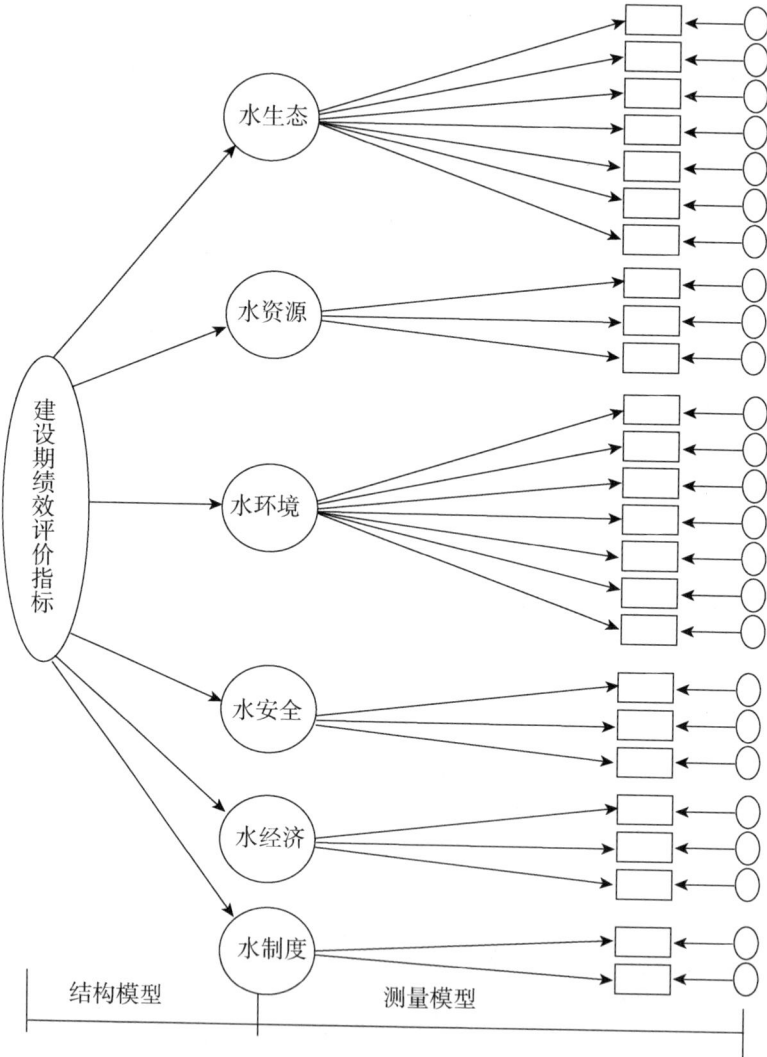

图 6-1　海绵城市建设绩效评价指标体系框架

二、基于结构方程模型海绵城市建设绩效评价假设

(一) 理论模型构建及假设

根据第三部分对海绵城市指标体系的构建,一共识别了六个外在的潜在变量,分别是"水生态"(A)、"水资源"(B)、"水环境"(C)、"水安全"(D)、"水经济"(E)、"水制度"(F)。外生观测变量共有 25 个 (S1—S25),与潜在变量共同构成了结构方程的测量模型。潜在变量与海绵城市建设绩效评价指标(Z)的总目标构成结构方程的结构模型。这便构成了一个完整的结构方程模型。

模型估计前,我们对海绵城市绩效评价指标模型进行假设:

(1) 水生态和海绵城市建设绩效有正相关作用。海绵城市建设的首要目的就是解决水的问题,水生态又是整个生态系统重中之重。建设海绵城市就是要考虑如何处理水生态的问题,本研究假设水生态的优化及改善对海绵城市建设有正向作用。

(2) 水资源和海绵城市建设绩效有正相关作用。城市的水资源是有限的,正确处理好水资源的问题是海绵城市建设的目标之一,因此,本研究假设水资源的处理对海绵城市建设绩效有正向作用。

(3) 水环境和海绵城市建设绩效有正相关作用。水环境是构成环境的基本要素之一,是人类赖以生存的重要场所。因此,本研究假设水环境的优化对于海绵城市建设有正向作用。

(4) 水安全和海绵城市建设绩效有正相关作用。水安全主要是指在城市建设过程中对于防范水质污染、洪涝以及水量短缺等的安全性问题。因此,本研究假设水安全对于海绵城市建设有正向作用。

(5) 水经济和海绵城市建设绩效有正相关作用。水经济主要是指用水的成本问题以及水资源的开发利用效率等。本研究假设水经济对海绵城市建设有正向作用。

（6）水制度和海绵城市建设绩效有正相关作用。水制度主要包括节约用水的管理和措施以及用水的计划等。本研究假设水制度和海绵城市建设绩效之间有正向作用。

（二）模型拟合

理论模型构建完成以后，我们就对模型进行求解，即模型拟合，主要对各个具体评价的权重进行估计，即求得参数使模型隐含的协方差矩阵与样本协方差的"差距"最小。将调查问卷的有效数据导入通过数据处理软件 SPSS 中进行初步的处理，根据问卷调查中的指标按照重要性程度进行赋值并给变量设定好变量性质名称以及求解数字特征。将处理过的数据导入结构方程模型 AMOS22.0 软件中，我们所要求解的是使得总体的协方差能够与样本的协方差尽可能地接近，我们定义它们之间的距离为拟合函数。参数估计就是要求解出能够使拟合函数达到最小值，这也就是求再生协方差矩阵。参数估计的方法有多种可供选择，最常用的是极大似然估计。该方法具有渐进无偏估计、渐进有效估计、渐进正态分布、一致估计、可对理论模型进行整个模型检验的优点，因而成为结构方程模型验证性因子分析中最常用的估计方法[1]。

为了清晰地表达结构参数和指标之间的路径系数，本书采用路径图的方式来表示。路径图中的矩形框表示观察变量，直线箭头表示变量间有因果关系，箭头由原因变量指向结果变量；测量模型中的椭圆形表示的是潜在变量，图中共有六个基准层；测量模型的右边小圆形代表的是各个观测变量的误差项；最左边的结构模型中大椭圆形表示的是最高目标层。运用软件对参数进行求解的结构方程模型（见图6-2）：

---

① 邓小鹏，袁竞峰，陆莹，等. 地铁项目安全绩效关键影响因素分析研究 [J]. 中国安全科学学报，2010（2）：110-115.

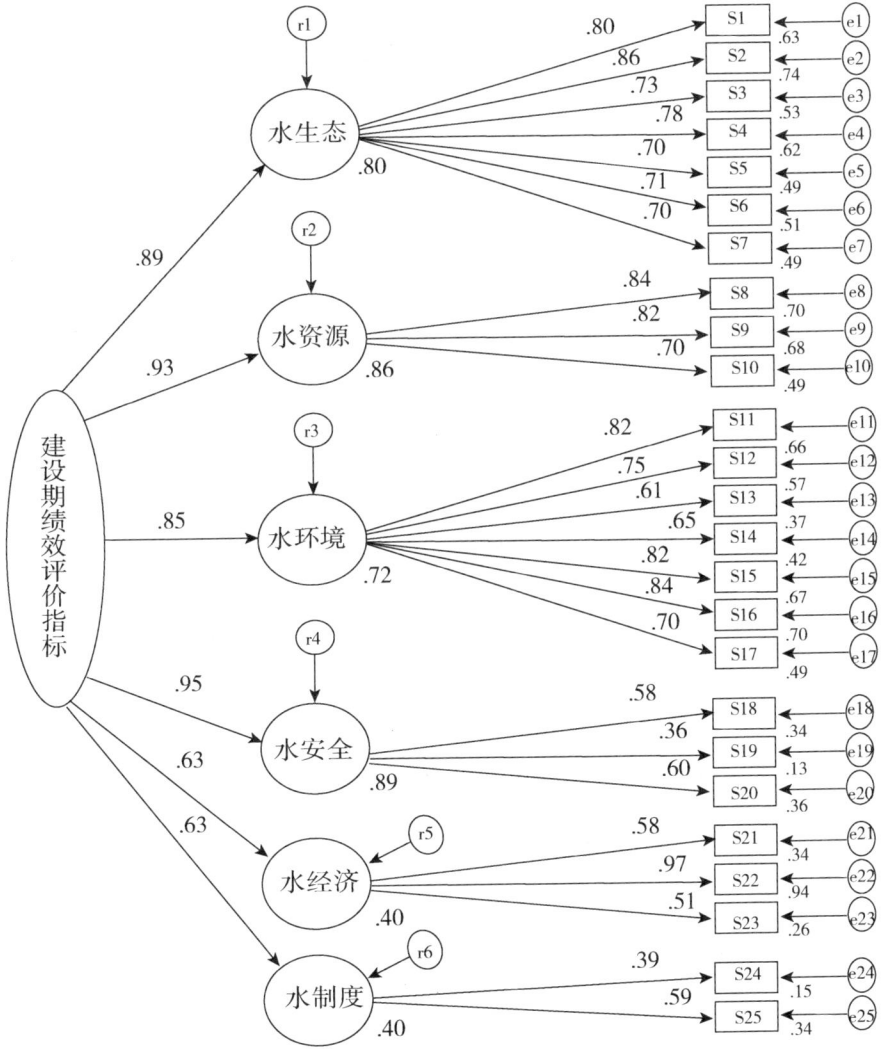

图 6-2 海绵城市建设绩效评价模型 I

根据模型运算得到模型的适配度，从 AMOS 软件中导出 text 文本数据可以得到适配度的衡量结果如表 6-3 所示：

表6－3　建设期绩效评价模型 I 的适配度指标

绝对适配度					增值适配度			简约适配度		
CMIN/DF	RMR	RMSEA	GFI	AGFI	TLI	CFI	NFI	PNFI	PCFI	PGFI
2.264	0.088	0.096	0.968	0.926	0.806	0.701	0.575	0.517	0.628	0.504

从表6－3可见，绝对适配度 CMIN/DF = 2.264 < 3，RMR = 0.088 > 0.05，GFI = 0.968 > 0.9，RMSEA = 0.096 < 0.10，AGFI = 0.926 > 0.9；增值适配度 TLI = 0.806 < 0.9（拟合度不优），CFI = 0.701 > 0.5，NFI = 0.575 > 0.5；简约适配度 PNFI = 0.517 > 0.5；PCFI = 0.628 > 0.5；PGFI = 0.504 > 0.5。大部分指数已达标，绝对适配度和简约适配度基本合格，可以达到一般适配的标准，虽然增值适配度中 TLI 的匹配度不够高，但是在理论模型可以接受的范围内。

采用极大似然估计（ML）得出的模型回归系数以及显著性水平如表6－4所示。

表6－4　结构方程的极大似然估计（ML）估计结果

建设期第一次 指标名称	非标准化估计			误差矩阵估计		
	Estimate	SE	CR	Estimate	SE	CR
A	1			0.08	0.034	2.364
B	1.187	0.187	6.331	0.073	0.050	1.452
C	0.763	0.176	4.341	0.129	0.047	2.723
D	0.692	0.187	3.698	0.021	0.060	0.359
E	0.336	0.172	1.951	0.221	0.089	2.482
F	1.036	0.183	5.674	0.052	0.050	1.029
S1	1			0.226	0.045	5.037
S2	1.288	0.159	8.106	0.226	0.051	4.451
S3	0.991	0.152	6.520	0.341	0.065	5.270
S4	0.987	0.137	7.204	0.237	0.047	5.056

续表

建设期第一次	非标准化估计			误差矩阵估计		
指标名称	Estimate	SE	CR	Estimate	SE	CR
S5	0.927	0.149	6.203	0.349	0.065	5.374
S6	1.099	0.175	6.291	0.453	0.086	5.288
S7	1.092	0.177	6.176	0.476	0.089	5.352
S8	1			0.218	0.056	3.863
S9	1.018	0.128	7.963	0.252	0.064	3.955
S10	0.830	0.142	5.843	0.362	0.073	4.923
S11	1			0.233	0.052	4.491
S12	1.644	0.907	1.813	0.446	0.092	4.845
S13	1			0.451	0.082	5.481
S14	0.723	0.338	2.137	0.405	0.074	5.476
S15	1.381	0.353	3.908	0.273	0.059	4.669
S16	1			0.247	0.055	4.530
S17	1.523	0.268	5.675	0.468	0.087	5.352
S18	0.659	0.176	3.736	0.395	0.096	4.116
S19	1			0.686	0.123	5.591
S20	1.121	0.155	7.222	0.681	0.168	4.046
S21	0.754	0.149	5.074	0.725	0.127	5.709
S22	0.797	0.141	5.632	0.054	0.129	5.509
S23	1.107	0.147	7.528	0.449	0.078	5.758
S24	1.120	0.144	7.803	0.482	0.097	4.978
S25	0.993	0.157	6.316	0.451	0.159	2.838

CMIN/DF = 2.264、RMSEA = 0.096

可以发现，在模型 I 中，各个指标分组之间也就是潜在变量之间的相互关系并没有考虑进去。明确地理解它们之间的关系，对于最终识别出的所有指标具有重要的意义。由于各个潜在变量之间可能会存在一些相关性，但在模型 I 中未加以考虑，根据模型适配度中给出的相关路径的可能修正路径，本书将模型进行了适当的修正。由于考虑潜在变量之间的影响时可以将结构模型改为不考虑最高目标层的形式，故最终调试的路径如图 6 - 3 所示：

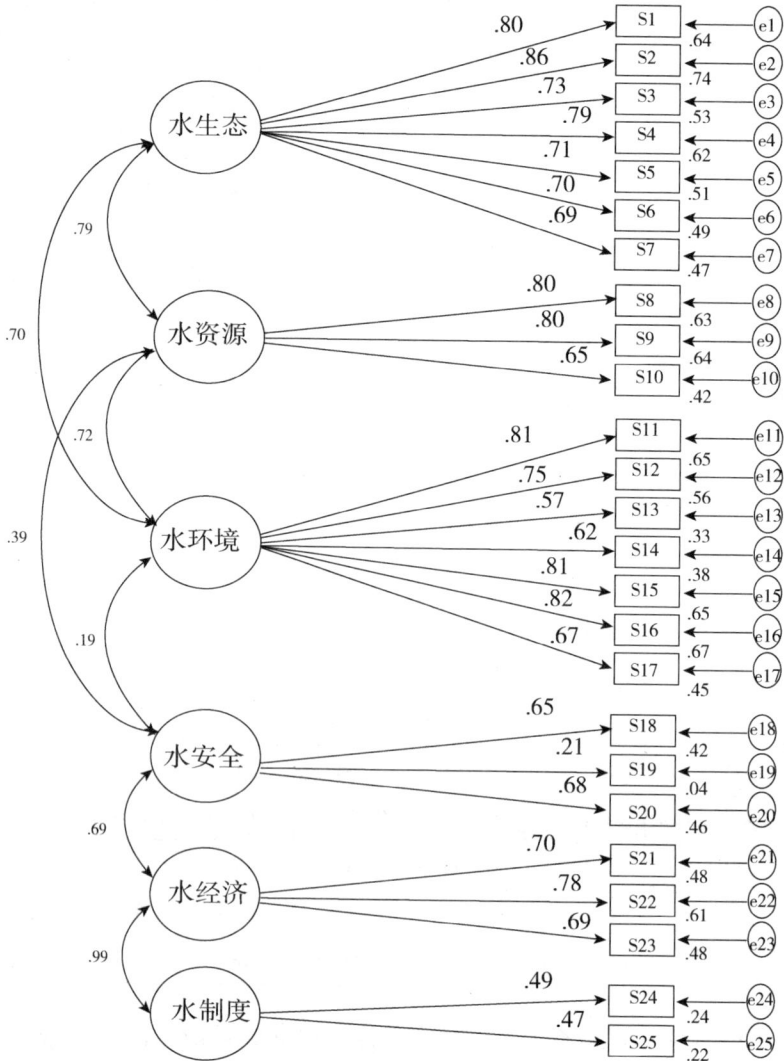

图 6 - 3　海绵城市建设绩效评价修正模型 II

根据模型运算得到模型的适配度，从 AMOS 软件中导出 text 文本文件可以得到适配度的衡量结果如表 6-5 所示：

表 6-5 建设期修正模型 II 的适配度指标

绝对适配度					增值适配度			简约适配度		
CMIN/DF	RMR	RMSEA	GFI	AGFI	TLI	CFI	NFI	PNFI	PCFI	PGFI
1. 196	0. 158	0. 092	0. 912	0. 929	0. 864	0. 700	0. 576	0. 515	0. 625	0. 504

从表 6-5 可见，绝对适配度 CMIN/DF = 1. 196 < 3，RMR = 0. 158 > 0. 05，GFI = 0. 912 > 0. 9，RMSEA = 0. 092 < 0. 10，AGFI = 0. 929 > 0. 9；增值适配度 TLI = 0. 864 < 0. 9（拟合度不优），CFI = 0. 700 > 0. 5，NFI = 0. 576 > 0. 5；简约适配度 PNFI = 0. 515 > 0. 5；PCFI = 0. 625 > 0. 5，PGFI = 0. 504 > 0. 5。大部分指数已达标，绝对适配度和简约适配度基本合格，可以达到一般适配的标准，虽然增值适配度中 TLI 的匹配度不够高，但是在理论模型内可以接受。

修正后海绵城市建设绩效评价模型的回归系数以及显著性水平如表 6-6 所示。

表 6-6 修正后海绵城市建设绩效评价模型的估计结果

建设期修正	非标准化估计			误差矩阵估计		
指标名称	Estimate	SE	CR	Estimate	SE	CR
S1	1			0. 222	0. 044	4. 985
S2	1. 277	0. 157	8. 126	0. 229	0. 052	4. 429
S3	0. 990	0. 150	6. 581	0. 338	0. 065	5. 236
S4	0. 986	0. 135	7. 287	0. 233	0. 046	5. 014
S5	0. 938	0. 148	6. 347	0. 337	0. 063	5. 313
S6	1. 077	0. 174	6. 190	0. 467	0. 088	5. 280
S7	1. 063	0. 176	6. 047	0. 495	0. 092	5. 372

建设期修正	非标准化估计			误差矩阵估计		
指标名称	Estimate	SE	CR	Estimate	SE	CR
S8	1			0.224	0.055	4.078
S9	1.038	0.127	8.150	0.238	0.060	3.984
S10	0.831	0.141	5.914	0.365	0.072	5.049
S11	1			0.433	0.092	4.692
S12	1.050	0.331	3.169	0.536	0.110	4.878
S13	1			0.344	0.078	4.426
S14	0.371	0.249	1.489	0.756	0.131	5.788
S15	1.393	0.321	4.337	0.575	0.141	4.077
S16	1			0.562	0.119	4.737
S17	1.022	0.187	5.475	0.350	0.095	3.689
S18	0.740	0.151	4.913	0.318	0.072	4.436
S19	1			0.222	0.052	4.285
S20	1.127	0.151	7.480	0.427	0.091	4.684
S21	0.731	0.148	4.947	0.462	0.084	5.485
S22	0.780	0.140	5.584	0.411	0.075	5.483
S23	1.097	0.146	7.523	0.271	0.060	4.548
S24	1.103	0.142	7.755	0.251	0.056	4.470
S25	0.969	0.155	6.258	0.479	0.089	5.377

CMIN/DF = 2.276、RMSEA = 0.096

从模型的估计参数和拟合指数中我们可以看出，在对模型Ⅰ进行修正以后，我们可以得到一个相对拟合度更高的模型。虽然说拟合度变得更优化，但是模型中想要确定的初级权重无法获取，而且各个潜在变量分支的权重基本保持不变。因此，本书依然按照模型Ⅰ中所获得的估计进行指标权重的确定，则最终运用结构方程模型筛选的海绵城市建设绩效评价指标体系选取结果及指标权重如表6-7所示：

表 6 - 7　海绵城市建设绩效评价指标选取结果及指标权重

海绵城市建设绩效评价指标	代码	权重	标准化值
水生态	A	0.892	0.183
水资源	B	0.925	0.190
水环境	C	0.849	0.174
水安全	D	0.945	0.194
水经济	E	0.634	0.130
水制度	F	0.634	0.130
建成区绿地率	S1	0.795	0.151
生态岸线率	S2	0.861	0.163
地下水埋率	S3	0.727	0.138
建成区水面率	S4	0.784	0.148
年径流总量控制率	S5	0.7	0.133
径流峰值控制	S6	0.713	0.135
城市热岛值	S7	0.702	0.133
再生水利用率	S8	0.837	0.355
雨水资源利用率	S9	0.822	0.348
水资源满足程度	S10	0.701	0.297
地表水Ⅲ类及以上水体比率	S11	0.815	0.157
地下水Ⅲ类及以上水体比率	S12	0.752	0.145
非点源污染控制率	S13	0.606	0.117
年径流污染物总量削减率	S14	0.648	0.125
年均溢流频次	S15	0.821	0.158
年均溢流体积削减率	S16	0.837	0.162
地下水超采率	S17	0.702	0.135
管网漏损率	S18	0.581	0.376
饮用水源水质达标率	S19	0.365	0.236
人均管网基数	S20	0.600	0.388

续表

海绵城市建设绩效评价指标	代码	权重	标准化值
人均 GDP	S21	0.581	0.281
万元 GDP 水耗	S22	0.972	0.470
海绵体建设投资率	S23	0.513	0.248
海绵城市政策制度	S24	0.391	0.401
节水用水宣传教育	S25	0.585	0.599

根据图中的指标体系和指标权重，建立了海绵城市建设期绩效评价模型，具体表述为：

$$U = \sum_{j=1}^{n} W_j P_j \qquad (6-4)$$

式中，U 为海绵城市评价的总得分，n 为参评指标的个数，W_j 为第 j 个参评指标的权重，P_j 为第 j 个参评指标的对应数值，W_j 为指标权重。

三、建设期海绵城市评价指标释义[①]

（1）S1 建成区绿地率。绿地率是衡量绿地规模与城市空间大小的重要指标，它表征着城市绿地的生态效益。作为可降低城市地表径流的天然渗透设施，绿地具有透水性强、雨洪就地消纳，截留和削减污染物等优点，它对城市生态环境具有正效应。其计算公式为：

建成区绿地率 = 建成区园林绿地面积/建成区总面积　（6-5）

（2）S2 生态岸线率。该指标是指保护既有的自然岸线，或者人工生态修复的办法构筑具有自然岸线属性的岸线。它对水生态呈正向作用，其计算公式为：

生态岸线率 = 水体生态岸线长度/（岸线总长度 - 必要的生态岸线

---

① 本部分的评价指标释义参考了朱伟伟. 海绵城市评价指标体系构建与实证研究 [D]. 杭州：浙江农林大学，2016.

及防洪生态岸线长度）　　　　　　　　　　　　　　（6－6）

（3）S3 地下水埋率。该指标是指按照《地下水检测工程技术规范》规定的方法，检测城市建成区地下水潜水水位变化情况，对海绵城市缓解地下水潜水水位下降情况进行评价的指标。将海绵城市建设前建成区地下水潜水水位的平均降幅 $\triangle h1$ 与建设后建成区地下水潜水水位的平均降幅 $\triangle h2$ 进行比较，$\triangle h1 - \triangle h2 > 0$，或者建设后建成区地下水潜水位上升。它对城市水生态起正向作用。

（4）S4 建成区水面率。该指标是指城市建成区中可承载水域功能的区域面积占建成区总面积的百分比。湖泊、溪流、湿地、池塘在城区水域行洪除涝和抗旱调水过程中发挥着重要作用。保有适宜的水面率是调节城市小气候，降低热岛强度，改善人居环境的重要保证。该指标越高，表明该城市的水域面积占城市建成区总面积的比例越大，对城市生态环境具有正效应。其计算公式为：

建成区水面率 ＝建成区水域面积/建成区总面积　　（6－7）

（5）S5 年径流总量控制率。是指通过自然系统和人为控制不外排的雨量占全年总降水量的比例。该指标越大，表明该城市面临的雨涝危机越小，它对城市生态环境具有正效应，其计算公式为：

年径流总量控制率 ＝100％ － 全年外排的径流雨量占全年总降雨量的比例　　　　　　　　　　　　　　　　　　（6－8）

（6）S6 径流峰值控制。低影响开发系统能够通过各种设施的渗透和储蓄能力，将雨水径流纳入地下水层或者储存在种植土壤层的空隙中，或者暂存在调蓄设施形成的蓄水容积中，也可通过植物进行截留等，达到削减延迟洪峰的作用。洪峰控制和削减是海绵城市规划设计的主要控制目标之一。它对城市生态环境具有正效应。

（7）S7 城市热岛值。城市热岛效应是指城市出现市区气温比周围郊区高的现象。一般采用市区 6—8 月与对应时期区域腹地（郊区、农村）的日最高气温平均值的差值来表示。可综合气象站法和定点观测法两种测算结果。该指标值越大，表明城市气温差值越高，它对城市的生态环境具有负效应。

（8）S8 再生水利用率。城市污水是一种水量稳定、供给可靠的潜在水源，对其加以再生利用是实现开源节流、减轻水体污染、解决城市缺水现状的有效方法。污水再生利用包含净化再利用、水循环实行的全过程。再生水利用率较高对城市水资源供给具有正效应，其计算公式为：

$$再生水利用率 = 再生污水量/总污水量 \qquad (6-9)$$

（9）S9 雨水资源利用率。按照《海绵城市建设绩效评价与考核办法（试行）》中有关"雨水资源利用率"的规定，通过透水铺装、植草沟、雨水花园等方式收集的雨水量，加上市政杂用、冷却等的雨水总量，与年均降雨量的比值。对城市海绵体的吸水、蓄水、渗水、净水等情况，可通过雨水资源利用来测算，它对城市水资源供给具有正效应。其计算公式为：

$$雨水资源利用率 = 雨水资源利用量/降水总量 \qquad (6-10)$$

（10）S10 水资源满足程度。水资源满足程度可作为城市水源涵养能力和水资源可持续供给动力的衡量指标。如贵阳市 2017 年全年的水资源总量为 52.65 亿 m^3，而供水总量为 10.77 亿 m^3。海绵城市建设应包括城市自身供水能力的提升、植被恢复、养护水源等重要举措。它对城市水资源供给具有正效应，其计算公式为：

$$水资源满足程度 = 城市可供水量/城市需水量 \qquad (6-11)$$

（11）S11 地表水Ⅲ类及以上水体比率、S12 地下水Ⅲ类及以上水体比率。地表水渗透形成地下水，地下水进入河湖和沼泽，成为地表水，两者可相互转化。地下水具有分布广、水质好、储存量大等优点，在很大程度上弥补了地表水存在时空分布不均、动态变化大的缺陷，因而成为我国北方城市不可缺少的重要供水水源。地表水和地下水水质达标率反映了水资源优化程度和城市居民饮用水的安全程度。它们对城市水环境修复具有正效应，其计算公式分别为：

地表水Ⅲ类及以上水体比率＝地表水Ⅲ类及以上/地表水资源总水量

(6 - 12)

地下水Ⅲ类及以上水体比率＝地下水Ⅲ类及以上/地下水资源总水量

(6 - 13)

（12）S13 非点源污染控制率。水环境污染通常包括以工业废水和城市污水随意排放造成的点源污染和以农药、化肥等有毒物质、秸秆农膜等有害固体废弃物任意排放造成的非点源污染。非点源污染通过农田排水和地表径流的途径流入地表水体，因具有分散性、隐蔽性、随机性、模糊性等特性而难以监测和量化。考虑到获取数据的准确性，本书采用农药、化肥及农膜施量与耕地面积的比值作为非点源污染的测度指标。它对城市水环境修复具有正效应，其计算公式为：

非点源污染控制率＝农药、化肥及农膜施量/耕地面积(6 - 14)

（13）S14 年径流污染物总量削减率。年污染物总量削减率是指通过年溢流水量控制与水质处理实现的特定污染物的削减量与污染物总量的比值。它对城市水环境修复具有正效应。

（14）S15 年均溢流频次。该指标是基于监测与模型模拟得到的各CSO 排放口的多年平均溢流频次。从各地近年编制的海绵城市专项规划、海绵城市建设与黑臭水体治理方案来看，多用年均溢流频次作为指标或标准。

（15）S16 年均溢流体积削减率。该指标指多年通过雨污分流、截流、调蓄、处理等措施削减或收集处理的雨天溢流雨污水体积与总溢流体积的比值。

（16）S17 地下水超采率。地下水的超量开采容易形成大面积的地下水位降落漏斗，导致地面沉陷和滨海地区遭海水入侵，破坏水动力平衡状态。严格控制地下水采用量，充分利用雨水、再生水增加地下水的有效补给是海绵城市建设中调整水资源配置的重要环节。它对城市水环境修复具有正效应，其计算公式为：

$$地下水超采率 = 地下水资源超采量/地下水资源总量 \quad (6-15)$$

（17）S18 管网漏损率。该指标反映了地区供水系统的供水效率。海绵城市实现雨水在城区的积存以确保城市供水安全、排水防涝安全为前提，供水管网安全是安全供水的重要环节。根据中国供水协会统计，我国城市供水管网漏失率为 27%，远高于《城市供水管网漏损控制及评定标准》中的规定值。改造危旧水管网，控制漏损率是城市水资源有效供给的保障。它对城市水安全构建具有负效应，其计算公式为：

$$管网漏损率 = 管网漏水量/供水总量 \quad (6-16)$$

（18）S19 饮用水源水质达标率。该指标是指城市集中式饮用水源中取水总量与取水中达到《生活饮用水卫生标准》的饮用水水源水质要求水量的比例，它反映了城市居民饮用水的安全保障程度，对城市水安全构建具有正效应。相关数据可以从地方统计局获得，其计算公式为：

$$饮用水源水质达标率 = 达标水量/总取水量 \quad (6-17)$$

（19）S20 人均管网基数。城市的污水排放量随着城市人口的增加和经济的发展而增加，完善城市排水管网的建设、改环状排水管网为树枝状排水以提高污水输送效率是目前亟待解决的问题之一。它对城市水安全构建具有正效应，其计算公式为：

$$人均管网基数 = 城市排水管网总长度/总人口数 \quad (6-18)$$

（20）S21 人均 GDP。人均 GDP 是直接反映区域经济发展水平、人民生活水平和收入水平的重要指标。人均 GDP 越高，海绵城市建设的投入资金就越高，海绵城市的建设速度就越快。它对城市水经济发展具有正效应，其计算公式为：

$$人均 GDP = 总 GDP/总人口数 \quad (6-19)$$

（21）S22 万元 GDP 水耗。该指标是指企业每万元工业产值所消耗的水量,它不仅是海绵城市建设成效的衡量指标,也是推进节水型社会建设的核心指标,反映城市节能降耗的情况。它对城市水经济发展具有负效应。相关数据可从统计年鉴直接获取,其计算公式为:

$$万元 GDP 水耗 = 总用水量/总 GDP \qquad (6-20)$$

(22)S23 海绵体建设投资率。优越的社会经济条件、配套资金的投入是推动海绵城市建设的动力。根据住建部估算,建设 1 平方千米的海绵城市建设成本约为 1 亿～1.5 亿元。它对城市水经济发展具有正效应,其计算公式为:

$$海绵体投资占 GDP 比重 = 海绵城市投入资金/GDP 比重$$

$$(6-21)$$

(23)S24 海绵城市政策制度。城市雨洪的蓄排顺畅、合理利用是一项关乎民生、关乎城市安全运营的生态工程,也是一项公共政策。住建部发布海绵城市建设指南后,又陆续出台了相关政策,鼓励各省市,尤其是缺水、内涝严重的城市尽快开展海绵城市专项规划的编制工作。海绵城市建设以政府为主导,相关的优惠政策力度越大,地方开展海绵体建设的工程技术能力越强,提高水资源利用效率的动力就越大。它对城市水制度建立具有正效应,并以是否开展海绵城市专项规划的编制作为评价依据,是一个定性指标。

(24)S25 节水用水宣传教育。该指标为定性衡量指标,主要关注是否在城区公共建筑及高校校园中贴有节水宣传标牌,是否在市民中分发过节约用水的宣传手册,是否开展了水文化介绍和教育专题讲座,是否普及推广使用节水器具等。以上种种考评都被列入节水用水宣传教育的最终得分中。它对于城市水制度建立具有正效应,其计算公式为:

$$节水宣传教育 = 节水宣传教育总得分/总调查人数 \qquad (6-22)$$

第二节　基于贵安新区的海绵城市评价体系案例分析

一、贵安新区海绵城市建设条件与现状分析①

（一）自然地理概况

（1）地理位置。贵安新区位于贵州省中部，长江水系和珠江水系的分水岭地带，东临贵阳市花溪区，南接黔南州长顺县，西靠安顺市，北跨清镇市红枫湖。地理坐标为东经 106°00′~106°45′，北纬 26°20′~26°40′，规划面积 1795 平方千米，规划行政区涵盖了贵阳市花溪区、清镇市，安顺市平坝区、西秀区部分地区，构建了以贵安新区和贵阳市主城区、金阳新区为核心的一体化行政区块。贵安新区的最低点为东部的红枫湖，属于贵阳西南"一湖五库"流域范围。

贵安新区整体地形近似呈矩形块状，地貌形态有山地、丘陵、盆地、河谷，以低山丘陵地貌为主，是比较典型的低山、低中山地区。总体地势西高东低，海拔多在 1100 米~1600 米，主要有石人坡—凤凰山、九龙山—天台山老望坡、飞虎山—大偏山、高峰山、塔冒山、安妹山等山脉，把新区划分为 4 个槽谷平坝地区。

（2）气候条件。贵安新区气候介于亚热带湿润温和气候与典型高原型湿润亚热带季风气候之间，具有高原性和季风性气候特点，四季分明，气候主要特点是凉爽、湿润、清新、太阳辐射低。年日照时数 1220 小时，年平均温度 14.1℃~15℃，年降雨量 943 毫米~1360 毫米，年无霜期 300 天。夏季平均温度 23.2℃，最高温度在 25℃－28℃，近

---

① 本部分参考了朱桂云，吴大华. 贵安新区发展报告（2016—2018）［M］. 北京：社会科学文献出版社，2018.

五年高于 30℃的日数平均仅为 35.8 天，大于 35℃的天数仅为 0.3 天。年平均风速为 2.5 米/秒，静风频率 19%，常年主导风向为东北风。

（3）水文地质。贵安新区内地层分布以三叠系碳酸盐岩地层最广，二叠系次之，其中碳酸盐岩类分布面积达 455 平方千米，占区内总面积的 88%。岩溶水是区内储量最大最具开发利用价值的地下水类型，且可细分为溶洞—管道水、孔隙—裂隙水、裂隙—溶洞水三类。区内地下水主要接受大气降雨补给，其动态变化与降雨密切相关，丰水季节通常为每年的 5 月、9 月。新区中东部地下水埋深较浅，区域地下水埋深均在 0—50 米，适合人工机井开采。①

贵安新区大部分地区尤其是中东部平坝—红枫湖一带，土层浅薄、基岩裸露、表层岩溶发育、地表地下水联系紧密，使得其地下水环境具有高度的敏感性和脆弱性，地下水环境问题易发。根据新区的水文地质特征，按岩溶地下水出露条件，可将工作区划分为地下河系统、岩溶泉系统、集中排泄带岩溶地下水系统以及分散排泄岩溶地下水系统四大类。②

（4）河流水系。规划区分属长江流域乌江水系及珠江流域红水河水系，以中小型河流为主，自西向东有羊昌河、麻线河、马场河、三岔河等，水系分布受构造控制，重要河流多沿褶皱、断层发育，如羊昌河与羊昌河向斜、马场河与马场断层等。贵安新区现有水域面积 7198 公顷，面积超过 10 公顷的水库有 21 个，流域面积大于 20 平方千米的河流有斯拉河、乐平河、邢江河、麻线河和马场河 5 条河流。另外，还有汇入松柏山水库和花溪水库的车田河、冷饭河、羊艾河等支流，汇入阿哈水库的小车河，汇入百花湖的东门桥河和高家河等。

---

① 罗维，杨秀丽，罗伟. 贵安新区地下水环境现状及保护对策 ［J］. 环保科技，2014（4）：30－33.
② 罗维，杨秀丽，罗伟. 贵安新区地下水环境现状及保护对策 ［J］. 环保科技，2014（4）：30－33.

流域包括 6 个区域：红枫湖、阿哈水库、百花湖、花溪水库、松柏山水库和青岩河。其中红枫湖流域约占 72%，为新区内最大的流域，流入红枫湖的主要河流水系有邢江河—羊昌河、麻线河、马场河、乐平河，其中邢江河—羊昌河入湖流量约占 60%。

（二）经济社会概况

（1）经济发展。[①] 2018 年，初步核算，直管区实现地区生产总值 138.3 亿元，同比增长 12.9%。城镇、农村居民可支配收入分别达 29300 元、13700 元，同比分别增长 8%、9%，小于贵阳市，略高于安顺市。工业总产值完成 263.7 亿元，同比增长 42.9%，其中规上企业工业总产值完成 251.5 亿元，同比增长 36.3%。财政总收入完成 40.35 亿元，同比增长 31.6%，其中一般公共预算收入完成 20.2 亿元，同比增长 25.8%。年末金融机构存贷款余额分别达 211 亿元、159.9 亿元，同比分别增长 3% 和 39.2%。旅游综合收入实现 32.8 亿元，同比增长 26.4%。累计完成固定资产投资 1700 多亿元、融资到位超 1000 亿元。

（2）产业结构。贵安新区在产业发展的选择中，始终坚持"高端化、绿色化、集约化"的理念，以大数据为抓手，以新能源汽车为突破口，已初步构建起集"发电端、储能端、配售电端、整车制造端、电桩端、后服务端"于一体的以大数据联通各端、覆盖全域的新能源产业发展新模式。[②] 产业引进培育高端起步，重点发展以大数据引领的高端电子信息制造、大健康医药、高端特色装备制造、高端文化旅游养生、高端服务业等现代产业，苹果、高通、富士康、微软、IBM、华为、腾讯、浪潮等知名企业落户，140 余个重点项目落地或建成投运。

目前腾讯、华为、高通三大电信运营商已经入驻，大数据已经定型，贵安新区已经成为全国的大数据中心，全国大数据产业集聚区、全

---

① 此处数据来自贵安新区财政局发布的贵安新区 2018 年财政收支完成情况。
② 王婉，郑芹. 山水相映　绿色起押 [N]. 人民长江报，2018 - 09 - 29.

国大数据应用与创新示范区、大数据与服务贸易融合发展示范区、大数据双创示范基地、大数据人才教育培训基地。贵安新区人文生态环境良好，历史文化悠久，气候凉爽宜人，森林覆盖率达 42%，屯堡文化、原生态文化绚丽多姿，红枫湖、百花湖、天河潭、平坝农场等著名景区分布其中，拥有国家级风景名胜区 22 处，具备发展高端文化旅游、休闲旅游等资源优势。①

（三）水资源及开发利用现状

（1）水资源概况。贵安新区位于长江和珠江"两江"上游地带，是长江中上游和珠江流域的重要生态屏障。贵安新区近 93% 的面积位于贵阳市主要水源的上游，近 72% 的面积位于红枫湖汇水范围。中心区境内发育的主干河流为车田河，为长江流域水系清水河的一级支流。新区境内共有 6 个地表水集中式饮用水源地和 1 个地下水饮用水源地，水源保护区一、二级面积 232.26 平方千米（占 12.34%），水环境高敏感区占到新区用地的一半以上。

贵安新区每年降雨量 943mm～1360mm，其中作为饮用水源的主要水库有红枫湖、花溪水库、松柏山水库、克酬水库。红枫湖是贵阳市主要饮用水水源，现状城市供水量为 40 万立方米/天。新区大中型水库均位于地势较低的东部，西部为河流发源地，东部可利用水资源量大于西部，造成新区内的水资源时空分布不均。此外，贵安新区区域内地下水位分布不均，地下水主要受大气降雨补给，其动态变化与降雨密切相关，丰水季节通常为每年的 5—9 月。

（2）水环境概况。根据 2018 年贵州省环境保护厅对 9 个市（州）及贵安新区共 153 个监测断面第三季度水质监测情况研究和核算的结果可知，贵安新区在 2018 第三季度水环境质量排名全省第 9。曾在 2017

---

① 张东凯，金祺，杨武．基于 GIS 的贵州贵安新区林地景观格局特征分析［J］．安徽农业科学，2019，47（13）：103－107.

年连续两个季度在贵州省地表水环境质量状况中获得综合排名第一。

贵安新区地表水质量从常规监测结果看，新区地表水 COD 总体较好，氨氮大部分监测断面能达标，区域水体具有一定的绿色容量。饮用水源地水质总体良好，具备作为饮用水源地的基本条件。但湖库总磷、总氮总体超标频率较高，河流总氮、粪大肠菌群总体超标，最大超标倍数在 6 以上。新区地下水总体良好，但大肠菌群菌、细菌总数、锰等指标超标率较高。受喀斯特丘陵盆地的地形地质条件影响，地表水与地下水转换频繁，极易受污染，控制、治理难度大。

根据对贵安新区直管区内麻线河、马场河、甘河、车田河、思丫河等河流断面水质的监测结果显示，五条河流七个断面，均达到 I 类或优于 I 类水质。

（3）水资源开发利用现状。贵安新区面积超过 10 公顷的水库有 21 个，其中作为饮用水源的主要水库有红枫湖、花溪水库、松柏山水库、克酬水库。红枫湖是贵阳市主要饮用水水源，现状城市供水量为 40 万立方米/天。主要集水区有 6 个：红枫湖、阿哈水库、百花湖、花溪水库、松柏山水库、青岩河。其中，红枫湖集水区可细分为 4 个二级区，即羊昌河、麻线河、乐平河、马场河。

由于贵安新区属于长江流域与珠江流域分水岭地带，源短流细，水资源量小，全区地表水可用水资源量 37684 万立方米，地下水可用水资源量 2000 万立方米，区域内可用水资源量的 68% 外输，主要用于给贵阳城区供水，保障贵阳 200 万人用水。① 现有及规划水利工程在扣除贵阳城区用水量后，能用于贵安新区城镇用水的水资源量为 12706 万立方米/年（约合 35 万立方米/日，占全部水资源量的 32%），而预测新区的城镇用水需求量（新鲜水）为 63 万立方米/日，仍存在 20 多万立方米/日的缺口。

---

① 田菊. 贵安新区城市供水下月实施"阶梯价"［N］. 贵州日报，2018－08－02.

二、贵安新区海绵城市评价模型的应用

(一) 数据说明

由于海绵城市建设绩效评价涉及多个领域,贵安新区海绵城市作为海绵城市的批试点,本身属于新区在建项目,数据监测系统还没有形成,因此水环境建设绩效评价所需的相关数据来源受到限制。

本书中的统计数据主要来源于《2017 贵阳市统计年鉴》《2017 年贵阳市水资源公报》《2017 年安顺市环境状况公报》,实地调研贵安新区数据,问卷调查以及相关文献等。

其中一部分定量指标经查阅统计年鉴后直接得出或通过简单运算而得,而另一部分定量指标则是根据贵安新区的海绵城市建设目标以及相关研究文献得到,如参考贵安新区的海绵城市建设目标,获得贵安新区雨水资源率8%,污水再生利用率40%数据;[1] 参考由阳、朱玲、朱淑兰写的模型法《海绵城市建设效果评估——以贵州省贵安新区中心区为例》文献,获得径流峰值削减率达 60.6%,SS 的年污染物去除率达到44.7%,年径流总量控制率为 78.0%数据,以及经过简单计算得到的管网漏损率;此外,[2] 参考由罗维等写的《贵安新区地下水环境现状及保护对策》文献,获得地下水超采率数据等;另外,考虑指标数据的可得性,对于暂时没有标准值或者参考值的定量数据,采取近似代替。比如地下水Ⅲ类及以上水体比率指标数据,采用安顺市数据近似代替贵安新区等;而对于国内刚引入的定量指标,由于实在找不到数据,我们决定指标得分为0。

---

[1] 详见由阳,朱玲,朱淑兰. 模型法海绵城市建设效果评估:以贵州省贵安新区中心区为例 [J]. 给水排水,2018,44 (1):36–43.

[2] 罗维,杨秀丽,罗伟. 贵安新区地下水环境现状及保护对策 [J]. 环保科技,2014,4:30–33.

对于定性指标数据，由定性单指标量化得出。按照百分制划分若干个等级，并制定相应的等级划分细则，采用问卷调查的方式，通过打分调查对定性指标进行量化计算。例如节水宣传教育就是采用打分法确定的。

关于海绵城市建设绩效评价指标的评价值，这里对于正向指标，其评价值若符合标准，则评价值为 1；若小于标准值，其评价值 = 1 -（标准值—现状值）/标准值，该指标的现状值越大得分越高（如建成区绿地率、城市年径流总量控制率）。对于负向指标，若现状值小于标准值，则得分为 1；若大于标准值，其评价值 = 1 -（现状值 - 标准值）/标准值，即该指标的现状值越小越好，如城市热岛程度、地下水超采率。而对于暂时没有标准值或参考值的主观指标，则采用专家打分法或问卷调查的方法，通过制定相应评分等级，获得人们的主观评价，然后再进行量化，得出该指标的评价值。（如表 6 - 8 所示）

表 6 - 8　贵安新区海绵城市评价指标数值

指标	代码	标准值/参考值	现状值/得分
建成区绿地率	S1	≥38%，国家生态园林城市标准	52.94%
生态岸线率	S2	≥70%，海绵城市建设评价标准	100%
建成区水面率	S4	25.10%，国内先进城市的现状值	25.40%
年径流总量控制率	S5	≥75%，海绵城市建设技术指南	78%
径流峰值控制	S6		60.6%
城市热岛值	S7	≤2.5℃，国家生态园林城市标准	3.8℃
再生水利用率	S8	≥20%，海绵城市建设绩效考核评价	40%
雨水资源利用率	S9	62.6%，国内先进城市的现状值	8%
水资源满足程度	S10	国内先进城市的现状值	100%
地表水Ⅲ类及以上水体比率	S11	《地表水环境质量标准》Ⅳ类标准	93.60%

续表

指标	代码	标准值/参考值	现状值/得分
地下水Ⅲ类及以上水体比率	S12	《地下水质量标准》Ⅲ类标准	100%
非点源污染控制率	S13	负向指标取最高值	27.85%
年均污染物总量削减率	S14	50%，海绵城市建设评价标准	44.7%
地下水超采率	S17	负向指标取最高值	1.454%
管网漏损率	S18	<12%，城市供水管网漏损控制及评定标准	13.20%
饮用水源水质达标率	S19	生活饮用水卫生标准	100%
人均管网基数	S20	>4m，国际先进城市的现状值	2.77
人均 GDP	S21	150600 国内先进城市的现状值	20000
万元 GDP 水耗	S22	81m³ 国内先进城市的现状值	43.9
海绵体建设投资率	S23	国内先进城市的现状值	2.20%
海绵城市政策制度	S24	定性指标转化为定量指标后得出	90
节水用水宣传教育	S25	定性指标转化为定量指标后得出	88

资料来源：参考了朱伟伟《海绵城市评价指标体系构建与实证研究》浙江农林大学硕士论文，2016 年，并进行了补充。

　　由于贵安新区海绵城市建设绩效评价指标较多，且不同指标间数据差异性较大，为了使各项指标具有可比性，分别对各个指标进行标准化处理，以消除量纲、数量级以及正负号等。贵安新区海绵城市建设绩效评价各指标经标准化后的取值见表 6-9：

表 6 - 9　贵安新区海绵城市建设评价指标标准化

指标	代码	标准化数值
建成区绿地率	S1	1
生态岸线率	S2	1
地下水埋率	S3	0
建成区水面率	S4	1
年径流总量控制率	S5	1
径流峰值控制	S6	0.606
城市热岛值	S7	0.480
再生水利用率	S8	1
雨水资源利用率	S9	0.128
水资源满足程度	S10	1
地表水Ⅲ类及以上水体比率	S11	0.936
地下水Ⅲ类及以上水体比率	S12	1
非点源污染控制率	S13	0
年均污染物总量削减率	S14	1
年均溢流频次	S15	0
年均溢流频次削减率	S16	0
地下水超采率	S17	0
管网漏损率	S18	0.900
饮用水源水质达标率	S19	1
人均管网基数	S20	0.6925
人均 GDP	S21	0.1328
万元 GDP 水耗	S22	1
海绵体建设投资率	S23	0.220
海绵城市政策制度	S24	0.900
节水用水宣传教育	S25	0.880

（二）评价结果

将表6-9中标准化后的数值代入贵安新区海绵城市建设绩效评价模型，则得到了海绵城市建设绩效评价每个指标的得分（结果见表6-10及图6-4）：

表6-10　贵安新区海绵城市建设绩效评价结果

准则层	得分	单项指标	得分
水生态	0.858	建成区绿地率	0.175
		生态岸线率	0.189
		地下水埋率	0
		建成区水面率	0.172
		年径流总量控制率	0.154
		径流峰值控制	0.095
		城市热岛值	0.073
水资源	0.697	再生水利用率	0.355
		雨水资源利用率	0.045
		水资源满足程度	0.297
水环境	0.976	地表水Ⅲ类及以上水体比率	0.344
		地下水Ⅲ类及以上水体比率	0.340
		非点源污染控制率	0
		年均污染物总量削减率	0.293
		年均溢流频次	0
		年均溢流体积削减率	0
		地下水超采率	0
水安全	0.843	管网漏损率	0.338
		饮用水源水质达标率	0.236
		人均管网基数	0.269

准则层	得分	单项指标	得分
水经济	0.562	人均 GDP	0.037
		万元 GDP 水耗	0.470
		海绵体建设投资率	0.055
水制度	0.888	海绵城市政策制度	0.361
		节水用水宣传教育	0.527

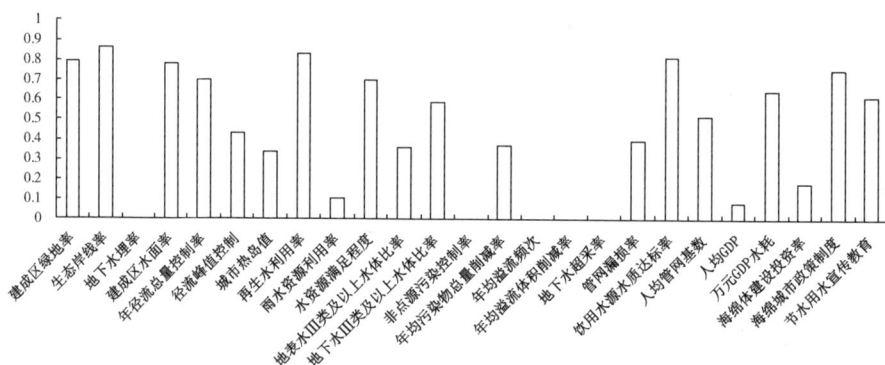

图 6 - 4　贵安新区海绵城市建设绩效评价指标得分

海绵城市建设综合评价分级标准：由于该指标评价体系尚未运用到其他城市海绵城市建设中，同时考虑到无法在短时间内搜集较多其他城市海绵城市建设有关数据，故暂时无法采用聚类分析法或纳尔逊统计分析法划分评价分值等级，因此参考朱伟伟在《海绵城市评价指标体系构建与实证研究——以杭州市为例》中的指数分级标准，查阅相关资料，确定评价分值等级。设计了一个五级分级标准，并给出相应的分级表述，海绵城市评价分级见表 6 - 11：

表 6 - 11　海绵城市评价分级表

分级	得分	评价描述
I 级	0.9 ~ 1.0	海绵城市建设水平很高

分级	得分	评价描述
Ⅱ级	0.8~0.9	海绵城市建设水平较高
Ⅲ级	0.7~0.8	海绵城市建设水平中等
Ⅳ级	0.6~0.7	海绵城市建设水平一般
Ⅴ级	<0.6	海绵城市建设水平较低

资料来源：朱伟伟. 海绵城市评价指标体系构建与实证研究——以杭州为例 [D]. 杭州：浙江农林大学，2016.

综合评价得出，贵安新区海绵城市建设水平综合评价值为 0.811 分。按照海绵城市评价分级表，贵安新区海绵城市建设水平总体较高，处于Ⅱ级。

3. 结果分析

贵安新区海绵城市建设绩效评价指标得分情况见图 6-5：

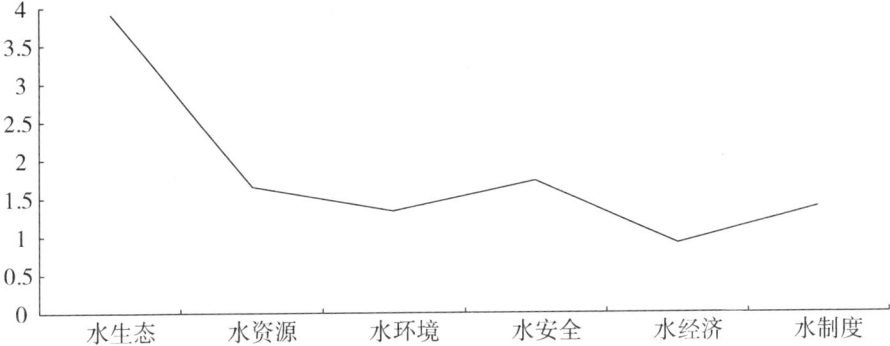

图 6-5　贵安新区海绵城市建设绩效评价指标得分

（1）水生态方面。贵安新区海绵城市建设在建成区绿地率、生态岸线率、建成区水面率和年径流总量控制率指标中有较高得分，这与生态建设快速推进，实施"十河百湖千塘""五区八廊百园""绿色贵安三年会战"等生态环境工程有关，绿化率提升了 7 个百分点。在径流峰值控制方面，城市热岛值指标中得分较低。

（2）水资源方面。水资源方面，再生水利用率和水资源满足程度两个指标得分较高，而雨水资源利用率指标得分较低。贵安新区的再生水利用率与雨水资源利用率分别为 40%、8%，与国内先进城市相比，雨水资源利用率太低。

（3）水环境方面。水环境方面，地下水Ⅲ类及以上水体比率得分较高，这是因为贵安新区主要以地表水为生活饮用水主要取水水源，而地下水仅占生活饮用水的 1.4%。此外，贵安新区的地下水资源开发利用情况经历了两个阶段，2007 年之前以地水天然水点的利用为主，2007 年后随着"贵州省地下水资源勘查项目"的开展和推进，区内地下水利用以天然水点和机井开发并重。根据资料收集的结果，2007—2012 年新区内共施工成井机井 58 口，总涌水量约为 $2.86 \times 10^4 \mathrm{m}^3/\mathrm{d}$，据不完全统计，贵安新区的地下水开发利用量约为 $3.3 \times 10\mathrm{m}^7/\mathrm{a}$，新区内流量大于 5L/s 的 117 处大型天然水点已开发利用的有 90 处，大部分机井已建设好地面配套设施投入使用，小部分机井作为备用水源地仅在缺水时期使用。总之，贵安新区有丰富且质量较好的地下水可供使用。

（4）水安全方面。水安全方面，饮用水源水质达标率得分最高，这是因为贵安新区位于贵阳西南"一湖五库"上游，有良好的地下水环境，对贵阳新区的饮水安全和生态安全均具有重要意义。人均管网基数次之，而管网漏损率 13.2% 接近规范标准值 12%，可能是由于贵安新区大部分地块未开发，道路未建设，才会导致雨水管网系统不完善。

（5）水经济和水制度方面。贵安新区围绕"打造全国海绵城市贵安样本"的目标，提出"全域海绵"理念，编制了《贵安新区海绵城市总体规划》《贵安新区中心区海绵城市建设专项规划》等一系列规划。改变传统城市建大管子、以快排为主的雨水处理方式，将城市分解成组团"微循环"，做到"小雨不积水、大雨不内涝、水体不黑臭、热岛有缓解"，成为全国率先完成海绵城市规划控制体系建设的试点。①
故得分偏高。

综上所述，由贵安新区海绵城市建设绩效评价各个指标的得分结果
可知，25 项指标中有 8 项指标得分较低，未找到数据的指标除外，其
中包括水生态中的径流峰值控制和城市热岛值两个指标、水资源里的雨
水资源利用率指标、水环境中的地表水Ⅲ类及以上水体比率和年均污染
物总量削减率两个指标、水安全中的管网漏损率指标、水经济中的人均
GDP 和海绵体建设投资率两个指标。总体来说，贵安新区海绵城市建
设，水经济和水资源目标得分相对较低，其余目标大致得分在 0.8 分以
上，总体上贵安新区海绵城市水文建设绩效效果较好。

---

①　王婉，郑芹. 山水相映　绿色起舞［N］. 人民长江报，2018－09－29.

第七章　海绵城市项目全生命周期绩效评价

近年来，我国不断加强对 PPP 模式的研究和探索，经过多年以来的研究和实践，我国 PPP 模式取得了进一步发展和应用。与此同时，在面临迅速的城市化所带来的城市环境日益恶化的情况下，我国正推行一种将城市变成巨大的"海绵"的新策略，意在将城市打造成会"呼吸"的海绵城市，项目建设得到了社会广泛的关注和重视。对于解决城市化进程中所面临的水问题以及改善居民的居住环境，海绵城市的建设具有举足轻重的意义。

据中国 PPP 服务平台网站数据显示，2016 年以来，我国已经有 300 多个城市相继提出进行海绵城市建设的规划，截至 2017 年 5 月，海绵城市建设试点的建成面积约为 420 平方千米，总投资额达 540 亿元。财政部、住建部、水利部也相继在 2015 年和 2016 年分两批确定了 30 个海绵城市建设试点。自海绵城市的试点工作开展以来，中央财政部门已经累计拨付的资金达 233.4 亿元；各级地方财政目前也已经投入了 129 亿元；社会资本投入约 182 亿元，占比达 33%。由此可见我国的海绵城市建设取得了社会的广泛关注，其投资规模巨大、涉及领域广。但另一方面，面对巨大的建设投资需求，对于海绵城市项目的全生命周期绩效评价却重视不足。现有的文献更加注重对于建设时期的海绵城市进行绩效评价，而对于全生命周期的海绵城市绩效评价体系认识不够明确和深入。而与只关注运营的建设期绩效评价不同，全生命周期的绩效评价更加注重从立项到移交、效益的整体动态绩效评价。2018 年国务院政府工作报告强调了经济的高质量发展，这是对于经济健康发展的必然要求。海绵城市的建设是城市发展理念的转型，符合我国目前高质量发展的要求，但在分阶段的动态绩效评价实践方面仍有不足，不利于海绵城市项目的全面推进与可持续发展。所以全生命周期绩效考核体系的建立更是当前海绵城市项目建设与评价的重中之重。

海绵城市项目属于 PPP 项目的实践范畴，其绩效评价的流程类似于 PPP 项目的总体流程。本书的结构安排是：首先根据绩效评价的基础理论以确定绩效评价的基本方法，然后设计出海绵城市项目全生命周期绩效评价的相关指标，再对指标进行筛选并对海绵城市项目重要指标进行赋权和模糊综合评价，最后根据绩效评价的结果提出针对性意见和建议。

第一节 海绵城市项目绩效评价的理论基础

海绵城市项目作为一种特殊的 PPP 项目，具有公益性，除了基本的财务评价，更加强调社会效益的绩效评价。但是不能从财务指标这一单一角度对其绩效进行静态衡量，而应该基于全生命周期理论通过选取绩效指标从经济效益、运营管理、创新可持续等多个维度对其进行分阶段的全流程动态绩效评价。

一、全生命周期理论

杨宝昆，刘芳（2018）指出，PPP 项目的全生命周期是指项目立项、招投标、资金落实、特许权授予、建设、运营、移交和效益的整个动态过程。① 海绵城市项目的全生命周期又不完全等同于传统 PPP 项目的投入、过程、产出、效果等实行的各阶段，而是着重在项目移交完毕后围绕项目效益性、运营效率性、利益相关者满意度、可持续性等方面进行指标体系的建立并对项目进行整体的绩效评价。

尹贻林等（2016）阐述了全生命周期理论作为一种重要的理论，在 PPP 的相关项目中得到广泛应用。具体而言，海绵城市项目的绩效评价基于全生命周期理论，识别、选取影响各个阶段管理的重要指标来进行绩效的动态评价，由此构建出两套海绵城市项目全生命周期指标评价体系。一套是侧重强调全流程指标体系即立项及招投标阶段、特许权授予阶段、勘察设计阶段、建设阶段、运营和移交等阶段。② 另一套体系则是从财务融资及经济效益、内部运营及管理、创新及可持续发展、利益相关者四个方面基于全生命周期各阶段对于指标进行筛选和整合。詹卉（2014）将最终的评价结果作为完善海绵城市建设的政策措施、提高项目决策和管理水平的参考依据，促进海绵城市项目长效发展。③

二、公共物品理论

公共产品理论主要是论证了如何对于具有公共事业性质和社会属性的产品和服务进行生产方式的选择。公共物品和私人物品是两个相对立的概念，它们所强调的供给对象和供给主体各不相同。在对公共物品和私人物品进行区分的最关键因素在于衡量是否具有排他性和竞争性。私人物品具有排他性和竞争性的特点，而公共物品具有非排他性和非竞争

---

① 杨宝昆，刘芳．PPP 项目全生命周期绩效管理研究［J］．工程经济，2018，28（3）：23－30.

② 尹贻林，刘琦娟，王翔．公共项目全生命周期监管体系研究：基于 VfM 评价与 BIM 技术的协同［J］．项目管理技术，2016，14（7）：17－20.

③ 詹卉．基础设施生命周期理论与投融资 PPP 模式研究［J］．地方财政研究，2014（1）：63－67.

性这一特性。

张守文（2015）指出，在现实实践中，对于那些具有部分竞争性和排他性的混合型公共产品以及基础设施应当采用PPP（公私合作）模式进行投资、建设，尤其是回收期相对较长、公益性强的混合产品。① 海绵城市的建设作为一项关于水问题的大型民生工程，其根本目的是改善城市生活环境，并致力于提升城市居民的生活品质和幸福指数的公共建设服务。海绵城市项目相比于传统的PPP项目而言既有共性，又有个性。它更加侧重社会效益，而且公益性更强，所以更不能单单只从财务效益方面对其进行绩效评价。

三、平衡计分卡理论

哈佛大学教授卡普兰和诺顿Kaplan & Norton（1992）提出了一种衡量企业组织绩效的评价体系——平衡计分卡理论，其主要涵盖了财务、顾客、内部运营和学习成长四个维度。② 但平衡计分卡理论原来是一种考核企业绩效的评价体系，因此在将该理论应用于海绵城市项目的绩效评估时，应当重新调整绩效评价体系，着重与实际应用相结合。类似海绵城市这样的PPP项目的利益相关者可大致划分为政府、私营部门和公众、社会三种。多罗塔（Dorothea，2010）提出不仅要从企业、政府的财务指标对绩效进行考量，还要考虑该项目所可能带来的社会效益以及公众对于海绵城市项目的满意度。③ 因而将平衡计分卡模型重新划分为财务融资及经济效益、内部运营及管理、创新及可持续发展、利益相

① 张守文. PPP 的公共性及其经济法解析 [J]. 法学, 2015（11）: 9.
② KAPLAN R S, NORTON D P. The Balanced Scorecard – measures that Drive Performance [J]. Harvard Business Review, 1992, 70（1）: 71 – 79.
③ DOROTHEA G. Balanced Scorecard Implementation in German non – profit Organisations [J]. International Journal of Productivity and Performance Management, 2010, 59（6）: 534 – 554.

关者这四个方面，在全生命周期的基础上将四个维度相互补充以构建完整的海绵城市项目绩效评价体系。

一般而言，虽然政府作为非营利组织在建设海绵城市的过程中有责任对资金进行高效配置，但其进行资金调度的根本目的并不在于盈利而是要推进项目这一战略使命，力争从渗、蓄、排等各方面完善城市基础设施建设。特伦斯（Terrence，2013）强调政府在运营项目时对于绩效的考核更加注重社会公众与服务的满意度。而企业则是希望通过参与海绵城市项目获得相应的利润，所以更加侧重利润与长期稳定的收入的绩效评价。公众在乎的是该项目能为公共服务带来提升的绩效。①

平衡计分卡的关键之处在于"平衡"。林绚晖等（2007）认为在一定程度上，它能够实现项目的长期指标和短期指标之间的平衡、内部计量（流程运营与创新成长）和外部（社会公众）二者之间的平衡以及主观性的定性衡量与客观的定量测度之间的平衡关系等，有利于将项目的绩效评价与战略手段相结合，促进项目的可持续性发展。②

四、关键绩效指标理论

PPP 项目的关键成功因素（Critical Success Factors，CSF）是影响 PPP 项目利益相关者绩效目标成功的关键因素。戴维·帕门（2018）指出通过对 PPP 项目各阶段、流程的关键成功要素的识别，可以将项目关键成功要素细化成可衡量的关键绩效指标（Key Performance Indicators，KPI）③。最后采用定性、定量指标再进行绩效的衡量与评价。本

---

① NIVEN R P. Balanced Scorecard Step – By – Step for Government and Noprofit Agencies [N] . John Wiley & Sons, Inc. , 2008.

② 林绚晖，朱睿，车宏生. 平衡记分卡理论及其发展进程 [J] . 现代管理科学，2007 (10)：8 – 10.

③ 〔美〕戴维·帕门特. 关键绩效指标：KPI 的开发、实施和应用 [M] . 北京：机械工业出版社，2018.

书的全生命周期的绩效评价体系选取的关键成功要素包括项目必要性宏观经济环境、竞争性招标、资金投入及时性、特许权协议、进度控制、政府信用等方面。

通过海绵城市项目的研究并借鉴国内外相关 PPP 项目的实践经验，我们首先确定了全流程包括立项、招投标、资金落实、特许权授予、建设、运营、移交和效益的整个动态过程的 71 个相关指标。吉李娜（2018）强调根据海绵城市项目的特性从财务融资及经济效益、内部运营及管理、创新及可持续发展、利益相关者四个维度初步确定出了 37 个定量、定性指标，希望通过确定其评价的计算方式或评价基准，分阶段、维度对海绵城市项目的重要指标进行定义和计算。①

基于全生命周期的海绵城市绩效评价体系能够有效地测度项目在运行中各个阶段和环节的绩效水平。王超等（2014）研究得出通过依托平衡计分卡和关键绩效指标进行指标体系的建立，既要做好建设期的过程控制，又要协调与事后评价的关系，意图实现绩效提高的目标。② 通过建立动态绩效评价体系有利于完善全方位、多维度、全过程的海绵城市绩效管理与评价体系，确保巨额资金投入既要实现经济性，又要确保效率性。与此同时，通过充分识别海绵城市项目全生命周期过程中可能产生的操作风险和财务风险等，力图减少项目后期带来的纠纷，促进海绵城市项目规范运行和实现良好、可持续发展。

---

① 吉李娜. 城市污水处理 PPP 项目绩效评价研究 [D]. 西安：陕西科技大学，2018.

② 王超，赵新博，王守清. 基于 CSF 和 KPI 的 PPP 项目绩效评价指标研究 [J]. 项目管理技术，2014，12（8）：18 – 24.

第二节　我国 PPP 模式中海绵城市项目
的绩效评价现状

一、我国 PPP 项目各阶段发展现状

PPP 项目按全生命周期可以划分为识别、准备、采购、执行和移交五个阶段。

2018 年第一季度的 PPP 项目准备、采购、执行阶段项目数分别为 1803 个、2293 个、3325 个，而 2018 年第四季度各阶段项目数分别为 1682 个、2281 个、4691 个。① 随着 PPP 项目的不断推进，准备阶段的项目数量出现回落，采购阶段和执行阶段的项目数量波动增加。根据中国 PPP 服务平台最新数据显示，截至 2019 年 3 月，PPP 项目总数为 12597 个，其中识别阶段为 31%，准备阶段占比 12%，采购阶段占比 18%，执行阶段占比高达 39%，移交阶段为 0。

而按照具有污染防治和绿色低碳作用的 PPP 项目诸如水利建设、生态建设、环境保护以及供给排水等这一口径进行核算，截至 2018 年末，此类 PPP 项目共计 4766 个，投资金额高达 4.7 万亿元。其中，准备阶段的 PPP 项目个数占比 21%，采购阶段占比 26%，执行阶段占比 53%。由于数据的可得性，海绵城市项目的全生命周期各阶段发展现状暂无明确数据。但是海绵城市项目是包括渗、滞、蓄、净、用、排六个方面的建设，其所涉及的行业广泛，包含了市政工程和绿色生态在内的诸多行业，诸如海绵型道路与公园的推广、打造绿色屋顶、对于城市中所存在的黑、臭水体的治理等均参与其中。可见，海绵城市项目本质上

---

① 数据来源于中国 PPP 服务平台以下数据都是来源于此，因此不逐一解释。

可以归属于具有绿色低碳作用的 PPP 项目。

二、海绵城市项目绩效评价

除了加强海绵城市建设，对于试点海绵城市相关项目的绩效评价的开展也不容忽视。财政部、住建部、水利部更是加强了对海绵城市项目绩效评价结果进行奖罚。对于那些评价结果好的试点项目予以补助资金基数的 10% 作为奖励，差的则扣回补助资金。[①] 只有各方有序推进海绵城市项目的建设与发展，才能在城市内涝与城市生态环境改善等方面取得长足进步。

但就目前而言，对于海绵城市的绩效评价指标的设定并没有形成完全规范和全面的标准，虽然住建部出台了《海绵城市建设绩效评价与考核指标（试行)》在一定程度上强调了项目绩效的相关问题，但由于缺少明确的全生命周期绩效考核指标，因而对于海绵城市的绩效评价仍为目前绩效建设存在的重点和难点。陶涛（2018）指出在建设中应当强调绩效考核与建设内容相对应，贯彻落实切实可行的绩效考核方案。[②] 而另一方面，现有的考核指标体系并没有充分考虑时间维度。海绵城市项目的整个生命周期通常较长，合同周期多为 20～30 年。但就目前的建设而言，若只是采用"建设可用性 + 运营维护绩效付费"的静态模式进行项目绩效管理，则人为地将项目局限于建设期的绩效评价，割裂了与全生命周期各阶段的其他指标的动态联系，不利于项目公司从全生命周期的角度全方位对海绵城市项目进行建设与维护。随着海绵城市项目的不断推进，应当完善竣工事后评价，强调采取动态调整的绩效评价体系与机制。与此同时，还应当随着海绵城市各项子项目的不

---

① 财政部经建司《关于开展中央财政支持海绵城市建设试点工作的通知》（财建〔2014〕838 号）。

② 陶涛. 污水处理 PPP 项目综合绩效评价研究［D］. 郑州：郑州大学，2018.

断竣工，加强对工程推进的各项指标标准的调整，从而在实质上提升全生命周期绩效评价水平。

本书基于全生命周期视角来构建海绵城市建设项目绩效评价体系，旨在完善绩效考核框架。通过选取水生态、水环境、利益相关者满意度等关键性绩效指标，从财务融资及经济效益、内部运营及管理、创新及可持续发展、利益相关者四个方面进行全流程动态绩效评价。一方面既要强调包括水生态指标、水环境等在内的具有明显海绵城市特征的专项指标，另一方面也要考察具有一般性的利益相关者的满意度等指标。值得注意的是，刘（Liu，2015）认为，对于那些与海绵城市项目密切相关的绩效评价指标应当赋予更高的权重，对于与项目关联不大的绩效评价指标应当予以剔除，从而构建出适宜的指标体系。①

第三节　指标体系的构建、识别

一、指标体系构建原则

为了从全生命周期角度构建科学合理的"海绵城市"项目绩效评价指标体系，首先需要明确构建的原则，它是统领构建过程的指导思想。基于本书在构建指标体系时主要确定关键绩效指标，同时考虑到"海绵城市"项目的复杂性和长期性，本书结合了 SMART 原则总结出"海绵城市"绩效指标体系的构建原则。②

---

① LIU J，LOVE P，DAVIS P，et al. Performance Measurement Framework in PPP Projects [R]．Preston：University of Central Lancashire，2015.

② 李字庆．SMART 原则及其与绩效管理关系研究 [J]．商场现代化，2007（19）：148 - 149.

（一）全面精简原则

海绵城市项目庞大，特别是在考虑全生命周期，支出范围广、内容复杂，效益涉及多方面，设计指标体系时不仅要考虑到全生命周期支出对象的层次性，还要考虑到其支出内容的多样性；不仅反映全生命周期支出的直接利益，还要反映其支出的间接利益；不仅反映全生命周期支出的短期效益，还要反映其支出的长期效益。①

（二）科学具体原则

"海绵城市"建设遵循生态优先原则，在保护生态环境的前提下，促进社会经济发展，与其他项目的绩效评价具有重大区别。因此，海绵城市绩效评价指标应建立在科学分析海绵城市本质特征的基础上，在全生命周期过程中，选择对于目标的实现起到关键作用的指标，应当是科学的、全面的、具体的。

（三）可衡量性原则

海绵城市全流程的绩效不仅要考虑定性指标，还应当将定性与定量相结合，保障最终评价结论的真实性和客观性。无论是定量指标还是定性指标，都应该能参考一定的标准赋值，使得评价指标可度量，避免操作过程中评价指标脱离现实。

（四）独立显著原则

初始建立的绩效评价指标数量较多，指标收集困难，数据复杂，在选取关键绩效指标时应当考虑指标的独立性以及显著性。整个生命周期过程繁杂，并且分阶段设计很可能高度相似，各个评价指标之间应该避免很强的相关性，消除重复指标要素。另外应考虑绩效指标的显著性，显著性可以检验因果关系程度，如果显著性太低，说明因果关系存在疑

---

① 秦顺红，王素容．高校国库集中支付项目绩效评价初探［J］．科技信息，2007（36）：395.

点，则应剔除。

（五）动态时限原则

海绵城市建设是一个不断变化的动态过程，因此全生命周期的绩效指标应当反映从立项到移交整个流程变化的特征，多维度、多层次构建指标体系。但在项目运行的不同阶段，绩效目标会根据实际情况发生变动，在绩效评价结果反馈的基础上，可以对原有的指标体系进行动态调整修正。另外，在关键绩效指标中要使用一定的时间单位，因此，在规定时间区间绩效评价非常重要。

二、构建流程

前文提到，现阶段海绵城市的绩效评价指标过于片面，缺乏系统性构建全生命周期的海绵城市绩效评价的研究，因此本书构建流程最重要的指导思想是在全生命周期理论的指导下，针对海绵城市的特性，构建针对海绵城市的绩效评价指标。

前文第四章综合比较分析了目前使用较为广泛的绩效指标方法，基于几种方法的比较，考虑到当前"海绵城市"项目绩效评价指标体系构建中存在指标选取过于笼统的问题，因此本书从两种角度分析了海绵城市的绩效评价指标。第一种是在全生命周期理论的指导下，分不同阶段，分别提取了关键成功因素，对其进行分析，进而提取潜在的绩效指标。第二种从平衡计分卡理论出发，结合 KPI 方法，并在此基础上改进，考虑全生命周期各个关键成功因素，从四个方面选取了绩效指标。然后，通过比较两种方法下的绩效评价指标体系，考虑到海绵城市的关键绩效指标应当全面反映海绵城市在全生命周期的绩效变化，并能够适应不同利益相关者的需求。因此，本书更倾向在平衡计分卡理论指导下，根据海绵城市的特征进行改进的绩效评价指标。

三、指标体系构建

PPP 自提出以来，如雨后春笋般增长，经过几年发展，PPP 已自成一套体系，并且 PPP 模式也在不断整顿规范，逐渐进入高质量发展的新时代。目前主要采用 PPP 模式推进海绵城市建设，通过引入社会资本可以带来创新的设计理念，提高公共服务的使用效率。PPP 绩效评价体系建设过程对于设计海绵城市绩效评价体系具有重要的指导意义。因此，本书在构建海绵城市绩效指标前对 PPP 绩效指标构建进行了详细研究。

首先明确 PPP 项目在全生命周期各个阶段评价的核心内容，这对于构建绩效指标具有引领指导作用。可以看出，PPP 项目全生命周期各个阶段的评价点差异较大，下面具体介绍 PPP 绩效评价的具体内容①。

立项阶段。（1）主要评价项目立项是否按照规定的程序设立并申请，评价项目立项过程是否符合相关要求；评价项目的可行性研究、专家论证、风险评估、集体决策的情况。（2）主要评价项目建设及规划是否符合国家相关法律法规、行业支持力度和政府决策，宏观经济环境、资本市场情况等。

投招投标阶段。主要评价投招标阶段招标文件、程序、费用等是否合理，招标机构情况、方案情况、投标人综合实力等。

资金落实阶段。（1）主要评价过程中的各方资金到位情况；（2）评价项目资金拨付及使用的合理性和有效性，是对项目资金使用的标准和监督手段。

特许权授予阶段。（1）评价项目是否制定或具有相应业务管理制度及各项业务管理制度的合法性、合规性、完整性；（2）关于特许权协议及相关情况。

---

① GRAEMEL H. Public – Private Partnerships：An International Performance Review ［J］. Conference Papers – Midwestern Political Science Association. 2005：N. PAG.

建设阶段。（1）对承包商情况、建设设计情况进行评价；（2）对项目合同管理，质量检查及鉴定、验收等工作实施及管理进行分析；（3）对建设影响方面评价。运营阶段，反映运营阶段政府补贴、支持情况，运营的效果。

移交阶段。（1）反映提供公共物品或服务达到的标准、水平和效果；（2）反映提供公共服务的及时程度和效率情况。

通过具体内容可以看出，PPP 绩效评价的内容涉及全面，满足各类 PPP 项目绩效评价的基本要求。但海绵城市项目关注点具有特殊性，其从立项到运营移交涉及利益相关者众多，对于建设质量也具有严格要求。因此，仅仅评价这些内容还不够，需要进一步挖掘。目前构建过 PPP 项目绩效指标权威学者，如王超等（2014），主要是通过分析绩效形成机理和结合文献梳理识别出 PPP 项目的关键成功因素，进而对 PPP 项目过程模块分析提取出关键绩效指标，根据指标内在逻辑关系建立 PPP 项目绩效评价指标体系[①]。大多数学者识别的成功关键因素都大同小异，本书以鱼骨图表示（见图 7 - 1）。

基于海绵城市与 PPP 的联系，其指标体系大部分和 PPP 具有相似性，于是本书借鉴 PPP 项目基于 CSF 和 KPI 构建绩效指标体系的流程和方法。海绵城市建设属于城市雨洪管理的一部分，旨在实现人与自然的和谐共处，考虑到海绵城市的特殊性，更加注重生态效益，与一般 PPP 绩效评价又有所区别。因此，本书还选取与海绵城市关联性大的关键成功因素，并依据此类成功关键因素，细化为可衡量的关键绩效指标。

（一）基于 CSF 和 KPI 的海绵城市绩效指标体系

海绵城市关键成功因素 CSF 指的是影响海绵城市利益相关者绩效目标成功的关键因素。海绵城市全生命周期也可划分为立项、招投标、

---

① 王超，赵新博，王守清. 基于 CSF 和 KPI 的 PPP 项目绩效评价指标研究 [J]. 项目管理技术，2014，12（8）：18 - 24.

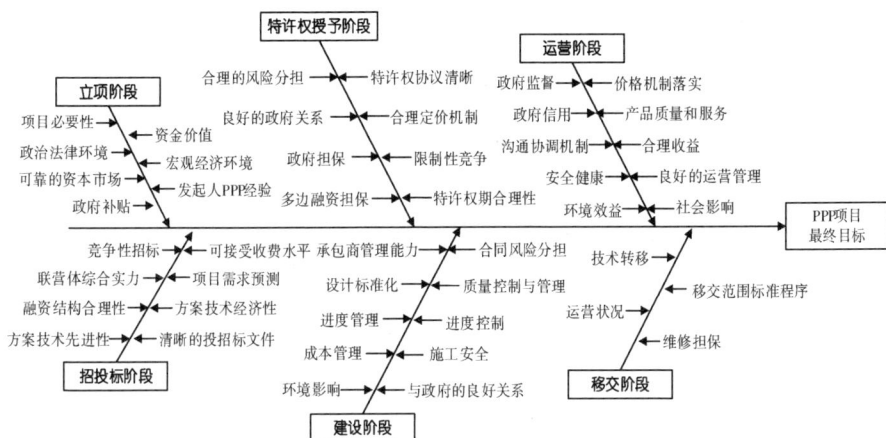

图 7-1　PPP 项目成功关键因素鱼骨图

资金落实、特许权授予、建设、运营和移交阶段。对不同阶段，根据绩效目标，参考 PPP 项目成功的关键因素，并考察国内外相关研究，按照海绵城市的全生命周期识别出成功的关键因素，并对其进行细化成可衡量的关键绩效指标 KPI，构建指标见表 7-1。

表 7-1　海绵城市各阶段关键绩效指标（KPI）

阶段	CSF	KPI
立项	项目必要性	是否具备充分的可行性
		资金价值
	宏观经济环境	宏观经济发展水平
		居民收入水平
	政治法律环境	政府稳定性及政府信用
		行业政策支持
		PPP 法律是否健全
	可靠的资本市场	证券市场融资成本
		信贷市场融资成本
	政府部门专业能力	发起人 PPP 以及"海绵城市"项目经验

续表

阶段	CSF	KPI
招投标	竞争性招标	招标文件合理性及程序透明度
		代理机构经验
	方案技术经济性及先进性	方案经济适用性
		技术先进性
	可接受收费水平	收费水平可接受性
	投标人综合实力	项目经验
		资金实力
	融资结构优越性	融资方案的成本效益
资金落实	资金投入及时性	政府部门资金到位率
		社会资本方资金到位率
特许权授予	风险分担	合同文件风险分担是否合理
		风险移交成本
	定价机制	价格是否可接受
		灵活的调价机制
	特许权协议	重要条款是否清晰
		合同文件产权界定是否清晰
	特许权期限	项目投资回收期
		投资收益
	政府担保	政府是否担保
	限制性竞争	政府是否限制性竞争保护

续表

阶段	CSF	KPI
建设	承包商综合能力	经济技术能力
		沟通协调能力
	设计标准化	设计标准化程度
	成本管理	成本预测指标
		成本控制指标
	进度控制	进度控制指标
	质量控制	质量检验指标
	施工安全	安全事故评价
	环境影响	环境影响评价
	风险分担	合同文件风险分担是否合理
运营	政府信用	政府资金到位率
		补贴到位率
		配套设施到位率
	政府监督	政府监督机制及措施
	价格机制	定价机制是否合理
	运营管理	运营技术是否可靠
		运营成本是否合理
移交	技术转移	技术交接达标度
	运营状况	运营状况达标度
	维修担保	维修担保服务满意度
	移交范围标准程序	移交范围、标准、程序清晰

资料来源：王超，赵新博，王守清．基于 CSF 和 KPI 的 PPP 项目绩效评价指标研究［J］．项目管理技术，2014，12（8）：18 - 24.

从构建指标情况来看，指标体系涉及范围广，也比较全面，从立项到移交各个阶段都有比较系统的指标。但是对于海绵城市绩效评价，KPI 法还是具有以下缺陷：关注海绵城市从设计到移交过程中的绩效评价，而忽视了各个利益相关者满意度；无法对绩效进行长效考察，指标具有滞后性，不能用于监测改进；重点对经营活动进行测量，而不是项目过程的反映。①

因此，该指标体系需要避免其缺陷，对指标体系加以改进，主要需要反映在利益相关者的绩效考核上。于是，本书在比较各种方法的基础上选择借鉴平衡计分卡理论。人力资源绩效考核上，平衡计分卡理论从财务、顾客、内部流程、创新与学习四个方面对公司战略管理进行财务和非财务综合评价，能有效克服传统财务评估方法的滞后性、偏重短期利益和内部利益等缺陷，能有效地将组织的战略转化为组织各层的绩效指标和行动，有助于各级员工对组织目标和战略的沟通和理解；克服财务评估方法的短期行为，使整个组织行动一致，最终服务于战略目标。② 但是平衡计分卡指标数量过多，部分指标的量化工作难以落实。于是本书将 KPI 与平衡计分卡结合起来对指标构建进行了改进。

（二）基于平衡计分卡改进的海绵城市绩效指标体系

海绵城市绩效评价指标借助于平衡计分卡理论时，应根据海绵城市的特点及其目标，同时综合考虑全生命周期各个关键成功因素，将其分为财务融资及经济效益、内部运营及管理、创新及可持续发展、利益相关者四个方面。依据各部门分别在此四种可具体操作的目标，设置对应的绩效评价指标体系。这些指标要与海绵城市目标高度相关，以先行与滞后两种形式，同时兼顾和平衡海绵城市长期和短期目标、内部与外部

---

① SHAFIQUE M, KIM R. Low Impact Development Practices：A Review of Current Research and Recommendations for Future Directions［J］. Ecological Chemistry and Engineering S, 2015, 22（4），543 – 563.

② 叶丽慧. 基于平衡计分卡的 z 公司绩效考核体系研究［D］. 南昌：华东交通大学, 2017.

利益，综合反映海绵城市管理绩效的财务与非财务信息。① 按照四个方面分别构建初步绩效指标体系如下。

1. "财务融资及经济效益"评价指标选择

从海绵城市财务融资角度看，海绵城市工程庞大复杂，前期以及建设、维护都需要大量的资金，私营部门为了增加项目的资本金数量，同时承担政府的部分风险，会进行项目融资，产生"融资费用"，体现在全生命周期的投招标阶段②；同时，融资结构是否合理优越也对绩效产生很大影响；"政府补贴"是社会资本运营的重要资金来源，主要体现在立项阶段；而资金投入是否及时到位，很大程度上影响海绵城市建设进度和质量，体现在建设期的各个阶段；项目的偿债能力是审核公司能否健康发展和良好运营的关键，因此，良好的项目偿债能力也是至关重要的。

从海绵城市的经济效益来看，海绵城市项目与其他项目最大的本质区别是海绵城市的特殊目标是在确保城市排水防涝安全的前提下，最大限度地实现雨水在城市区域的积存、渗透和净化，促进雨水资源的利用和生态环境保护。因此，需要衡量"雨水集蓄及利用带来的经济效益""补充地下水收益"和"节省排水防涝设施的运行费用"。其中"雨水集蓄及利用带来的经济效益"用回用雨水利用量与自来水价格乘积③；"补充地下水收益"主要考虑雨水入渗率，通常采用达西定律，是由达西 1856 年总结得出的渗透能量损失与渗流速度之间的相互关系。计算雨水下渗量时，不同类型下渗面需乘以相对应的渗透系数。④ 雨水回补地下水收益可依据雨水入渗量、入渗补给系数和地下水水价计算，地下

---

① 苏国华，韩宝东. 平衡记分卡在中国石油的应用研究［J］. 中国总会计师，2010（1）：168－170

② 吉李娜. 城市污水处理 PPP 项目绩效评价研究［D］. 西安：陕西科技大学，2018.

③ 许杰玉，毛磊，熊锋，等. 基于"海绵城市"理论的城市雨水资源利用规划研究：以山东省曲阜市为例［J］. 国土与自然资源研究，2016（5）：38－41.

④ 刘晓宇. 达西定律在地下水环境影响评价中的应用［J］. 环境影响评价，2019（1）：72－75.

水水价基本为自来水水价 2 倍之上①;"节省排水防涝设施的运行费用"
雨水的管网运行费用与自来水污染处理费的平均值②。具体指标及指标
代码见表 7 - 2。

表 7 - 2　"财务融资及经济效益"评价指标选择结果

一级指标	二级指标	指标代码
财务融资及经济效益 (A)	较低的财务融资成本	S1
	优越的财务融资结构	S2
	充足的政府补贴	S3
	资金投入的及时到位	S4
	良好的项目偿债能力	S5
	雨水集蓄及利用带来的经济效益	S6
	补充地下水收益	S7
	节省排水防涝设施的运行费用	S8

2. "内部运营及管理"评价指标选择

内部运营和管理是公司成功的重要因素,本书从全生命周期的各个
阶段选取了 14 个指标。

从项目的内外部运营条件来看,通过"方案技术经济性和先进性"
评价项目运用技术是否合理,海绵城市建设方面技术随着科学技术的进
步不断变化,其使用的技术对环境影响程度、调蓄水能力等方面都存在
明显的差异,其经济性和先进性对海绵城市的整体绩效评价产生较大的
影响;另外,项目整个进展过程都涉及政府部门、私营部门等有关部门
的监督和管理,由此会产生较多的"监管费用";海绵城市建设项目庞

---

① 舒安平,田露,王梦瑶,等.北京海绵城市雨水措施效益评估方法及案例分析
[J].给水排水,2018 (3):36 - 41.

② 左建兵,刘昌明,郑红星,等.北京市城区雨水利用及对策 [J].资源科学,2008
(7):990 - 998.

大，涉及人员众多，有效的监督管理对项目的质量保障起到重要作用；由于海绵城市项目具有多方参与人的特点，各方参与人的决策管理对海绵城市绩效目标达成程度至关重要，因此，参与者对于海绵城市的理解、掌握及实践经验是决定项目成功与否的重要因素；海绵城市整个计划流程，也会影响绩效，如竞争性招投标程序的完善性、合理性及透明度。另外，各个过程的文件合同以及合同中关于权责的划分、风险分配和转移对项目进程具有重要影响；"承包商综合实力"主要影响建设管理；"特许权期限的持续时间"主要指特许权期限长短，影响利益相关者。

从内外部监督管理角度来看，"政府对海绵城市项目的良好规划及有力监督"影响项目质量；"建设期及运营期的成本管理"影响海绵城市建设运营期间的成本控制程度，资金使用的合理有效性可以用成本预测指标（项目累计预定成本/项目累计实际成本）以及成本控制指标（本期项目实际成本/本期预计成本）衡量；"建设期及运营期的进度控制"即对海绵城市建设运营期间的进度加以控制，把握海绵城市整体进度可以用实际进度/预计进度来衡量各期进展情况；质量控制指标用"检测次数/检测总次数"来评价质量检测的科学性；"有效的风险管理体系"主要对风险管理内容评价；"安全管理"用安全事故出现的数目加以评价①。具体指标及指标代码见表 7 - 3。

3. "创新及可持续发展"评价指选择

从创新角度来看，除传统融资方式以外，以资产证券化为代表的"融资创新"会为项目提供更强的资金支持，融资创新能力会间接影响海绵城市进程质量；海绵城市"渗""蓄""排"等技术创新能力涉及建设的质量以及后续发挥效果。海绵城市前沿理论、经验的培训、普及能够在整个流程中保证使用到最新的研究成果，对原有计划进行动态调

---

① 王志涛，洪聿铭. 浅谈如何做好 PPP 项目施工现场管理［J］. 公路交通科技（应用技术版）. 2019（1）：55 - 57.

整修正，具有重要意义。

表7-3 "内部运营及管理"评价指标选择结果

一级指标	二级指标	指标代码
内部运营及管理（B）	方案技术经济性及先进性	S9
	较低的监管费用	S10
	参与者对于"海绵城市"的理解、掌握及实践经验	S11
	竞争性招投标程序的完善性、合理性及透明度	S12
	"海绵城市"项目合同文本的合理性、实用性及灵活性	S13
	合理的责任分担、风险分配和转移	S14
	承包商综合实力	S15
	特许权期限的持续时间	S16
	政府对"海绵城市"项目的良好规划及有力监督	S17
	建设期及运营期的成本管理	S18
	建设期及运营期的进度控制	S19
	有力的质量控制	S20
	有效的风险管理体系	S21
	安全管理	S22

从可持续发展角度来看，海绵城市建设完成后的维护工作及运营服务争端解决程度都会影响海绵城市运营状况、追加投入及效果；另外，需要对海绵城市建设后的效果及可持续发展能力进行衡量。海绵城市建设希望能有效避免和减少城市内涝，城市内涝主要由于城市蓄水、排水能力差。于是选择了"海绵城市"区域径流调节及防涝能力指标，可以年径流总量控制率（100% - 全年外排的径流雨量占全年总降雨量的

比例）衡量[1]；"净化水质，改善城市水环境"表示对雨水的留存净化，以区域内水质达标率变化衡量；"增加城市绿化面积"指代绿化覆盖率变化情况，可以用相对指标评价打分；"缓解城市热岛效应"主要采用采用市区 6—8 月和对应时期区域腹地（郊区、农村）的日最高气温平均值的差值加以表示。具体指标及代码见表 7-4。

表 7-4 "创新及可持续发展"评价指选择结果

一级指标	二级指标	指标代码
创新及可持续发展（C）	财务融资创新能力	S23
	"海绵城市"渗、蓄、排等技术创新能力	S24
	"海绵城市"前沿理论、经验的培训、普及	S25
	维护工作的有效落实	S26
	运营服务争端解决程度	S27
	"海绵城市"区域径流调节及防涝能力的提高	S28
	净化水质，改善城市水环境	S29
	增加城市绿化面积	S30
	缓解城市热岛效应	S31

4. "利益相关者"评价指标选择

海绵城市涉及多方利益相关者，其满意度是衡量绩效的重要参考。"政府满意度"主要指政府对 PPP 项目运营后硬件设施的满意度，通过对政府的打分确定；"社会资本方满意度"衡量社会资本方衡量海绵城市建设结果及运行满意程度；"建设区域居民满意度"，即受益公众对 PPP 项目开工以来的环境效益的满意度，通过对公众调查确定；"社会资本方内部良好的团队氛围"是项目有效进行的关键因素，通过调查人力资源关系获取；"促进相关产业发展"以及"新增就业机会"衡量

---

① 周凌.海绵城市年径流总量控制率的若干问题探讨［J］.给水排水，2018，44（8）：52-56.

了海绵城市建设的外部性，主要是对社会的贡献，通过统计数据描述。具体指标及代码见表 7 – 5。

表 7 – 5 "利益相关者"评价指标选择结果

一级指标	二级指标	指标代码
利益相关者（D）	政府满意度	S32
	社会资本方满意度	S33
	"海绵城市"建设区域居民满意度	S34
	社会资本方内部良好的团队氛围	S35
	促进相关产业发展	S36
	新增就业机会	S37

本部分在平衡计分卡理论指导下，结合基于 CSF 和 KPI 构建的绩效指标，根据海绵城市特点，将海绵城市分为财务融资及经济效益、内部运营及管理、创新及可持续发展、利益相关者四个方面，从全生命周期角度选取了基本指标，并对指标进行了详细的解释。对方法进行改进后，在全生命周期角度下，绩效指标更加全面，并且更符合海绵城市的特征，满足了海绵城市指标构建的原则。

下面通过问卷调查，对初步构建的绩效指标进行问卷调查，以提高构建指标的科学合理性。

四、问卷调查与结果

（一）问卷设计

基于上述初选的绩效评价指标体系，设计了标准化的调查问卷。由于对海绵城市绩效评价指标的打分专业性较强，且涉及利益相关者众多，利益不完全一致。因此，调查问卷发放主要针对具有海绵城市知识背景的从业或研究人员，包括了解的政府官员、研究人员、设计院和承包商等企业界人士、金融机构人员等。通过对被调查对象与调查内容有关的个人及工作背景进行甄别，提高了调查问卷回收的真实性与有效性。

调查问卷将影响初选的绩效指标分为五类评价等级，分别为非常重要（5分）、比较重要（4分）、重要（3分）、可能重要（2分）、可以忽略（1分）。本书通过腾讯问卷系统设计调查问卷。

（二）问卷发放与回收

考虑到本书研究内容的专业性，为保障问卷采集数据真实有效，此次问卷主要通过微信、邮箱等途径定向发送给 PPP 项目领域的专家和学者。被调查对象根据自身的专业及工作经验对各个指标的重要性进行打分，选择相应的方框。此次共回收问卷 77 份，剔除存在疑点问卷 3 份，共得到有效问卷 74 份，有效问卷率为 96%。基于收集到的调查问卷数据，通过对数据的整理，利用统计软件进行了初步的数据描述性统计，包括问卷回收数据每个指标得到的极大值、均值、标准差以及方差，指标以指标代码（S1 – S37）表示，并按照均值从大到小排序，以便观测数据的整体情况。（见表 7 – 6）

表 7 – 6　绩效评价指标描述性统计

指标代码	极大值	均值	标准差	方差	排序
S12	5	4.4865	0.6873	0.4724	1
S13	5	4.4324	0.7038	0.4954	2
S4	5	4.4189	0.7404	0.5481	3
S5	5	4.3784	0.7711	0.5946	4
S20	5	4.3514	0.7482	0.5598	5
S14	5	4.3378	0.7453	0.5555	6

续表

指标代码	极大值	均值	标准差	方差	排序
S19	5	4.3243	0.7605	0.5783	7
S10	5	4.3108	0.8096	0.6555	8
S9	5	4.2838	0.7855	0.6170	9
S16	5	4.2838	0.7498	0.5622	10
S22	5	4.2838	0.7498	0.5622	11
S29	5	4.2432	0.8571	0.7345	12
S34	5	4.2162	0.8484	0.7197	13
S18	5	4.2027	0.9063	0.8214	14
S17	5	4.1892	0.8387	0.7034	15
S24	5	4.1892	0.7526	0.5665	16
S26	5	4.1486	0.8388	0.7036	17
S2	5	4.1216	0.8268	0.6836	18
S11	5	4.1081	0.7863	0.6183	19
S33	5	4.1081	0.9151	0.8375	20
S30	5	4.0946	0.7967	0.6348	21
S21	5	4.0811	0.8720	0.7605	22
S28	5	4.0811	0.8236	0.6783	23
S32	5	4.0676	0.9412	0.8858	24
S1	5	4.0541	0.8422	0.7094	25
S3	5	4.0405	0.8511	0.7244	26
S31	5	3.9865	0.8520	0.7258	27
S6	5	3.9730	0.8596	0.7390	28
S25	5	3.9730	0.8909	0.7938	29
S8	5	3.9054	0.8785	0.7718	30
S36	5	3.9054	0.8628	0.7444	31
S23	5	3.8784	0.9059	0.8206	32

续表

指标代码	极大值	均值	标准差	方差	排序
S27	5	3.8784	0.8906	0.7932	33
S35	5	3.8108	0.9167	0.8404	34
S37	5	3.6757	0.7783	0.6057	35
S15	5	3.6486	0.8826	0.7790	36
S7	5	3.5946	0.9781	0.9567	37

根据问卷调查统计结果，初步确定的绩效指标得分的最高分为 4.486，最低分为 3.595。统计结果表明均值均高于 3.5，没有得分高于 4.5，即没有证据表明有极其重要的绩效指标。但也没有指标得分低于 3.000，表明全部绩效指标都是重要的，符合利益相关者需求。因此，在问卷统计结果来看，所构建的指标都符合要求，没有需要剔除的指标。

（三）问卷信度和效度检验

信度检验用以表示问卷的信度即问卷的可靠性，一般指采用同样的方法对同一对象重复测量时所得结果的一致性程度，也就是反映实际情况的程度。最常用的信度检验方法是克隆巴赫（Crobach Alpha）系数，由克隆巴赫（Crobach）[1] 于 1951 年创立，其原理用计算公式表示为：

$$\alpha = \frac{K}{K-1}\left[1 - \frac{\sum_{i=1}^{k}\delta_i^2}{\delta_A^2}\right]$$
（7-1）

其中，K 为题目总数；δ_i^2 为第 i 题题内得分方差；δ_A^2 为全部题目得分方差。克隆巴赫系数值介于 0 到 1 之间，测量结果越接近 1，表示调

[1] CRONBACH L J. Coefficient Alpha and the Internal Structure of Tests [J]. Psychometrika, 1951, 16 (3)：297-334.

查问卷的信度越高，反之，信度则越低。① 绝大多数学者认为克隆巴赫系数大于0.7表明可靠性较高。根据普遍看法，本书对克隆巴赫系数界定标准如表7-7所示：

表7-7 Crobach Alpha 系数评价

范围	评价
Crobach Alpha 系数 <0.35	指标需重新调整
0.35≤Crobach Alpha 系数 <0.7	中等信度，可信
0.7≤Crobach Alpha 系数 <0.9	较高信度，可信
0.9≤Crobach Alpha 系数	信度很高，可信

本书采用 SPSS 对问卷总体信度以及每个潜变量的信度分别进行检验，结果如表7-8。显示总体克隆巴赫系数为0.968，各潜在变量的克隆巴赫系数都大于0.8，说明问卷具有较好的可靠性和稳定性。

表7-8 海绵城市绩效指标信度分析

潜在变量	可测变量数量	Crobach Alpha
财务融资及经济效益	8	0.858
内部运营及管理	14	0.942
创新及可持续发展	9	0.914
利益相关者	6	0.886
总体	37	0.968

在这基础上，我们观测每一个指标"删除项后的克隆巴赫系数"，看到删除后的总体信度都没有增加，即没有需要删除项，表明问卷内部指标一致性较高，使用的数据具有很高的信度，这些识别等绩效指标是稳定可靠的。

---

① 王重鸣，沈剑平. 中外合资企业管理决策的特征与评估指标［J］. 应用心理学，1990（4）：29-37.

我们进一步对问卷的效度进行检验。效度分析指问卷有效性的分析，即对设计问卷的测量结果所应反映的客观现实的程度的检验，效度分析最理想的方法是利用因子分析数据的构建效度。为了确定数据是否适合做因子分析，首先对数据做了 KMO（Kaiser - Meyer - Olkin）测度和巴特莱特球体检验（Bartlett's test）①。

KMO 检验统计量用于比较变量间简单相关系数和偏相关系数的指标。通过比较各变量间简单相关系数和偏相关系数的大小判断变量间的相关性，相关性强时，偏相关系数远小于简单相关系数，KMO 值接近1。巴特莱特的球型检验用于检验相关阵是否是单位阵，即各变量是否独立。它是以变量的相关系数矩阵为出发点，零假设：相关系数矩阵是一个单位阵，不适合做因子分析。如果巴特莱特球形检验的统计计量数值较大，且对应的相伴概率值小于给定的显著性水平，则应该拒绝零假设；反之，则不能拒绝零假设。② 对于检验的判断标准如表7 - 9：

表 7 - 9　KMO 和 Bartlett 检验判断标准

检验类别	取值范围	是否适合因子分析
KMO 值	$0.9 < KMO \leqslant 1$	非常适合
	$0.8 < KMO \leqslant 0.9$	很适合
	$0.6 < KMO \leqslant 0.8$	适合
	$KMO \leqslant 0.6$	不适合
Bartlett P 值	$\leqslant 0.01$	适合

借助 SPSS 软件，对样本数据进行了 KMO 检验和 Bartlett 球度检验，结果见表7 - 10，总样本的 KMO 值为0.832，很适合因子分析；Bartlett

---

① SNEDECOR G W，COCHRAN W G. Statistical Methods［M］. 8th ed. Ames，Iowa：Blackwell Publishing Professional，1989.

② 姚王信. 企业知识产权融资研究：理论、模型与应用［D］. 天津：天津财经大学博士论文，2011.

显著性水平为零，问卷结构效度较好，原始数据之间存在相关性，适合做因子分析。

表 7 - 10　KMO 和 Bartlett 检验结果

KMO 检验值	Bartlett 检验		
	近似卡方	自由度	显著性
0.832	2290.818	666	0.000

第四节　海绵城市绩效评价模型

为了识别出更精练的绩效指标，需要研究具体绩效指标之间的相互关系，对指标进一步筛选。本书在前文比较了各种模型，其中结构方程模型不仅更为精确地测量各个变量之间的关系，透过可观测变量对不可观测变量进行分析，而且可以同时进行因子分析及路径分析。因此，全生命周期绩效评价模型同样采取结构方程模型。

一、理论模型构建及假设

根据第三部分对海绵城市指标体系的构建，识别了四个外在的潜变量，分别是"财务融资及经济效益"（A）、"内部运营及管理"（B）、"创新及可持续发展"（C）、"利益相关者"（D）。外生观测变量 37 个（S1～S37）。测量变量和潜在变量构成了结构方程模型的测量方程，潜在变量与全生命周期海绵城市绩效（Z）构成结构方程，二者统称为结构方程模型[1]。

---

[1] MARTYNOVA E，WEST S G，LIU Y. Review of Principles and Practice of Structural Equation Modeling [J]. Structural Equation Modeling：A Multidisciplinary Journal，2018，25（2）：325 - 329.

模型估计前，我们对海绵城市绩效评价指标模型假设：

（1）财务融资及经济效益指标和海绵城市绩效有正相关作用。综合运用不同的财务工具优化海绵城市需要的现金流，可以保障海绵城市健康运营，降低资金方面的风险；经济效益虽不是海绵城市最主要的目标，但经济效益好，资金占用少，成本支出少，有用的成果多。所以假定财务融资及经济效益指标对海绵城市有明显的正向作用。

（2）内部运营及管理指标和海绵城市绩效有正相关作用。内部运营及管理是现代企业管理制度中重要的组成部分，是促进海绵城市健康、持续发展的重要保障。假定对海绵城市绩效具有正相关关系。

（3）创新及可持续发展指标和海绵城市绩效有正相关作用。创新是实施可持续发展目标、低影响开发的根本手段，在技术、知识等方面的创新可以降低海绵城市建设、运营、维护等方面成本，获得海绵城市的可持续发展，海绵城市建设本身就能促进社会可持续发展。因此，本书假设创新及可持续发展对海绵城市绩效有正相关作用。

（4）利益相关者指标和海绵城市绩效有正相关作用。海绵城市要取得可持续发展，必须清楚了解利益相关者及其需求。包括供应商、政府机构、居民等。应根据所处的环境和自身的特点确定关键利益相关者。既要考虑利益相关者的需要，又要考虑利益相关者对海绵城市的贡献，体现出利益相关者在海绵城市中的能动性。本书假定利益相关者对海绵城市起着重要的正向作用。

二、模型拟合

（一）测量模型拟合

构建好模型后，我们就对模型进行求解，即模型拟合，主要对各个参数进行估计，即求得参数使模型隐含的协方差矩阵与样本协方差矩阵的"差距"最小。将数据导入通过 AMOS22.0 软件运用极大似然法对参数进行求解。

首先对财务融资及经济效益测量模型进行拟合。见图 7-2：

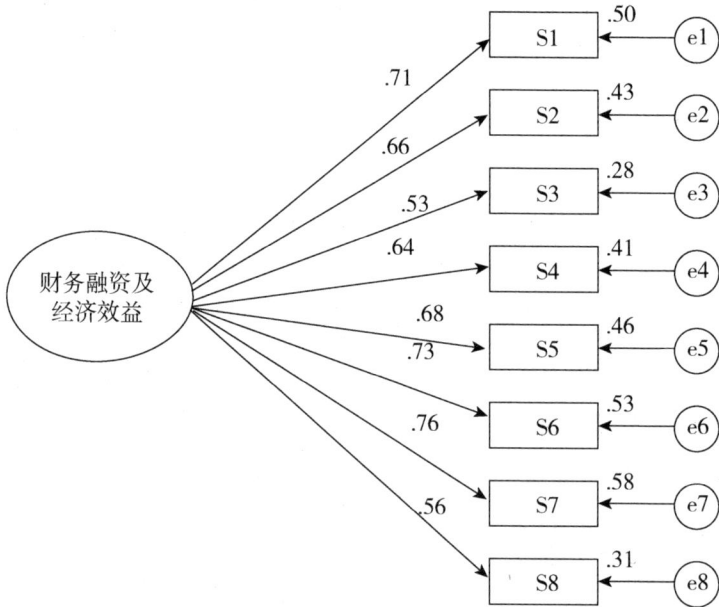

图 7-2　财务融资及经济效益测量模型路径

对于测量模型所设定的潜变量与观测变量之间的路径模型图是否有效，必须通过一定的指标来说明和验证。因此，本书从绝对适配度统计量、增值适配度统计量和简约适配度统计量对模型拟合情况进行综合评价。

其中绝对适配度统计量本书选取了卡方自由比、RMR（Root Mean square Residual）。因为卡方值容易受到变量数和样本数的影响，非常敏感，所以容易出现假设模型与实际数据拟合度差的情况，将卡方自由度比作为考量模型拟合度的指标，这样就消除了变量数（自由度 = 变量数 -1）对拟合结果的影响。一般而言，卡方自由度比介于 1 到 3 时，表示假设模型的拟合度可以接受。RMR 表示实测矩阵与模型矩阵相减后，获得残差平方和的平方根，可以理解成拟合残差。当两个矩阵差异很小时，RMR 值也会很小。因为 RMR 值会受到变量之间单位不同（测量尺度不同）的影响，因此会出现变量不同，RMR 值大小无法比较的情况。[①] RMR 值在 0.05 以下时可以接受。

增值拟合度指标通常是将待检验的假设理论模型与独立模型进行比较，以判别模型的拟合度。本书增值适配度选取了 NFI 和 TLI，计算公式如下。NFI 值和 TLI 值通常介于 0 到 1 之间，越接近 1 表示模型拟合度越好，越小表示模型拟合度越差。

$$NFI = \frac{\lambda^2_{独立} - \lambda^2_{假设}}{\lambda^2_{独立}} \qquad (7-2)$$

$$TLI = \frac{\dfrac{\lambda^2_{独立}}{df_{独立}} - \dfrac{\lambda^2_{假设}}{df_{假设}}}{\dfrac{\lambda^2_{独立}}{df_{独立}} - 1} \qquad (7-3)$$

简约适配度统计量指标选取了 PNFI、PCFI 和 PGFI。PNFI 值和 PGFI 值比较假设模型与独立模型的差异，因为差异都会受到变量数和样本数的影响，所以 PNFI 值和 PGFI 值将自由度考虑进来，能够比较这些模型的拟合度优劣，哪个模型的指标值小，哪个模型的拟合度好。一般只要值大于 0.5 就表示拟合度好。

在 AMOS 运行测量模型可以顺利识别，财务融资及经济效益测量模型估计适配度统计量见表 7 – 11。

---

① 朱腾义. 长三角乡村小微型特色农业园规划设计理论与方法 ［M］. 南京：东南大学出版社，2018：229.

表 7 - 11　财务融资及经济效益适配度检验

绝对适配度		增值适配度		简约适配度		
CMIN/DF	RMR	NFI	TLI	PNFI	PCFI	PGFI
2. 602	0. 056	0. 907	0. 837	0. 565	0. 611	0. 546

从表 7 - 11 可见，模型绝对适配度的卡方值与自由度的比值为 2. 602 < 3，NFI = 0. 907 > 0. 9；简约适配度 PNFI = 0. 565 > 0. 5；PCFI = 0. 611 > 0. 5，PGFI = 0. 546 > 0. 5。大部分指数已达标，增值适配度虽然还没有完全符合理想的标准，也已经达到较高的水平，表示模型和数据适配程度较好。

同理，对内部运营与管理测量模型进行拟合。见图 7 - 3：

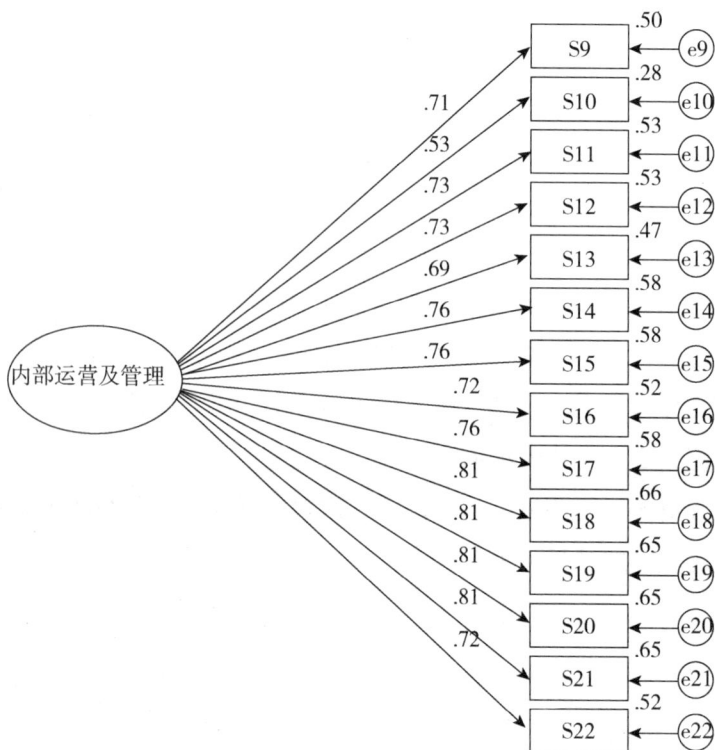

图 7 - 3　内部运营与管理测量模型路径

表7－12 内部运营与管理适配度指标

绝对适配度		增值适配度		简约适配度		
CMIN/DF	RMR	TLI	NFI	PNFI	PCFI	PGFI
2.059	0.038	0.860	0.911	0.674	0.746	0.577

表7－12中，模型绝对适配度的卡方值与自由度的比值为 2.059 < 3，RMR = 0.038 < 0.5，NFI = 0.911 > 0.9；简约适配度 PNFI = 0.674 > 0.5；PCFI = 0.746 > 0.5，PGFI = 0.577 > 0.5。各项指数已达标，表示模型和数据适配程度得好。

按照对财务融资和经济效益测量模型的拟合过程，同理依次对创新及可持续发展测量模型以及利益相关者测量模型进行拟合，模型适配度统计量都具有较好的表现，测量模型拟合得好。

（二）结构方程模型拟合

测量模型拟合较好，我们对整个模型进行拟合，图7－4为结构方程模型路径图。

整体模型适配度结果见表7－13。

表7－13 适配度指标

绝对适配度		增值适配度		简约适配度		
CMIN/DF	RMR	TLI	NFI	PNFI	PCFI	PGFI
1.916	0.058	0.913	0.911	0.543	0.686	0.511

从表7－13可见，绝对适配度 CMIN/DF = 1.916 < 3；增值适配度 TLI = 0.913 > 0.9，NFI = 0.911 > 0.9；简约适配度 PNFI = 0.543 > 0.5；PCFI = 0.686 > 0.5，PGFI = 0.511 > 0.5。大部分指数已达标，简约适配度全部合格，增值适配度虽然还没有完全符合理想的标准，也已经达到较高的水平。一般采用极大似然估计法（ML）得出的模型回归系数，下面为用极大似然法估计的模型系数（见表7－14）。

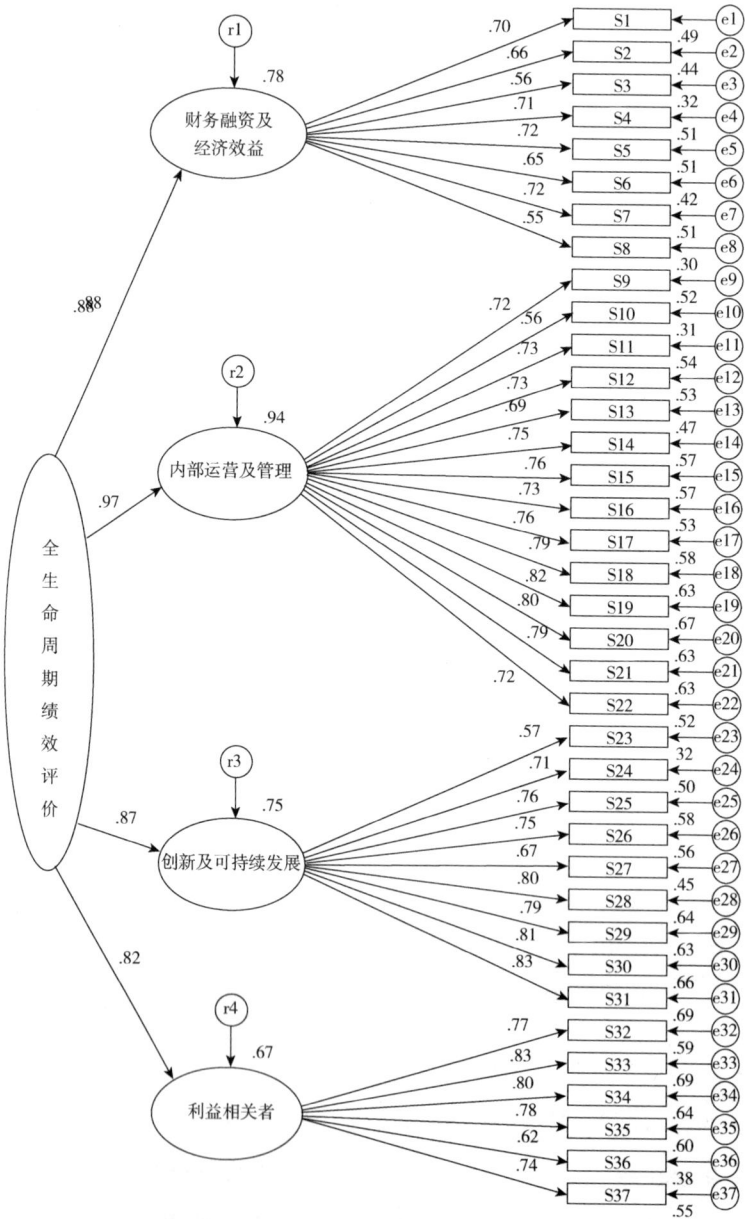

图 7 - 4 结构方程模型路径

表 7 – 14   回归系数表

	Estimate	S. E.	C. R.	P
A←Z	1			
B←Z	1.054	0.199	5.303	* * *
C←Z	0.855	0.210	4.073	* * *
D←Z	1.137	0.232	4.908	* * *
S1←A	1			
S2←A	0.927	0.173	5.355	* * *
S3←A	0.81	0.183	4.419	* * *
S4←A	0.893	0.162	5.522	* * *
S5←A	0.934	0.165	5.656	* * *
S6←A	0.948	0.186	5.100	* * *
S7←A	1.187	0.214	5.557	* * *
S8←A	0.813	0.186	4.366	* * *
S9←B	1			
S10←B	0.874	0.183	4.772	* * *
S11←B	0.971	0.156	6.216	* * *
S12←B	1.078	0.174	6.204	* * *
S13←B	1.101	0.189	5.839	* * *
S14←B	1.009	0.157	6.410	* * *
S15←B	1.001	0.155	6.472	* * *
S16←B	1.118	0.181	6.174	* * *
S17←B	1.010	0.156	6.468	* * *
S18←B	1.130	0.168	6.708	* * *
S19←B	1.136	0.162	7.006	* * *
S20←B	0.965	0.143	6.754	* * *
S21←B	0.987	0.145	6.788	* * *
S22←B	0.946	0.154	6.133	* * *

续表

	Estimate	S. E.	C. R.	P
S23←C	1			
S24←C	1.038	0.223	4.659	* * *
S25←C	1.320	0.273	4.835	* * *
S26←C	1.225	0.255	4.797	* * *
S27←C	1.159	0.257	4.506	* * *
S28←C	1.283	0.257	4.991	* * *
S29←C	1.328	0.269	4.944	* * *
S30←C	1.265	0.251	5.050	* * *
S31←C	1.377	0.268	5.137	* * *
S32←D	1			
S33←D	1.051	0.137	7.671	* * *
S34←D	0.938	0.132	7.130	* * *
S35←D	0.983	0.149	6.588	* * *
S36←D	0.737	0.147	5.019	* * *
S37←D	0.799	0.129	6.197	* * *

由结果可知，所有的指标回归系数已达到显著标准。因此，我们进一步求得模型内生潜变量与外生潜变量以及外生潜变量与观测变量标准化路径系数（β），即绩效指标的权重（见表7－15）。

表7－15　标准化回归系数

	Estimate
A←Z	0.882
B←Z	0.968
C←Z	0.869
D←Z	0.819
S1←A	0.701

续表

	Estimate
S2←A	0.662
S3←A	0.562
S4←A	0.712
S5←A	0.715
S6←A	0.651
S7←A	0.716
S8←A	0.547
S9←B	0.722
S10←B	0.561
S11←B	0.734
S12←B	0.729
S13←B	0.689
S14←B	0.752
S15←B	0.758
S16←B	0.727
S17←B	0.764
S18←B	0.791
S19←B	0.819
S20←B	0.796
S21←B	0.795
S22←B	0.719
S23←C	0.566
S24←C	0.707
S25←C	0.759
S26←C	0.748
S27←C	0.667

续表

S28←C	0.799
S29←C	0.794
S30←C	0.814
S31←C	0.829
S32←D	0.768
S33←D	0.830
S34←D	0.799
S35←D	0.775
S36←D	0.618
S37←D	0.742

对于标准化系数，其大小是否符合要求主要参考标准化路径系数的评价标准（如表 7 - 16）：

表 7 - 16 标准化路径系数评价范围

结构模型	关系程度	测量模型	关系程度
0.6 < β ≤ 1	关系很大	0.8 < β ≤ 1	关系很大
0.4 < β ≤ 0	关系较大	0.7 < β ≤ 0.8	关系较大
0.2 < β ≤ 0.4	关系一般	0.5 < β ≤ 0.7	关系一般
β ≤ 0.2	关系较小	β ≤ 0.5	关系较小

可以看出，所有的结构模型标准化路径系数都大于 0.8，表示关系很大；测量模型标准化路径系数都大于 0.5，变量间具有较好的评价标准。

三、模型分析

从结构模型看，财务融资及经济效益（A）、内部运营及管理（B）、创新及可持续发展（C）和利益相关者（D）对全生命周期海绵城市绩效的影响系数分别为 0.882、0.968、0.869 和 0.819，均为正值，说明财务融资及经济效益、内部运营及管理、创新及可持续发展和利益相关者对全生命周期海绵城市绩效有显著的正向影响。并且，其影响系数均大于 0.8，说明内在潜变量和外在潜变量之间具有很大的关系。其中，对海绵城市全生命周期影响最大的为内部运营及管理，对一个项目来说，其成果的质量很大程度上都取决于经营管理，如果管理不善，即使是非常成功的项目设计也难以为继，符合现实情况；影响绩效的第二大潜变量是财务融资及经济效益，项目的建设、运营、维护等各方面都需要资金的支持，只有充足及时的资金流才能保证项目持续发展。另外，项目经济效益对项目建设具有重要意义；创新和可持续发展以及利益相关者对海绵城市全生命周期的绩效也具有很大影响。

从测量模型看，所有的标准路径系数都大于 0.5，大部分都大于 0.7，路径系数较大，说明观测变量与潜变量之间具有比较显著的影响。标准化路径系数最大的为社会资本方满意度，为 0.83；最小的为节省排水防涝设施的运行费用，为 0.541。显著系数均为正数，表明变量间的影响均为正向影响。

从财务融资与经济效益测量模型看，补充地下水收益因子负荷为 0.716，在各潜在变量中，具有最大的影响因子，这也是海绵城市特殊的目标之一，即蓄水；良好的项目偿债能力、资金投入的及时到位、较低的财务融资成本、优越的财务融资结构的因子负荷分别为 0.715、0.712、0.701 和 0.662，具有显著性且影响因子都很大，表明海绵城市生命周期资金方面度需求能否得到有效满足，对其绩效具有很大程度的影响；雨水集蓄及利用带来的经济效益、充足的政府补贴、节省排水防涝设施的运行费用这几个观测变量对潜变量的影响较其他观测变量来说，小一些。

从内部运营与管理的测量模型来看，建设期及运营期的成本管理因子负荷达到了 0.819，成本控制是提高管理水平、降低经营风险的重要

途径，是效益评价的关键；建设期及运营期的进度控制的影响因子为
0.796，在运营与管理测量模型中占第二。在项目建设运营中，一方面
保证项目的质量，另一方面要提高工作效率。只有在管理上占据优势，
才能保持项目可持续高效的发展。进度控制影响因子为 0.795，它对保
证施工的效益、促进施工高效完成、降低施工成本和缩短施工工期具有
重要意义，很大程度上影响着绩效。有力的质量控制因子负荷为
0.795，对绩效具有重要意义，质量控制影响着建设项目的成效，对后
期也产生延续影响。另外，政府对"海绵城市"项目的良好规划及有
力监督、特许权期限的持续时间、合理的责任分担、风险分配和转移以
及"海绵城市"项目合同文本的合理性、实用性及灵活性标准化影响
路径系数均超过 0.75，对海绵城市绩效具有显著影响，主要强调规划
阶段设计的科学性和严谨性对绩效的影响。较低的监管费用，参与者对
于"海绵城市"的理解、掌握及实践经验，承包商综合实力，安全管
理，有效的风险管理体系的因子负荷也达到了 0.7，这些观测变量主要
考虑到对海绵城市项目的经验，一切经验都来源于实践，一切经验都应
运用于实践，经验能促使实践进一步改进，并能在实践中规避各种误
区，使得绩效进一步改善。竞争性招投标程序的完善性、合理性及透明
度、方案技术经济性及先进性在内部运营与管理中比重相对较低。

从创新和可持续发展的测量模型看，缓解城市热岛效应、增加城市
绿化面积、"海绵城市"区域径流调节及防涝能力的提高、净化水质，
改善城市水环境的因子负荷都达到了 0.79 以上，主要涉及海绵城市的
可持续发展，这也是海绵城市建设的重要目标，对于海绵城市全生命周
期的绩效具有绝对性贡献。"海绵城市"前沿理论，经验的培训、普
及，维护工作的有效落实，"海绵城市"渗、蓄、排等技术创新能力以
及运营服务争端解决程度的标准化路径系数都高于 0.6，主要使得海绵
城市项目能够与时俱进，具有成熟先进的技术指导。与此相比，财务融
资创新能力影响因子只有 0.566，影响力较小。

从利益相关者的测量模型来看，毫无意外，"三方"的满意度对海绵城市的绩效具有显著性贡献，标准化路径系数分别为 0.83、0.799 和 0.768，尤其是社会资本方的满意度，达到了 0.83。另外，内部一个良好的氛围影响到建设的团结合作情况，对绩效也具有很大程度的影响。新增就业机会影响因子为 0.742，劳动力是一个城市活力的来源，新增就业机会能够吸引更多城市建设者，促进社会发展，新增就业机会是海绵城市建设带来的外部性影响。相比之下，促进相关产业发展对海绵城市全生命周期的影响较小。

结构模型反映了潜变量之间的关系，而从测量模型中可以看到观察变量与潜变量之间的关系；结构方程模型的标准化系数呈现了海绵城市全生命周期各绩效指标的权重较科学合理。

第五节　海绵城市项目全生命周期绩效模糊综合评价

海绵城市项目的指标总体可分为包括政府补贴在内的定量指标和诸如利益相关者满意度之类的定性指标，而定性指标在衡量与评价时有一定的难度。金菊良等（2004）认为模糊综合评价法通过量化定性指标的评价，能够实现对不可量化的指标进行全面、有效评价。依托指标权重向量，同时建立模糊矩阵，并利用二者的乘积完成对各影响因素、指标的模糊综合评价，最终得到对海绵城市项目绩效的总体评价结果，为后续提高海绵城市项目绩效起到促进作用。[①]

但考虑到当前我国海绵城市项目周期较长，暂时还没有完全竣工的项目，暂时无法取得衡量全生命周期的海绵城市绩效的全部有效数据。

[①] 符学葳. 基于层次分析法的模糊综合评价研究和应用［D］. 哈尔滨：哈尔滨工业大学，2011.

因而对于全生命周期的海绵城市项目绩效的综合评价暂时只给出总体框架以供参考。海绵城市项目绩效模糊综合评价具体的步骤为：

一、确定影响因素集

因素集合用字母 S 来表示，在本书具体指的是对影响海绵城市绩效评价的因素集合，用公式表示为 $S = \{S_1, S_2, \ldots S_n\}$，式中 n 表示某层指标的具体个数，$S_i$（$i = 1, 2 \ldots n$）表示对应的指标。

本书通过对参与海绵城市项目建设、运营的人员及有 PPP 项目工作经验的专家学者等进行了问卷调查，最后确定了共 4 个一级指标——财务融资及经济效益、内部运营及管理、创新及可持续发展、利益相关者以及 37 个二级指标，其目标层设为海绵城市全生命周期项目绩效。再利用 AMOS 软件确定了海绵城市项目全生命周期绩效评价指标的权重。见表 7 – 17：

表 7 – 17　海绵城市项目绩效评价指标及权重

目标层	一级指标	二级指标
海绵城市全生命周期绩效（S）	财务融资及经济效益 S_1（0.88）	较低的财务融资成本 S_{11}（0.7）
		优越的财务融资结构 S_{12}（0.66）
		充足的政府补贴 S_{13}（0.56）
		资金投入的及时到位 S_{14}（0.71）
		良好的项目偿债能力 S_{15}（0.72）
		雨水集蓄及利用带来的经济效益 S_{16}（0.65）
		补充地下水收益 S_{17}（0.72）
		节省排水防涝设施的运行费用 S_{18}（0.55）
	内部运营及管理 S_2（0.97）	方案技术经济性及先进性 S_{21}（0.72）
		较低的监管费用 S_{22}（0.56）
		参与者对于"海绵城市"的理解、掌握及实践经验 S_{23}（0.73）

续表

目标层	一级指标	二级指标
海绵城市全生命周期绩效（S）	内部运营及管理 S_2（0.97）	竞争性招投标程序的完善性、合理性及透明度 S_{24}（0.73）
		"海绵城市"项目合同文本的合理性、实用性及活性 S_{25}（0.69）
		合理的责任分担、风险分配和转移 S_{26}（0.75）
		承包商综合实力 S_{27}（0.76）
		特许权期限的持续时间 S_{28}（0.73）
		政府对"海绵城市"项目的良好规划及有力监督 S_{29}（0.76）
		建设期及运营期的成本管理 S_{210}（0.79）
		建设期及运营期的进度控制 S_{211}（0.82）
		有力的质量控制 S_{212}（0.80）
		有效的风险管理体系 S_{213}（0.80）
		安全管理 S_{214}（0.72）
	创新及可持续发展 S_3（0.87）	财务融资创新能力 S_{31}（0.57）
		"海绵城市"渗、蓄、排等技术创新能力 S_{32}（0.71）
		"海绵城市"前沿理论、经验的培训、普及 S_{33}（0.75）
		维护工作的有效落实 S_{34}（0.76）
		运营服务争端解决程度 S_{35}（0.67）
		"海绵城市"区域径流调节及防涝能力的提高 S_{36}（0.80）
		净化水质，改善城市水环境 S_{37}（0.79）
		增加城市绿化面积 S_{38}（0.81）
		缓解城市热岛效应 S_{39}（0.83）

续表

目标层	一级指标	二级指标
海绵城市全生命周期绩效（S）	利益相关者 S_4（0.77）	政府满意度 S_{41}（0.77）
		社会资本方满意度 S_{42}（0.83）
		"海绵城市"建设区域居民满意度 S_{43}（0.80）
		社会资本方内部良好的团队氛围 S_{44}（0.78）
		促进相关产业发展 S_{45}（0.62）
		新增就业机会 S_{46}（0.74）

二、建立项目评语集

刘秋常等（2018）指出所谓评语集是相关专家、学者根据海绵城市项目运行的实际情况对全生命周期的各个进行指标打分的结果的集合。根据海绵城市全生命周期的实际情况，将专家、学者对海绵城市项目全生命周期的各指标绩效评价的评语总体可以划分为"优、良、中、差、劣"五个等级。[①]

用公式表示为 $T = \{t_1, t_2, \ldots t_m\}$，式中 n 表示对于某层指标的个数，$t_i$（$i = 1, 2, \ldots m$）表示对应的该层指标的评价。

其中，定量指标打分参考标准可以参照国家公布的海绵城市相关行业的指标数据或者参考海绵城市项目预先制定的计划标准，包括项目的资金预算与预先指定的绩效目标等；也可以考虑与海绵城市项目相关的已完成的 PPP 项目的历史数据与指标。总之，各专家对于海绵城市项目全生命周期绩效各指标的打分应当结合项目具体情况做出各个指标的评语选择。

---

① 刘秋常，齐建云，李慧敏. 基于模糊综合评价法的城市水生态 PPP 项目评价 [J]. 人民长江，2018，49（1）：90 - 94.

值得注意的是，由于海绵城市项目目前在我国尚未有完成全生命周期的案例，因而无法对各项全生命周期指标进行全部打分，尤其是维护工作的有效落实、政府满意度、社会资本方满意度、"海绵城市"建设区域居民满意度等无法取得确切的数据与专家评价。因而暂时无法建立海绵城市项目评语集，只能给出具体操作步骤以供参考，等海绵城市项目结项后建立完整的评语集。

三、实现模糊综合评价

韩利等（2004）强调模糊综合评价本质上是通过得出的各级指标的权重向量，再分别计算方案层和准则层的隶属度矩阵，根据二者乘积结果逐步推算，最终得到最高目标层的综合评价结果。[1]

隶属度矩阵是由各个影响海绵城市绩效因素 S_i 的评价结果 t_j 所构成，用公式表示为 $R_i = \{r_{i1}, r_{i2}, \ldots r_{in}\}$ 式中 r_{ij} 表示第 i 个影响因素对评价等级 j 的隶属度，正如朱俊峰等（2012）所阐述的那样。[2] 在本书中即海绵城市项目各指标对应的最后根据各个因素、指标的评级结果所对应的"优、良、中、差、劣"评语等级，从而实现了评语集的量化。最后，根据各评价结果构成隶属度矩阵：

$$R = \begin{bmatrix} R_1 \\ R_2 \\ \cdots \\ R_m \end{bmatrix} = \begin{bmatrix} r_{11} & r_{12} & \cdots & r_{1n} \\ r_{21} & r_{22} & \cdots & r_{2n} \\ & & \cdots & \\ r_{m1} & r_{m2} & \cdots & r_{mn} \end{bmatrix} \tag{7-4}$$

其中，一级指标层的指标用 $P = \{p_1, p_2, \ldots p_m\}$ 表示，权重用

---

[1] 杨俊，王占岐，金贵，等．基于AHP与模糊综合评价的土地整治项目实施后效益评价［J］．长江流域资源与环境，2013，22（8）：1036-1042.

[2] 朱俊峰，窦菲菲，王健．中国地方政府绩效评估研究：基于广义模糊综合评价模型的分析［M］．上海：复旦大学出版社，2012.

$W_p = \{w_{p1}, w_{p2}, \ldots w_{pm}\}$ 表示；二级指标层的指标则用 $Q = \{q_1, q_2, \ldots q_n\}$ 进行表示，权重用 $W_q = \{w_{q1}, w_{q2}, \ldots w_{qn}\}$ 表示。假设最高层即海绵项目全生命周期绩效用字母 G 代表，那么隶属度矩阵的公式可以表示为：

$$R_i = W_q = \{w_{q1}, w_{q2}, \ldots, w_{qn}\} * \begin{bmatrix} r_{11} & r_{12} & \cdots & r_{1n} \\ r_{21} & r_{22} & \cdots & r_{2n} \\ \vdots & \vdots & \cdots & \vdots \\ r_{m1} & r_{m2} & \cdots & r_{mn} \end{bmatrix} \quad (7-5)$$

所以最高目标层的最终绩效 $G = W_p = \{w_{p1}, w_{p2}, \ldots w_{pm}\} * (R_1, R_2, \ldots R_n)^T$

具体以海绵城市项目全生命周期绩效中"财务融资及经济效益"指标的评价为例。

首先，对于包括较低的财务融资成本等在内的各个二级指标进行一级模糊综合评价。其中，根据对各个二级指标选择"优、良、中、差、劣"中某一评语的专家人数除以参与调研的专家总人数可以得出模糊评价矩阵 R_1 中的数字。

由于"财务融资及经济效益"的二级指标中各指标的评价权重为 $A_1 = (0.70, 0.66, 0.56, 0.71, 0.72, 0.65, 0.72, 0.55)$，那么将 A 进行归一化后的指标权重为 $A_1 = (0.13, 0.13, 0.11, 0.13, 0.14, 0.12, 0.14, 0.10)$，再根据得出的模糊评价矩阵 R_1，最后根据公式 $B_1 = A_1 * R_1$ 就可以得出绩效评价。B_1 即"财务融资及经济效益"指标的评价。而根据隶属度最大原则可以分析得出 B_1 的"优、良、中、差、劣"隶属度对应情况并对此绩效结果加以分析。"内部运营及管理""创新及可持续发展""利益相关者"这三个一级模糊评价亦可类似进行，依次得出 B_2、B_3、B_4。最后再将得出的这四项结果再构成新的隶属矩阵 R。

再根据上述一级模糊综合评价得出的结果，可以计算出最高目标层海绵城市项目的综合绩效。由于各个一级指标的权重为 A ＝ （0.88，0.97，0.87，0.82），将其归一化后的指标权重为 A ＝ （0.25，0.27，0.25，0.23）。再根据海绵城市项目全生命周期综合绩效为 B ＝ A ＊ R 公式即可得出最终的项目绩效评价结果 B，最后根据隶属度最大原则得出 B 对应的隶属度最终完成对于项目的整体绩效评价。

本书通过结合结构方程模型确定了海绵城市项目一级、二级指标的权重，再运用模糊综合评价法完成对绩效指标的评价，实现了项目绩效的量化。首先，根据 KPI 理论构建全生命周期指标体系，并将其确定为影响海绵城市绩效评价的因素。再收集相关专家、学者根据相关的行业标准对各个指标进行打分，得出指标体系的评语集并确定模糊评价矩阵。最后根据模糊综合评价的相关公式得出最终的全生命周期海绵城市项目指标绩效结果，再通过确定各对应"优、良、中、差、劣"的隶属度结果最终完成对该项目绩效的评价。

但值得注意的是，由于海绵城市的各个试点项目尚未完全竣工，因此暂时无法得到完整的影响海绵城市绩效的因素的打分等评语集数据。所以，目前主要是对于整个海绵城市项目全生命周期的绩效评价进行框架的构建，希望此研究结果能为衡量全生命周期绩效评估提供参考，并为提高海绵城市项目绩效提供一定的借鉴意义。

第八章 结论与建议

　　海绵城市建设是解决城市发展中出现的各种问题的关键，本书着眼于海绵城市的含义和影响因素，构建了海绵城市评价指标体系，包括海绵城市建设期以及全生命周期的两套评价体系和模型，并结合贵安新区的海绵城市建设效果，利用建立的评价体系和模型进行评级。

　　海绵城市作为一种先进的城市建设和管理理念，已经得到了政府的大力支持，并得到了研究机构和高校相关学者的广泛关注。在绩效评价方面缺少能够量化的统一指标，本书结合实施海绵城市项目时的目标要求和影响因素之间的关系，参考海绵城市的绩效评价办法和有关理论研究，通过结构方程模型对评价指标进行量化，并构建了较为全面的海绵城市评价指标体系，为今后评价海绵城市建设水平提供了基础。

第一节　主要结论

　　在对海绵城市建设的相关理论分析、评价体系构建以及模型构建与求解中得出的结论现总结如下。

一、海绵城市建设项目正在不断加大建设力度

2012 年 4 月，"海绵城市"的概念在《2012 低碳城市与区域发展科技论坛》中首次提出，随后 2015 年我国启动了海绵城市试点计划，以"到 2020 年，建成区 20% 以上的面积达到海绵城市建设要求；到 2030 年，建成区 80% 以上的面积达到海绵城市建设总体要求"为目标，为 30 个试点城市在三年内提供总额高达 60 亿美元的中央政府财政补助①，2015 年 4 月财政部、住建部和水利部联合发布了第一批 16 个海绵城市试点名单，次年又推出了 14 个海绵城市试点名单。

二、海绵城市 PPP 项目面临运作机制、投融资模式和风险分担等问题

在试点过程中发现，传统的融资渠道特别是政府财政支持难以满足海绵城市建设庞大的资金需求，因而各级政府积极推动 PPP 模式在海绵城市中的应用，进一步促成了各海绵城市 PPP 项目多种多样的运作模式。与传统的项目相比较而言，目前的海绵城市 PPP 项目在运作机制、投融资结构、风险分担等多方面存在比较复杂的处理情况。

三、构建了海绵城市 PPP 项目绩效管理评价体系

构建的海绵城市 PPP 项目绩效管理评价体系，可以切实有效地帮助政府和私营部门实现高效的产品输出，提高社会公众的满意度。经过大量阅读文献和资料，我们对海绵城市 PPP 项目绩效管理中涉及的理论进行了梳理，结合利益相关者理论、物有所值理论、委托代理理论、激励机制相关理论以及其他理论基础构建了海绵城市 PPP 项目绩效管理评价体系，通过评价体系的搭建可以切实有效地帮助政府和私营部门实现高效的产品输出，提高社会公众的满意度。在海绵城市 PPP 项目的建设过程中利益相关者的满意度对于项目的实施和建设是至关重要

---

① 白雪，张自芳. 福州海绵城市建设：三分建七分管［N］. 中国经济导报，2018 – 05 – 31.

的，以利益相关者理论为基础，物有所值理论为目标，委托代理理论等其他多个理论为辅助，引入 VPM 法、平衡记分卡、KPI 法等多种绩效管理办法，多种方法相结合，实现对海绵城市 PPP 项目绩效的全面高效评价。

四、绩效评估是海绵城市项目实际管理过程中的关键环节

一方面，海绵城市项目生命周期长，涉及识别阶段、准备阶段、采购阶段、建设阶段、运营阶段及移交阶段。另一方面，海绵城市项目参与方或利益相关者较多，主要包括政府部门、私营部门、社会公众、银行、咨询公司及施工企业等。这二者对其绩效目标的选择造成一定困难。在参照袁竞峰（2009）从学术界、私营单位、政府和公众角度提出不同利益相关者的五大目标、《基础设施特许经营 PPP 项目的绩效管理与评估》一文以及赵新博（2009）采用在西方的绩效评价实践中广泛使用的 4E 原则之后，最终我们决定从项目的投入、建设、运营、结果、影响五个阶段来识别相应的绩效评价目标。

五、建立了海绵城市建设期绩效评价体系

海绵城市建设期的评价主要可以分为六个方面，分别是水生态、水资源、水安全、水环境、水经济和水制度，每个方面又继续下分为若干个影响因素。本研究利用德尔菲法对评价指标进行筛选，并根据结构方程的相关理论对评价指标进行最终筛选和确定指标的权重，构建了完整的海绵城市建设期绩效评价体系。

六、海绵城市建设在分阶段的动态绩效评价方面仍有不足

海绵城市的建设是城市发展理念的转型，符合我国目前高质量发展的要求，但在分阶段的动态绩效评价的实践方面仍有不足，不利于海绵城市项目的全面推进与可持续发展。所以全生命周期绩效考核体系的建

立更是当前海绵城市项目建设与评价的重中之重，其结构安排是：首先根据绩效评价的基础理论以确定绩效评价的基本方法，然后设计出海绵城市项目全生命周期绩效评价的相关指标，再对指标进行筛选并对海绵城市项目重要指标进行赋权和模糊综合评价，最后根据绩效评价的结果提出针对性意见和建议。

第二节　存在的问题

由于海绵城市评价体系中存在许多未知的干扰因素且系统复杂，我们对评价指标的测量也很难达到精确化。海绵城市的投资力度较大，在资金和风险方面存在很多问题。对于采用 PPP 模式的海绵城市建设由于牵扯到几方的不同利益，因此，在利益处理及项目评价等方面存在很多有争议的地方。而且各方的责任与义务也应当做出具体的区分，牵扯到利益关系或责任落实，都应当在具体合同中列出。同时，有些评价指标是无法具体量化的。在项目的融资过程以及实施过程中，也存在一些不可控的因素。对于海绵城市建设及评价中可能存在的一些问题及对策，现进行总结如下。

一、海绵城市建设涉及的利益分配、风险承担问题

海绵城市建设需要的投资额度大，需要政府与民间资本合作投资，这就涉及复杂的责任利益分配问题。海绵城市的建设投资与回报机制复杂，难以界定哪个机构可以从中收益，甚至回收成本的渠道也难以确定。另外，广为提倡的 PPP 模式虽然是海绵城市建设的一大良策，但谁来承担风险也是个问题。由于 PPP 模式也有不足之处，如灵活程度不高，政府与企业合作时难以考虑到未来的发展变化，因此私人企业无法对未来的风险进行预估。众所周知，在 PPP 模式中，任何一方承担

的风险过大都将导致投资计划的失败。因此，应建立良好的投资责任、风险承担制度，为海绵城市的建设保驾护航。

二、海绵城市 PPP 项目的投资回报机制

海绵城市 PPP 项目常见的回报机制包括使用者付费、政府付费以及政府可行性缺口补贴三种方式，海绵城市在建设过程中涉及的项目多为园林、市政、排水等方面，大多为非经营性项目，很大程度上需要通过政府财政补贴或政府付费的形式来实现投资回报。根据财政部公布的海绵城市 PPP 项目数据分析来看，采取政府付费方式的项目有 29 个（占比 47.5%），政府可行性缺口补贴方式的项目同样为 29 个（占比 47.5%），采用使用者付费方式的项目仅有 3 个，仅占 4.9%。相比另外两种回报机制来说，使用者付费所占比例过小。这种政府占主导的回报机制往往会伴随着当地政府财政能力而存在一定的项目回报隐患，项目回报的可持续性和稳定性难以保证，并且不能充分发挥社会资本的融资、技术等各方面资源。另外，目前政府大多数通过考核项目绩效逐年支付服务费，这对于企业来说风险与回报无法很好匹配，而对于政府来说，项目风险没有得到有效共担。

三、海绵城市绩效评价指标的测量问题

在海绵城市建设期的绩效评价中存在一些问题，其中最重要的就是数据处理的问题。在本研究中，最终选用的海绵城市建设期的评价指标一共有 25 个，由于目前我国海绵城市项目处于试点阶段或者初期的建设阶段，因此每个指标的统计数据并没有一个统一的测量口径，或者有些指标并没有直接测量也没有办法测量。所以在本研究的数据处理部分，采用了如下的处理方法：对于没有直接统计口径的指标，本书借鉴了已有研究中的对数据处理的方法，选用其他指标利用相应的计算公式进行测量；对于没有测量或者无法测量的指标，参考已有研究中的处理

方法选用了其他的有测量数据的测量指标利用调整系数进行调整后进行替代；对于一些定性的指标，没有办法直接对其进行定量的测量，本研究中运用结构方程模型对定性指标加以处理进行定性向定量的转化，从而可以对指标加以测量。在最终的数据评价得分中，难以保证数据处理的精确性，而且有些统计数据本身就难以对其进行精确测量。

四、海绵城市建设面临的复杂性问题

海绵城市 PPP 项目是一个综合性极强、跨学科、跨专业的综合类项目，其在项目建设过程中可能会涉及多个职能部门，而这些职能部门的诉求与意见往往存在很大的分歧，各职能部门的责任边界难以划分，责任分配不明确，落实不到位，都会对海绵城市建设绩效评价造成很大程度的影响。并且海绵城市 PPP 项目的运营周期非常长，若没有明确的责任划分，后续工作的进行会增加很大的难度，项目的稳定性和建设效率无法得到保障。

第三节　对策建议

一、针对利益分配和风险承担问题的对策

把一个大项目分解成若干个子项目，并以 PPP 模式公开招标，不仅可以避免大型项目可选择招标企业对象少的问题，还可以减小牵涉资金所带来的资金困难问题。但由于子项目过多，应以 PPP 项目的风险承担机制明确划分每个项目的责任方、获益方，正确定义各类工程的责任边界。尽量减少由于责任边界模糊导致的一系列法律纠纷。政府等公共部门应积极与获益方合作，动员全社会的力量一起完成建设。

二、针对海绵城市 PPP 项目回报问题的对策

可以通过提高海绵城市经营性，从政府付费的回报机制向使用者付费过渡，从而增强海绵城市项目的可持续性以及稳定性，进而充分调动利益相关各方的积极性，高效推动海绵城市 PPP 项目的实施与发展。主要措施有以下几点。

第一，学习借鉴美国的雨洪管理资金模式，美国通过建立雨洪公共事业部门，制定雨水排放许可收费制度来筹集资金，即向业主收取适当的"雨水排水管网"使用费，主要依据的是雨天产生的雨水径流。一般来说，雨洪管理是一种公益性项目，雨水收费制度为其提供了稳定的专项资金来源，降低项目风险，实现了政府付费向使用者付费的转变，是一种公平公正的融资方式。

第二，基于海绵城市建设本身提供增值服务，如污水净化回用、调蓄后的雨水处理回用等，这些都能为项目带来稳定的收入。此外，可以充分发挥海绵城市的特色，给当地居民建造适宜的休闲娱乐场所，引入如海绵建设区域商业设施收费、停车场收费、娱乐场所的增值服务等，进一步提升项目的资金流。

第三，将海绵城市与城市房地产开发、特色小镇、旅游景区开发等片区建设有机融合，鼓励片区开发与综合运营商联合海绵城市建设和运营，共同推动片区开发建设，带动片区土地价值提升，并将部分价值增值用于支付海绵城市 PPP 项目的政府付费。①

三、针对海绵城市绩效评价指标测量问题的对策

虽然在本书中对测量指标的最终得分进行了标准化，这在一定程度上减少了指标的量纲以及绝对值的差异造成的影响，但是还是难以避免

---

① 姚铃. 海绵城市建设管理问题与对策概述［J］. 住宅产业，2019（12）.

统计指标的一些不可控的误差。随着海绵城市建设的推进以及理论经验的逐步完善，在以后的研究中，应当注重数据的处理方面，可以选用新的统计指标对本书的统计指标加以替代。每个测量指标的选取上，应尽可能选用一些便于测量或者可以精确测量的指标，而不应该选用一些测量技术上要求较高且测得的结果又无法验证是否足够精确的指标；还应当尽量避免选用认为主观因素的指标，也就是定性的指标，对于无可避免地要用到定性指标时，要利用足够多的数据来统计专家的主观意见，尽可能地减少主观性的影响。

四、针对海绵城市建设复杂性问题的对策

在项目策划初期根据实际情况予以充分考虑和合理安排，全责划分明确，并且各部门横向联动整合，明确规划责任部门和牵头实施部门，各部门共同实现海绵城市的建设和运营，建立部门之间协调管理机制，共同推进海绵城市建设。与此同时组建专业的咨询技术团队，由于海绵城市的综合性和复杂性，单一的技术咨询难以支撑整个项目的高效运转，长此以往会对海绵城市项目建设造成多方面的阻碍。从长期来看组建专业的咨询团队对于海绵城市绩效考核以及项目的快速推进都有极大的益处。

参考文献

[1] 曾祥，何淑芳，刘铭环.从日本综合治水看武汉海绵城市建设 [C] //第八届全国河湖治理与生态文明发展论坛论文集.北京：中国水利技术信息中心，2016.

[2] 车伍，马震，王思思.中国城市规划体系中的雨洪控制利用专项规划 [J].中国给水排水，2013（2）：78－83.

[3] 车伍，闫攀，赵杨.国际现代雨洪管理体系的发展及剖析 [J].中国给水排水，2014（9）：123－128.

[4] 车伍，赵杨，李俊奇.海绵城市建设热潮下的冷思考 [J].南方建筑，2015（4）：57－61.

[5] 车伍，赵杨，李俊奇.海绵城市建设指南解读之基本概念与综合目标 [J].中国给水排水，2015（8）：104－109.

[6] 陈青青，邵潇.PPP专题之二：海绵城市专题研究——政策频加码，项目提速中 [R].国信证券研究报告，2016－06－01.

[7] 仇保兴.海绵城市的内涵、途径与展望 [J].给水排水，2015（3）：33－39.

[8] 笪可宁，纪莹，张仕祺.海绵城市建设的PPP融资模式应用对策研究 [J].沈阳建筑大学学报（社会科学版），2016（4）：364－368.

232

［9］戴康，李弘扬．海绵城市主题：拒绝城市看海［R］．华泰证券研究报告，2016－10－26．

［10］戴维·帕门特．关键绩效指标：KPI 的开发、实施和应用［M］．北京：机械工业出版社，2018.

［11］邓权龙，蒋仲安，王佩．矿井防尘供水管网可靠性未确知测度评价模型［J］．中国安全科学学报，2017（3）：135－140.

［12］杜建康，李卫群，陈波．雨水调蓄塘在防治城市内涝中的应用［J］．给水排水，2012（10）：42－47.

［13］冯峰，张瑞青．公用事业项目融资及其路径选择：基于 BOT、TOT、PPP 模式之分析比较［J］．软科学，2005（6）：53－57.

［14］高嘉，王云才．从美国西雅图雨水管理系统看我国海绵城市发展［J］．中国城市林业，2016（1）：57－62.

［15］耿潇，赵杨，车伍．对海绵城市建设 PPP 模式的思考［J］．城市发展研究，2017（1）：125－129，134.

［16］郭琳，焦露，吴玉鸣．海绵城市建设绩效评价指标体系构建及对策研究：以国家级新区贵安新区为例［J］．西部发展评论，2016（0）：49－60

［17］何常清．以控制指标的分区分类落实引导海绵城市建设［J］．江苏城市规划，2016（3）：40－43.

［18］2015 年海绵城市建设 16 个试点城市名单［N］．鹤壁日报，2015－04－03.

［19］胡彬．中国海绵城市规划存在的技术、资金问题及对应建议［J］．科学技术创新，2018（29）：111－112.

［20］胡灿伟．海绵城市重构水生态［J］．生态经济，2015（7）：10－13.

［21］胡申，单丹，王光兵．海绵城市：拉得动经济，留得住乡愁［R］．信达证券研究报告，2015－09－10.

［22］胡振．公私合作项目范式选择研究：以日本案例为研究对象［J］．公共管理学报，2010（3）：67－71.

［23］黄巧巧．PPP 产业基金平台模式方案设计：以海绵城市建设为例［J］．商，2016（32）：205－206.

［24］孔繁花，尹海伟，刘金勇，等．城市绿地降温效应研究进展与展望［J］．自然资源学报，2013（1）：171－181.

［25］李俊奇，刘洋，车伍，等．城市雨水减排管制与经济激励政策的思考［J］．中国给水排水，2010（20）：33－39.

［26］李少君，周隆刚，金达莱．稳增长的新宠：海绵城市［R］．民生证券研究报告，2015－10－27.

［27］李字庆．SMART 原则及其与绩效管理关系研究［J］．商场现代化，2007（19）：148－149.

［28］梁营科，陈家红，周志广，等．PPP 海绵城市建设中社会资本激励研究［J］．时代经贸，2017（12）：43－45.

［29］廖朝轩，江育铨．都市水环境与雨水利用计划［J］．台湾环境与土地，2014（2）：99－103.

［30］林绚晖，朱睿，车宏生．平衡记分卡理论及其发展进程［J］．现代管理科学，2007（10）：8－10.

［31］刘波．海绵城市技术是中国城乡生态环境建设的起点［J］．水利发展研究，2014（9）：145－151.

［32］刘秋常，齐建云，李慧敏．基于模糊综合评价法的城市水生态 PPP 项目评价［J］．人民长江，2018，49（1）：90－94.

［33］刘颂，赖思琪．国外雨洪管理绩效评估研究进展及启示

[J]. 南方建筑，2018（3）：46 – 52.

[34] 刘晓宇. 达西定律在地下水环境影响评价中的应用 [J]. 环境影响评价，2019（1）：72 – 75.

[35] 柳骅. 低影响开发在城市滨水景观设计中的应用解析 [J]. 生态经济，2014（11）：76 – 82.

[36] 卢宁，王世和. 破解"城中看海"的良方：海绵城市建设技术指南解读 [J]. 中华建筑，2015（1）：132 – 136.

[37] 卢金山，蒋安和，黄芷晗，等. 海绵城市项目绩效评价方法比较 [J]. 建筑经济，2020（5）.

[38] 吕兰军. 水文在海绵城市建设中的作用与思考 [C] //第八届全国河湖治理与生态文明发展论坛论文集. 北京：中国水利技术信息中心，2016.

[39] 满莉，李雨霏. 用 PPP 模式建设海绵城市 [J]. 水资源保护，2016（6）：164 – 165.

[40] 孟丽. PPP 模式下海绵城市项目财务管理研究 [J]. 企业改革与管理，2017（19）：118.

[41] 海绵城市试点，珠海底气何在？[EB/OL]. 南方新闻网，2016 – 05 – 12.

[42] 欧阳如琳，程哲，蔡文婷，等. 从中美案例经验谈海绵城市 PPP 模式的关键实施要点 [J]. 中国水利，2016（21）：35 – 40.

[43] 市北打造"海绵"浮山，植被灌溉实现"自给自足" [EB/OL]. 青岛日报网，2017 – 04 – 25.

[44] 南宁市在全国 16 个试点海绵城市中位列三甲 [EB/OL]. 人民网，2017 – 05 – 28.

[45] 任泽平，宋双杰. 五大政策主题：国改、深港通、PPP、轨

道交通、海绵城市——下半年展望之五 [EB/OL] . 搜狐网, 2016 - 08 - 17.

[46] 史可. 海绵城市 PPP 的池州试点 [J] . 新理财（政府理财）, 2016 (12)：40 - 41.

[47] 宋敏. 海绵城市建设 PPP 投资管理：以江西省萍乡市为例 [J] . 商业评论, 2016 (8)：54 - 59.

[48] 邵家艳. 宁波首个海绵城市公园！姚江北侧滨江绿化工程项目建成啦 [EB/OL] . 搜狐网, 2017 - 05 - 02.

[49] 孙彬彬, 周岳, 高志刚. 海绵城市与海绵城市债：政府性债务和城投专题研究之十四 [R] . 招商证券股份有限公司, 2016 - 07 - 19.

[50] 谭术魁, 张南. 中国海绵城市建设现状评估：以中国 16 个海绵城市为例 [J] . 城市问题, 2016 (6)：98 - 103.

[51] 唐磊, 车伍, 赵杨. 合流制溢流污染控制系统决策 [J] . 给水排水, 2012 (7)：91 - 95.

[52] 汪毅, 包婷. 乘雄安之风, 待展翅翱翔——海绵城市主题跟踪报告 [R] . 长城证券股份有限公司, 2017 - 05 - 09.

[53] 王超, 赵新博, 王守清. 基于 CSF 和 KPI 的 PPP 项目绩效评价指标研究 [J] . 项目管理技术, 2014, 12 (8)：18 - 24.

[54] 王德伦, 吴峰, 李彦霖, 等. 海绵城市：乘风借势, 振翅高飞——PPP 专题系列三 [R] . 兴业证券股份有限公司, 2016 - 09 - 19.

[55] 王国荣, 李正兆, 张文中. 海绵城市建设理论及其在城市规划中的实践构想 [J] . 山西建筑, 2014 (36)：99 - 105.

[56] 王珮瑜, 郭佩含. PPP 项目绩效评价指标体系研究：以 X 污水处理项目为例 [J] . 湖南职业技术学院学报, 2016, 16 (4)：22 -

24，11.

［57］王祎佳，李俊松，万炜．海绵城市专题报告：政策多核驱动，建设有条不紊［R］．中信建投证券研究报告，2016－07－18.

［58］王志涛，洪聿铭．浅谈如何做好 PPP 项目施工现场管理［J］．公路交通科技．2019（1）：55－57.

［59］王重鸣，沈剑平．中外合资企业管理决策的特征与评估指标［J］．应用心理学，1990（4）：29－37.

［60］魏保平，柏云．PPP 模式驱动海绵城市建设：以镇江市海绵城市项目为例［J］．中国投资，2016（6）：72－74.

［61］吴丹洁，詹圣泽，李友华．中国特色海绵城市的新兴趋势与实践研究［J］．中国软科学，2016（1）：79－97.

［62］吴东平，周志鹏，卢建新．基于 BP 神经网络的 PPP 项目绩效评价方法研究［J］．建筑经济，2019（12）：51－54.

［63］吴建南，章磊，阎波，等．公共项目绩效评价指标体系设计研究：基于多维要素框架的应用［J］．项目管理技术，2009（4）：176－182.

［64］武春丽．海绵城市：从理论到实践［N］．中国建设报，2015－05－19.

［65］河北迁安被列入我国首批海绵城市建设试点［EB/OL］．新华网，2015－04－15.

［66］徐振强．实施中国特色海绵城市的政策沿革与地方实践［J］．上海城市管理，2015（6）：66－72.

［67］许年会，卢建新，周静．中国 PPP 发展现状［M］//PPP 投融资模式及其在中国的发展研究．北京：经济科学出版社，2019，24－68.

［68］许杰玉，毛磊，熊锋，等．基于"海绵城市"理论的城市雨水资源利用规划研究：以山东省曲阜市为例［J］．国土与自然资源研究，2016（5）：38-41．

［69］闫丽琼，周俊涛，顾鹏．绿色债券系列研究之一：海绵城市项目建设现状及其生态环境效益研究［R］．中债资信评估有限责任公司，2017-06-09．

［70］杨宝昆，刘芳．PPP 项目全生命周期绩效管理研究［J］．工程经济，2018，28（3）：23-30．

［71］杨俊，王占岐，金贵，等．基于 AHP 与模糊综合评价的土地整治项目实施后效益评价［J］．长江流域资源与环境，2013，22（8）：1036-1042．

［72］杨锐．VFM、绩效指标在 PPP 项目中的交叉应用研究［J］．商，2016（3）：29-34．

［73］叶琳．完善海绵城市绩效评价体系初探［J］．管理观察，2018（6）：92-93，96．

［74］叶晓东．海绵城市实施途径及规划应对策略研究：以宁波市为例［J］．上海城市规划，2016（2）：67-72．

［75］尹贻林，刘琦娟，王翔．公共项目全生命周期监管体系研究：基于 VfM 评价与 BIM 技术的协同［J］．项目管理技术，2016，14（7）：17-20．

［76］玉溪市海绵城市建设情况［EB/OL］．玉溪市人民政府网，2016-12-21．

［77］詹卉．基础设施生命周期理论与投融资 PPP 模式研究［J］．地方财政研究，2014（1）：63-67．

［78］张剑智，孙丹妮，刘蕾．借鉴国际经验推进中国环境领域

PPP 进程［J］. 环境保护，2014（17）：33 – 38.

　　［79］张守文. PPP 的公共性及其经济法解析［J］. 法学，2015（11）：9 – 16.

　　［80］张书函. 基于城市雨洪资源综合利用的海绵城市建设［J］. 建设科技，2015（1）：78 – 84.

　　［81］张旺，庞靖鹏. 海绵城市建设应作为新时期城市治水的重要内容［J］. 台湾环境与土地，2014（2）：54 – 58.

　　［82］张小莉. 安徽池州：海绵城市 PPP 项目建设创新实践［J］. 中国财政，2016（23）：32.

　　［83］张雅卓. 城市河道综合整治研究及思考［J］. 水利发展研究，2010（6）：67 – 71.

　　［84］章林伟. 海绵城市建设概论［J］. 给水排水，2015（4）：88 – 93.

　　［85］赵明琦. 基于平衡计分卡的绩效评价指标体系在招聘中应用:以 A 企业研发中心为例［J］. 福建质量管理，2019（6）：270 – 271.

　　［86］第二批海绵城市国家试点城市 2016 最全盘点［EB/OL］. 中国水网，2016 – 12 – 13.

　　［87］周迪. 海绵城市在现代化建设中的应用研究［J］. 安徽农业科学，2015（16）：77 – 83.

　　［88］周凌. 海绵城市年径流总量控制率的若干问题探讨［J］. 给水排水，2018，44（8）：52 – 56.

　　［89］朱俊峰，窦菲菲，王健. 中国地方政府绩效评估研究：基于广义模糊综合评价模型的分析［M］. 上海：复旦大学出版社，2012.

　　［90］朱敏. 海绵城市建设 PPP 投资管理：以江西省萍乡市为例

[J]. 中外企业家, 2016 (23): 16.

[91] 朱伟伟. 海绵城市评价指标体系构建与实证研究 [D]. 杭州: 浙江农林大学, 2016.

[92] 左建兵, 刘昌明, 郑红星, 等. 北京市城区雨水利用及对策 [J]. 资源科学, 2008 (7): 990 – 998.

[93] CHIROMO A T. Public – private Partnerships in Water Infrastructure Projects in Zimbabwe: The Case of the Kunzvi Water Development Project [J]. Working Paper, 2014.

[94] CRONBACH J. Coefficient Alpha and the Internal Structure of Tests [J]. Psychometrika, 1951, 16 (3): 297 – 334.

[95] DOROTHEA G. Balanced Score Card Implementation in German non – profitorganisations [J]. International Journal of Productivity and Performance Management, 2010, 59 (6): 534 – 554.

[96] MARTYNOVA E, WEST S G, LIU Y. Review of Principles and Practice of Structural Equation Modeling [J]. Structural Equation Modeling: A Multidisciplinary Journal, 2018, 25 (2): 325 – 329.

[97] ELLIOTT A H, TROWSDALE S A. A Review of Models for Low Impact Urban Storm Water Drainage [J]. Environmental Modelling & Software, 2007 (22): 394 – 405.

[99] Water Environment Federation. Green Infrastructure Implementation [M]. Geneva: WEF Special Publication, 2014.

[100] GRAEMEL H. Public – Private Partnerships: An International Performance Review [J]. Conference Papers – Midwestern Political Science Association, 2005, 67 (3): 545 – 558.

[101] YANG H. A Critical Review of Performance Measurement in Con-

struction ［J］. Journal of Facilities Management, 2010, 8 （4）: 269 - 284.

［102］ QIN H P, LI Z X, Fu G T. The Effects of Low Impact Development on Urban Flooding Under Different Rain Fall Characteristics ［J］. Journal of Environmental Management, 2013 （129）: 577 - 585.

［103］ HUNT W F. Stormwater BMP Mannal ［S］. North Carolina: Department and Natural Resources, 2007.

［104］ JOKSIMOVIC D, ALAM Z. Cost Efficiency of Low Impact Development （LID） Stormwater Management Practices ［J］. Procedia Engineering, 2014 （89）: 734 - 741.

［105］ KAPLAN R S, NORTON D P. The Balanced Score Card - Measures That Drive Performance ［J］. Harvard Business Review, 1992, 70 （1）: 71 - 79.

［106］ AHIABLAME L M, ENGEL B A, CHAUBEY I. Effectiveness of Low Impact Development Practices: Literature Review and Suggestions for Future Research ［J］. Water Air Soil Pollution, 2012, 223: 4253 - 4273

［107］ LEVY S. M. Public - private Partnerships in Infrastructure ［J］. Leadership & Managementin Engineering, 2008, 8 （4）: 217 - 230.

［108］ LIU J, LOVE P, DAVIS P, et al. Performance Measurement Framework in PPP Projects ［R］. University of Central Lancashire, 2015.

［112］ NIVEN R. P. Balanced Scorecard Step - By - Step for Government and Noprofit Agencies ［M］. Hoboken: John Wiley & Sons Inc., 2008.

［110］ SHAFIQUE M, KIM R. Low Impact Development Practices: A Review of Current Research and Recommendations for Future Directions ［J］.

Ecological Chemistry and Engineering, 2015, 22 (4), 543 – 563.

[111] SNEDECOR G W, COCHRAN W G. Statistical Methods [M]. Ames, Iowa: Blackwell Publishing Professional, 1989.

[112] DEBO T N, REESE A J. Municipal Stormwater Management [M]. London: Lewis Publishers, 2014.

[113] ZOPPOU C. Review of Urban Storm Water Models [J]. Environmental Modelling and Software, 2001 (16): 195 – 231.

附　录

附录 A　海绵城市建设期关键绩效指标调查问卷

尊敬的女士/先生:

您好！我们是中国交通建设股份有限公司重大科技研发项目海绵城市关键技术研究与应用子课题六"海绵城市 PPP 投融资模式及财务绩效评价研究"课题组成员。非常感谢您能为我们的研究提供宝贵意见。我们正在进行有关海绵城市建设项目关键绩效指标重要程度的调查，以便对海绵城市建设项目的绩效进行客观评价。我们希望这项研究能帮助政府和项目公司在海绵城市建设和运营管理过程中获得有意义的参考资料。

感谢您百忙之中抽出时间填写我们的问卷，我们承诺本次调查结果只用于科学研究，并且绝对不会透露您的个人信息。

感谢您的参与！

　　　　　　　　海绵城市 PPP 投融资模式及财务绩效评价研究课题组
说明:

本问卷对海绵城市项目建设期进行问卷调查，除背景知识外，本问卷共列出了 25 个相关指标。请根据您的经验和判断，选择各个指标对海绵城市项目影响的重要程度。

一、背景资料

1. 请问您的工作单位是（　　　）

A. 研究人员（高校及学校机构）　　　B. 政府官员

C. 企业界人士（设计院、承包商等）D. 金融机构人员（银行等）

E. 了解过相关课题的学生　　　　　　F. 其他_____

2. 请问您有无 PPP 项目的工作经验（　　　）

A. 有　　　　B. 无

3. 请问您有无海绵城市项目的工作经验（　　　）

A. 有　　　　B. 无

4. 请问您对海绵城市的了解程度有多少（　　　）

A. 非常了解

B. 比较了解

C. 听说过，但不是特别了解

D. 不了解

5. 请问您对 PPP 的了解程度有多少（　　　）

A. 非常了解

B. 比较了解

C. 听说过，但不是特别了解

D. 不了解

二、建设期绩效的指标选择

请在下列与海绵城市建设期绩效有关的指标中，选择各指标对建设期绩效影响的重要程度：

6. 建成区绿地率（　　　）

A. 非常重要　　　B. 比较重要　　　　C. 一般重要

D. 可能重要　　　E. 可以忽略

7. 生态岸线率（　　）

A. 非常重要　　　　B. 比较重要　　　　C. 一般重要

D. 可能重要　　　　E. 可以忽略

8. 地下水埋率（　　）

A. 非常重要　　　　B. 比较重要　　　　C. 一般重要

D. 可能重要　　　　E. 可以忽略

9. 建成区水面率（　　）

A. 非常重要　　　　B. 比较重要　　　　C. 一般重要

D. 可能重要　　　　E. 可以忽略

10. 城市年径流总量控制率（　　）

A. 非常重要　　　　B. 比较重要　　　　C. 一般重要

D. 可能重要　　　　E. 可以忽略

11. 城市径流体积（　　）

A. 非常重要　　　　B. 比较重要　　　　C. 一般重要

D. 可能重要　　　　E. 可以忽略

12. 城市热岛值（　　）

A. 非常重要　　　　B. 比较重要　　　　C. 一般重要

D. 可能重要　　　　E. 可以忽略

13. 再生水利用率（　　）

A. 非常重要　　　　B. 比较重要　　　　C. 一般重要

D. 可能重要　　　　E. 可以忽略

14. 雨水资源利用率（　　）

A. 非常重要　　　　B. 比较重要　　　　C. 一般重要

D. 可能重要　　　　E. 可以忽略

15. 水资源满足程度（　　）

A. 非常重要　　　　B. 比较重要　　　　C. 一般重要

D. 可能重要　　　　E. 可以忽略

16. 地表水 III 类及以上水体比率 （　　　）

A. 非常重要　　　　B. 比较重要　　　　C. 一般重要

D. 可能重要　　　　E. 可以忽略

17. 地下水 III 类及以上水体比率 （　　　）

A. 非常重要　　　　B. 比较重要　　　　C. 一般重要

D. 可能重要　　　　E. 可以忽略

18. 非点源污染控制率 （　　　）

A. 非常重要　　　　B. 比较重要　　　　C. 一般重要

D. 可能重要　　　　E. 可以忽略

19. 年径流污染物总量削减率 （　　　）

A. 非常重要　　　　B. 比较重要　　　　C. 一般重要

D. 可能重要　　　　E. 可以忽略

20. 年均溢流频次 （　　　）

A. 非常重要　　　　B. 比较重要　　　　C. 一般重要

D. 可能重要　　　　E. 可以忽略

21. 年均溢流体积削减率 （　　　）

A. 非常重要　　　　B. 比较重要　　　　C. 一般重要

D. 可能重要　　　　E. 可以忽略

22. 地下水超采率 （　　　）

A. 非常重要　　　　B. 比较重要　　　　C. 一般重要

D. 可能重要　　　　E. 可以忽略

23. 管网漏损率 （　　　）

A. 非常重要　　　　B. 比较重要　　　　C. 一般重要

D. 可能重要　　　　E. 可以忽略

24. 饮用水源水质达标率 （　　　）

A. 非常重要　　　　B. 比较重要　　　　C. 一般重要

D. 可能重要　　　　E. 可以忽略

25. 人均管网基数（　　）

  A. 非常重要　　　　　B. 比较重要　　　　　C. 一般重要

  D. 可能重要　　　　　E. 可以忽略

26. 人均 GDP（　　）

  A. 非常重要　　　　　B. 比较重要　　　　　C. 一般重要

  D. 可能重要　　　　　E. 可以忽略

27. 万元 GDP 水耗（　　）

  A. 非常重要　　　　　B. 比较重要　　　　　C. 一般重要

  D. 可能重要　　　　　E. 可以忽略

28. 海绵体建设投资率（　　）

  A. 非常重要　　　　　B. 比较重要　　　　　C. 一般重要

  D. 可能重要　　　　　E. 可以忽略

29. 海绵城市政策制度（　　）

  A. 非常重要　　　　　B. 比较重要　　　　　C. 一般重要

  D. 可能重要　　　　　E. 可以忽略

30. 节水用水宣传教育（　　）

  A. 非常重要　　　　　B. 比较重要　　　　　C. 一般重要

  D. 可能重要　　　　　E. 可以忽略

问卷全部完成，再次感谢您的帮助和支持。

附录 B　海绵城市全生命周期关键绩效指标调查问卷

尊敬的女士/先生：

您好！我们是中国交通建设股份有限公司重大科技研发项目海绵城市关键技术研究与应用子课题六"海绵城市 PPP 投融资模式及财务绩效评价研究"课题组成员。非常感谢您能为我们的研究提供宝贵意见。

我们正在进行有关海绵城市建设项目关键绩效指标重要程度的调查，以便对海绵城市建设项目的绩效进行客观评价。我们希望这项研究能帮助政府和项目公司在海绵城市建设和运营管理过程中获得有意义的参考资料。

感谢您百忙之中抽出时间填写我们的问卷，我们承诺本次调查结果只用于科学研究，并且绝对不会透露您的个人信息。

感谢您的参与！

海绵城市 PPP 投融资模式及财务绩效评价研究课题组

说明：

本问卷从全生命周期方面对海绵城市项目进行绩效评价，共列出了 37 个相关指标，并将这 37 个指标又分成了四个方面，它们分别是财务融资及经济效益指标、内部运营及管理指标、创新及可持续发展指标、利益相关者指标。请根据您的经验和判断，选择各个指标对影响海绵城市项目的重要程度。

一、背景资料

1. 请问您的工作单位是（　　　）

A. 研究人员（高校及学校机构）

B. 政府官员

C. 企业界人士（设计院、承包商等）

D. 金融机构人员（银行等）

E. 了解过相关课题的学生

F. 其他_____

2. 请问您有无 PPP 项目的工作经验（　　　）

A. 有　　　B. 无

3. 请问您有无海绵城市项目的工作经验（　　　）

A. 有　　　B. 无

4. 请问您对海绵城市的了解程度有多少（　　　）

A. 非常了解

B. 比较了解

C. 听说过，但不是特别了解

D. 不了解

5. 请问您对 PPP 的了解程度有多少（　　　）

A. 非常了解

B. 比较了解

C. 听说过，但不是特别了解

D. 不了解

二、全生命周期绩效的指标选择

财务融资及经济效益指标：

31. 较低的财务融资成本（　　　）

　A. 非常重要　　　　B. 比较重要　　　　C. 一般重要

　D. 可能重要　　　　E. 可以忽略

32. 优越的财务融资结构（　　　）

　A. 非常重要　　　　B. 比较重要　　　　C. 一般重要

　D. 可能重要　　　　E. 可以忽略

33. 充足的政府补贴（　　　）

　A. 非常重要　　　　B. 比较重要　　　　C. 一般重要

　D. 可能重要　　　　E. 可以忽略

34. 资金投入的及时到位（　　　）

　A. 非常重要　　　　B. 比较重要　　　　C. 一般重要

　D. 可能重要　　　　E. 可以忽略

35. 良好的项目偿债能力（　　　）

　A. 非常重要　　　　B. 比较重要　　　　C. 一般重要

D. 可能重要　　　　E. 可以忽略

36. 雨水集蓄及利用带来的经济效益（　　　）

A. 非常重要　　　　B. 比较重要　　　　C. 一般重要

D. 可能重要　　　　E. 可以忽略

37. 补充地下水收益（　　　）

A. 非常重要　　　　B. 比较重要　　　　C. 一般重要

D. 可能重要　　　　E. 可以忽略

38. 节省排水防涝设施的运行费用（　　　）

A. 非常重要　　　　B. 比较重要　　　　C. 一般重要

D. 可能重要　　　　E. 可以忽略

三、内部运营及管理指标：

39. 方案技术经济性及先进性（　　　）

A. 非常重要　　　　B. 比较重要　　　　C. 一般重要

D. 可能重要　　　　E. 可以忽略

40. 较低的监管费用（　　　）

A. 非常重要　　　　B. 比较重要　　　　C. 一般重要

D. 可能重要　　　　E. 可以忽略

41. 参与者对于"海绵城市"的理解、掌握及实践经验（　　　）

A. 非常重要　　　　B. 比较重要　　　　C. 一般重要

D. 可能重要　　　　E. 可以忽略

42. 竞争性招投标程序的完善性、合理性及透明度（　　　）

A. 非常重要　　　　B. 比较重要　　　　C. 一般重要

D. 可能重要　　　　E. 可以忽略

43. "海绵城市"项目合同文本的合理性、实用性及灵活性（　　　）

A. 非常重要　　　　B. 比较重要　　　　C. 一般重要

D. 可能重要　　　　E. 可以忽略

44. 合理的责任分担、风险分配和转移（　　　）

A. 非常重要　　　B. 比较重要　　　　　C. 一般重要

D. 可能重要　　　E. 可以忽略

45. 承包商综合实力（　　）

A. 非常重要　　　B. 比较重要　　　　　C. 一般重要

D. 可能重要　　　E. 可以忽略

46. 特许权期限的持续时间（　　　）

A. 非常重要　　　B. 比较重要　　　　　C. 一般重要

D. 可能重要　　　E. 可以忽略

47. 政府对"海绵城市"项目的良好规划及有力监督（　　　）

A. 非常重要　　　B. 比较重要　　　　　C. 一般重要

D. 可能重要　　　E. 可以忽略

48. 建设期及运营期的成本管理（　　　）

A. 非常重要　　　B. 比较重要　　　　　C. 一般重要

D. 可能重要　　　E. 可以忽略

49. 建设期及运营期的进度控制（　　　）

A. 非常重要　　　B. 比较重要　　　　　C. 一般重要

D. 可能重要　　　E. 可以忽略

50. 有力的质量控制（　　　）

A. 非常重要　　　B. 比较重要　　　　　C. 一般重要

D. 可能重要　　　E. 可以忽略

51. 有效的风险管理体系（　　　）

A. 非常重要　　　B. 比较重要　　　　　C. 一般重要

D. 可能重要　　　E. 可以忽略

52. 安全管理（　　　）

A. 非常重要　　　B. 比较重要　　　　　C. 一般重要

D. 可能重要　　　E. 可以忽略

四、创新及可持续发展指标：

53. 财务融资创新能力 （　　　）

A. 非常重要　　　B. 比较重要　　　C. 一般重要

D. 可能重要　　　E. 可以忽略

54. "海绵城市"渗、蓄、排等技术创新能力 （　　　）

A. 非常重要　　　B. 比较重要　　　C. 一般重要

D. 可能重要　　　E. 可以忽略

55. "海绵城市"前沿理论、经验的培训与普及 （　　　）

A. 非常重要　　　B. 比较重要　　　C. 一般重要

D. 可能重要　　　E. 可以忽略

56. 维护工作的有效落实 （　　　）

A. 非常重要　　　B. 比较重要　　　C. 一般重要

D. 可能重要　　　E. 可以忽略

57. 运营服务争端解决程度 （　　　）

A. 非常重要　　　B. 比较重要　　　C. 一般重要

D. 可能重要　　　E. 可以忽略

58. "海绵城市"区域径流调节及防涝能力的提高 （　　　）

A. 非常重要　　　B. 比较重要　　　C. 一般重要

D. 可能重要　　　E. 可以忽略

59. 净化水质，改善城市水环境 （　　　）

A. 非常重要　　　B. 比较重要　　　C. 一般重要

D. 可能重要　　　E. 可以忽略

60. 增加城市绿化面积 （　　　）

A. 非常重要　　　B. 比较重要　　　C. 一般重要

D. 可能重要　　　E. 可以忽略

61. 缓解城市热岛效应 （　　　）

A. 非常重要　　　B. 比较重要　　　C. 一般重要

D. 可能重要　　　E. 可以忽略

五、利益相关者指标：

62. 政府满意度 （　　）

A. 非常重要　　　　B. 比较重要　　　　　C. 一般重要

D. 可能重要　　　　E. 可以忽略

63. 社会资本方满意度 （　　）

A. 非常重要　　　　B. 比较重要　　　　　C. 一般重要

D. 可能重要　　　　E. 可以忽略

64. "海绵城市"建设区域居民满意度 （　　）

A. 非常重要　　　　B. 比较重要　　　　　C. 一般重要

D. 可能重要　　　　E. 可以忽略

65. 社会资本方内部良好的团队氛围 （　　）

A. 非常重要　　　　B. 比较重要　　　　　C. 一般重要

D. 可能重要　　　　E. 可以忽略

66. 促进相关产业发展 （　　）

A. 非常重要　　　　B. 比较重要　　　　　C. 一般重要

D. 可能重要　　　　E. 可以忽略

67. 新增就业机会 （　　）

A. 非常重要　　　　B. 比较重要　　　　　C. 一般重要

D. 可能重要　　　　E. 可以忽略

问卷全部完成，再次感谢您的帮助和支持。